Joan Tollifson
Im Auge des Sturms

Joan Tollifson

Im Auge des Sturms

Erfahrungen einer Zen-Schülerin

Aus dem Amerikanischen
von Jochen Eggert

Wolfgang Krüger Verlag

Die amerikanische Originalausgabe erschien 1996
unter dem Titel »Bare-Bones Meditation«
im Verlag Crown Publishers, Inc., New York

Lektorat: Stephan Schuhmacher
Satz: Wagner GmbH, Nördlingen
Druck und Einband: Clausen & Bosse, Leck
Printed in Germany 1999
ISBN 3-8105-2015-2

Im Auge des Sturms

Vorwort

Meditation hat überhaupt nichts
sich Wiederholendes –
sie ist Augenblick
für Augenblick.
Vimala Thakar

Dieses Buch handelt von Meditation im gelebten Leben. Es beruht auf Tagebuchaufzeichnungen aus einer Zeit, in der ich in New York auf dem Land in einem an keine Tradition gebundenen Meditationszentrum gelebt und gearbeitet habe. Gegründet wurde Springwater Center von Toni Packer, einer inzwischen beinahe siebzigjährigen Frau von ungewöhnlich klarem Blick. Toni bezeichnet sich selbst nicht als Lehrerin; sie findet, daß die ganze Vorstellungswelt von »Lehrer« und »Schüler« die Wahrheit eher verschleiert.

Für mich ist Meditation nicht bloß Suche nach persönlichem Frieden oder ein Streben nach Selbstvervollkommnung. Es gehört auch dazu, daß man die Wurzeln des gegenwärtigen Leidens unserer Welt untersucht und alternative Lebensweisen erkundet. Meditation heißt Einblick in die Natur des Denkens gewinnen: wie das Denken ständig Bilder von uns selbst und anderen hervorbringt, wie wir ein Raster von Begriffen über die Wirklichkeit breiten und dann meinen, unsere Landkarte sei die Wirklichkeit selbst. Und die meiste Zeit merken wir nicht einmal, daß wir denken. Durch Meditation wird es uns bewußt, auf immer subtilere Weise.

Ist das begriffliche Denken aber einmal als Gespinst aus Einbildung und Abstraktion durchschaut, ändert sich etwas.

Meditation ist Lauschen. Allem lauschen – der Welt, der Natur, dem Körper, dem Geist, dem Herzen, dem Regen, dem Straßenverkehr, dem Wind, den Gedanken, der Stille vor dem Laut. Meditation stellt unseren krampfhaften Drang in Frage, etwas zu unternehmen, jemand zu werden – und eröffnet uns die Möglichkeit, einfach nur zu sein. Das ist ein Offen- und Ruhigwerden, und wir stoßen auf eine vom Denken nicht zu erfassende Unmittelbarkeit des Seins, in der kein Gefühl von Getrenntheit oder Beschränktsein ist. Meditation ist Geistesgegenwart von Augenblick zu Augenblick, und darin wird nichts von vornherein ausgeschlossen, an nichts krampfhaft festgehalten.

Meditation, wie sie in diesem Buch aufgefaßt wird, bedarf keiner Methode und keines Programms. Es wird sogar jeder Versuch, solch ein Programm oder Ziel zu konstruieren, in Frage gestellt. Diese Art von Meditation verläßt sich auch nicht auf Techniken, spezielle Praktiken, Kleidungsstücke, Körperhaltungen. Sie ist vollkommen schnörkellos und daher von jedermann jederzeit ohne Aufwand zu praktizieren. Sie ist, was wir in dem Moment sind, wo alles, was wir zu sein *meinen*, nicht im Wege ist.

Meditation ist ein hochwirksames Antidot gegen die Einflüsse unserer zweck- und wachstumsorientierten, kriegstreiberischen, gehetzten, zwanghaft produzierenden Konsumgesellschaft, die in rasendem Tempo diese Erde aufzehrt. Wir ziehen uns beim Meditieren nicht aus der Wirklichkeit zurück, sondern aus unserer zur

Gewohnheit gewordenen Wirklichkeitsflucht. Meditation ist ein sozialer und politischer Akt. Lauschen und Nichtstun sind ein weitaus wirkungsvolleres Handeln, als die meisten von uns auch nur ahnen. Doch Meditation ist viel mehr (und viel weniger) als das. Meditation ist: nicht zu wissen, was Meditation ist.

Dieses Buch erzählt eine im wesentlichen wahre Geschichte, wenngleich es so etwas natürlich nicht gibt; aber es ist nicht als objektive oder historische Darstellung von Springwater oder irgendeines anderen Meditationszentrums gemeint. Es ist *meine* Geschichte und niemandes sonst. Ich habe in etlichen Fällen die zeitliche Abfolge, die Personen, die Fakten in den Einzelheiten ein wenig verändert oder verfremdet; dabei ging es um bessere Lesbarkeit und den Schutz der Privatsphäre. Aus den gleichen Gründen habe ich vielfach mehrere reale Personen zu einzelnen Mischcharakteren verschmolzen; Teile der Geschichte bekommen dadurch einen Hauch von Fiktion. Insbesondere sind die Mitarbeiter am Springwater Center und die Bewohner des Berkeley Zen Center solche Mischcharaktere, hinter denen reale Menschen stehen. Die Namen habe ich geändert, sofern es sich nicht um bekannte Gestalten wie meine Lehrer (und Tonis Ehemann Kyle) handelt. Keine einzige Gestalt in diesem Buch steht für eine wirkliche Person, und für das Bild, das ich von meinen Meditationslehrern zeichne, stehe ich ganz allein ein.

Das Buch entstand zwischen 1988 und 1995, in einer Zeit, in der ich entweder in Kalifornien oder in Springwater gelebt habe. Es ist eine Art spirituelle Autobiographie, die aber nicht irgendeine hochdestillierte endgültige Wahrheit darlegen möchte, sondern die in Wahrheit eher chaotische spirituelle Entdeckungsreise, wie sie im realen Leben eines bestimmten Menschen Gestalt angenommen hat – eines Menschen, der vielleicht nicht gar so anders ist als alle anderen.

In diesem Geist übergebe ich es.

Dieser neuen Liebe inne, stirb.
Dein Weg beginnt drüben.
Werde der Himmel.
Lege die Axt an dein Gefängnis.
Entrinne.
Geh aus wie ein plötzlich der Farbe Geborener.
Jetzt.
Dich bedeckt dichtes Gewölk.
Stiehl dich seitwärts hinaus. Stirb
und sei still. Stille ist das sicherste Zeichen
deines Gestorbenseins.
Dein altes Leben war kopflose Flucht
vor dem Schweigen.
Der volle Mond, ohne Worte,
bricht hervor.

Rūmī

1

Es ist eine verbreitete
Überzeugung, daß etwas existiert,
wenn es Teil einer Erzählung ist.
Kathy Acker

Ich wurde 1948 in Chicago geboren. Ich kam ohne rechte Hand zur Welt. Sie war noch im Uterus durch einen Strang der gerissenen Fruchtblase amputiert worden. Ich wurde unmittelbar nach der Entbindung in einen Raum gebracht, in dem ein großes Kissen lag. Der Arzt holte meinen Vater aus dem Warteraum und brachte ihn in das Zimmer mit dem Kissen und mir. Man ließ meinen Vater allein in dem Zimmer mit mir und dem großen Kissen. Nach einer Weile begriff er, daß ihm hier Gelegenheit gegeben wurde, mich zu ersticken. Er tat es nicht.

Der Arzt klopfte an: »Sind Sie so weit?«

Mein Vater gab keine Antwort. Der Arzt kam herein, und mein Vater stand noch so da, wie er ihn verlassen hatte. Zusammen brachten sie mich zu meiner Mutter. Ich weiß nicht, was sie empfand. Sie erzählte mir einmal, sie habe meinen Vater nur dieses eine Mal weinen sehen. Er vergoß bittere Tränen. Dann ging er und betrank sich. Auch das war vermutlich das einzige Mal in seinem Leben.

Meine Tante Winifred erlitt durch den Anblick, den ich ihr bot, einen psychotischen Zusammenbruch, und mein Onkel Harold achtete immer peinlich genau darauf, daß er mich nur von links fotografierte. Auf manchen meiner Kindheitsbilder ist mein rechter Arm nicht mit auf dem Bild oder im Nebenraum.

Kinder, vor allem weibliche, sollten unbeschädigt sein. Ich saugte die Reaktionen auf meine Unvollkommenheit auf wie ein Schwamm. Ich war eine Art Oxymoron. Manchmal sagten fremde Leute auf der Straße zu meiner Mutter, Gott habe uns gestraft.

Damals blieben Krüppel so unsichtbar wie möglich. Sichtbar wurden sie höchstens mal als Bettler oder auf Mitleid und Spenden heischenden karitativen Plakaten oder als üble Schurken wie Captain Hook. Ganz sicher war nichts an ihnen, was man sich selbst gewünscht hätte, und nicht in erster Linie wegen der körperlichen Verluste und Schwierigkeiten, sondern weil die ganze Sache irgendwie gruselig war. Körperliche Behinderung, das gehörte zu den Dingen, die man tunlichst nicht ansprach.

Das Zentralthema meines Lebens schälte sich also schon früh heraus: Ich war anders, asymmetrisch, unvollkommen, besonders. Ich war ohne die Hand geboren, die für gezieltes und zielstrebiges Handeln steht. In meinem Leben würde es mehr ums Auflösen als ums Produzieren gehen, mehr ums Vermindern als ums Vermehren. Als ich noch sehr klein war und zum ersten Mal vom Tod hörte, träumte ich mehrmals von jemandem, dessen Arm abfiel, dann der andere, dann nacheinander die Beine und so weiter, bis nichts mehr übrig blieb. Ich war schon unterwegs in dieses geheimnisvolle Verschwinden.

In der zweiten Klasse hatte ich einen Freund, der meinen Arm mit der fehlenden Hand liebte. Er nannte ihn meine Powerbombe. »Schlag mich mit deiner Powerbombe«, flüsterte er manchmal, und dann knuffte ich ihn sanft in die Magengrube, und er grinste in diebischem Vergnügen von einem Ohr zum anderen. In der dritten Klasse machte er mir einen Antrag; vielleicht lag es an meinem magischen Arm.

Häufiger war dieser Arm jedoch Anlaß zu Demütigungen. Kinder starrten ihn an und zeigten auf ihn und stellten dann auch noch Fragen. Die Erwachsenen brachten sie zum Schweigen. In der Tanzschule war ich immer die letzte, die aufgefordert wurde, und ich ahnte schon, daß ich nie als Frau durchgehen würde. Frauen hatten schön zu sein. Es ging nicht an, daß ihnen Körperteile fehlten.

Die fehlende Hand erwies sich dann aber als eine Art Freifahrschein. Ich bekam ein Visum für die Randwelten, die Zone der Beraubten und Verjagten, die Geheimzimmer im Herzen der Menschen, wo immer etwas fehlt oder verunstaltet ist. Doch es dauerte viele Jahre, bis ich das begriff. Bis dahin wußte ich nur, daß ich herausstach wie ein schlimmer Finger und niemand das auch nur erwähnen durfte.

2

Mein Vater war ein großer, hagerer, gütiger Mann, dem eine kleine Druckerei gehörte, in der er mit einem einzigen Angestellten arbeitete. In seiner freien Zeit war er Erfinder, eine nie abreißende Spur von winzigen Zeichnungen auf Streichholzbriefchen hinterlassend. Er war Kettenraucher und las mir Gute-Nacht-Geschichten vor. Von ihm weiß ich, daß wir die Bäume und die Erde und der Wind werden, wenn wir sterben, daß zwischen einem Tisch und einem Menschen eigentlich kein Unterschied besteht, daß das Licht von den Sternen Milliarden von Jahren alt ist und daß die Sonne irgendwann explodieren wird. »Das könnte jetzt gleich sein oder erst in sechs Milliarden Jahren«, erzählte er mir, »aber es *wird* passieren.« Mein Vater war ein Einzelgänger. Er liebte es im Garten zu sitzen und in die Luft zu starren und überhaupt nichts zu tun.

Meine Mutter war und ist eine leidenschaftliche Frau von überschäumender Energie. Ihr Lebenstraum ist, die ganze Welt zu sehen, alles geschmeckt zu haben, jeden Menschen zu kennen. Stets bis über beide Ohren in das Leben verliebt, sprach sie laut mit ihren Pflanzen und unserem Hund, und sie nahmen es sich zu Herzen: Um sie her blühte und gedieh alles. Sie glaubt, daß man alles erreichen kann, wenn man nur fest davon überzeugt ist. »Ich glaube nicht an die Angst«, hat sie mir einmal gesagt. Sie war es, die gern ein Kind wollte.

Meine Eltern liebten einander innig. Ich war ihr einziges Kind. Ich bin in einem sehr schönen, wohlhabenden Vorort aufgewachsen, wo alle außer den Putzfrauen weiß und republikanisch waren. Ich wollte keine Frau sein. Ich hatte keinen Sinn für Ehe und Muttersein und unbequeme Schuhe. Religion faszinierte mich. Meine Eltern waren Agnostiker. Ich ersann in meinem Zimmer Rituale und Zeremonien und sah mich vor meinem inneren Auge als Trappistenmönch oder Buddhist. Ich verstand nicht, weshalb in Indien Menschen verhungerten, während hier in meiner Umgebung ein solcher Wohlstand herrschte. Ich bin in der Zeit des Vietnamkriegs und der Bürgerrechtsbewegung aufgewachsen. Ich habe Martin Luther King und Malcolm X sprechen hören, und was sie sagten, wer sie waren, wie sie lebten, beeindruckte mich tief. Sie wurden meine Helden. Meine Jungfräulichkeit verlor ich mit einem schwarzen Mann.

3

1966 verließ ich mein Zuhause und ging auf ein College im Bundesstaat New York, wo ich mich in eine Frau verliebte. Ich erinnere mich an unsere erste Begegnung. Es war am ersten Abend, beim Essen in der Cafeteria.

»Ich würde meinen rechten Arm dafür geben, wenn ich Griechisch könnte«, verkündete Miriam in dieser Runde von Menschen, die einander noch kaum kannten. Dann fiel ihr Blick auf meinen rechten Arm; sie verarbeitete den Eindruck kurz und sagte: »Oh ... du kannst Griechisch, wie ich sehe.«

In diesem kleinen Ort in New York gab es außer dem College nur noch eine Bar. In dieser Bar habe ich mich zum ersten Mal betrunken. Ich weiß noch, wie die Far ben zu glühen begannen und mein Körper sich so weich und gelöst anfühlte und alles möglich schien. Nichts, was ich nicht hätte sagen oder tun können. Daheim in meinem Zimmer legte ich mich aufs Bett und alles drehte sich mir; dann erbrach ich, und am nächsten Abend ging ich wieder hin, weil ich mehr davon wollte. Ich trank immer unmäßiger, ich rauchte Marihuana und nahm LSD und erforschte das Neuland des Bewußtseins.

Einmal, als meine Zimmernachbarin zu einer Abtreibung in Puerto Rico war, schlief Miriam bei mir, weil ihre Zimmergefährtin irgendeinen Typen im Bett hatte. Wir lagen nebeneinander in der Dunkelheit, berührten einander nicht, atmeten nur. Vielleicht hielt ich auch den Atem an. Ich hörte mein Herz pochen, sehr laut. Ich dachte, daß Miriam es vielleicht auch hört.

»Bist du wach?« flüsterte Miriam.

»Ja.«

»Wollen wir eine rauchen?«

»Okay.« Ich tastete im Dunkeln herum, zündete eine Kerze an, erreichte auch einen Aschenbecher und zündete die Zigarette an. Wir saßen Seite an Seite im Bett und reichten sie hin und her.

Miriam blies Rauchringe. »Weißt du was, wir machen ein Spiel«, schlug sie vor. »Es geht darum, daß die Asche nicht abfällt. Immer einen langen Zug nehmen, dann wieder zurückgeben. Bei wem die Asche abfällt, der muß eine Wahrheit erzählen.«

»Irgendeine?« fragte ich – als lägen mehr als eine in der Luft.

Wir beobachteten die Aschensäule, auf der mein ganzes Leben zu balancieren schien, wie sie immer länger wurde, während wir die Zigarette behutsam mit den Fingerspitzen hin und her reichten. Schließlich bröckelte die Asche weg und fiel, als Miriam die Zigarette an die Lippen hob.

»*Je veux te baiser*«, flüsterte sie fast unhörbar. Unsere Gesichter im Kerzenschein waren jetzt nur noch Zentimeter voneinander entfernt. Miriam traktierte mich immer gern mit ihrem Französisch, weil sie wußte, daß ich es nicht verstand. Das sagte ich ihr jetzt, aber ich log.

Alles an mir verstand diesen Satz, auch wenn ich die Bedeutung der Worte nicht kannte.

Mir wurde klar, daß ich etwas tun mußte, daß der Augenblick, wenn ich jetzt zögerte, vielleicht vergehen und nie wiederkommen würde. Meine Erziehung hatte mich auf dergleichen Notwendigkeiten nicht vorbereitet. Was jetzt anstand, war im Verhaltenskatalog für Mädchen nicht vorgesehen. Was, wenn ich meine Hand ausstreckte und Miriam berührte und sie angewidert aufschrie? Was, wenn die ganze Sache mein Hirngespinst war? Dann würde ich als lüsterne Krüppellesbe dastehen. Miriam würde mich hassen, und ich würde einfach zerkrümeln und an Beschämung sterben.

Ich war atemlos vor Angst. Ich holte tief Luft und legte in der Dunkelheit meinen Arm um sie, und plötzlich war nur noch Bewegung. Miriam glitt gewichtslos auf mich herab, die Zunge in meinem Ohr, zog mich dann herüber auf ihren Körper, und Wellen der Hitze trugen uns. Tief in ihrem geräumigen, weichen Körper wachte ich im Morgengrauen auf, verwundert und staunend.

Wir studierten zusammen bis spät in die Nacht, machten lange Ausflüge, saßen in 24-Stunden-Restaurants und tranken Kaffee und schrieben Gedichte. Sie spielte Bach und Mozart für mich auf dem Klavier und erzählte mir auf Russisch und Französisch Witze, die ich nicht verstand. Miriam fand meinen Arm sexy – wie ein großer Penis, sagte sie. Zum ersten Mal in meinem Leben empfand ich, daß ich Selbstvertrauen haben durfte und begehrenswert war, aber es war eine sehr fragile Ekstase.

Miriam und ich mußten überall so tun, als wären wir »einfach Freundinnen«. Wenn Männer sie anmachten, mußte ich so tun, als wäre es mir völlig schnuppe. Ich wußte, daß es Männern »zustand« sie anzumachen, daß ich keinen Anspruch darauf hatte, als ihr Lover zu gelten, und mich daher auch nicht beklagen durfte. Unsere ganze Beziehung spielte sich hinter verschlossenen Türen ab, in Zimmern, die wir mit anderen teilten, oder im Haus unserer Eltern, immer mit einem Ohr auf sich nähernde Schritte lauschend. An den Wochenenden saßen wir in der Bar und warteten darauf, von Männern zum Tanzen aufgefordert zu werden. Manchmal gingen wir mit diesen Männern nach Hause, getrennt.

4

Hunderttausende demonstrierten in den Straßen von Washington und New York gegen den Vietnamkrieg. Martin Luther King und Robert Kennedy wurden Opfer von Attentaten wie zuvor schon Malcolm X und John F. Kennedy. Ganze Stadtteile gingen bei Rassenkrawallen in Newark und Detroit in Flammen auf. Panzer rollten durch die Straßen Amerikas. Von der Democratic Convention in Chicago ging eine Explosion der Gewalt aus. Es waren die Tage der Wut. Die militanten Vietnamkriegsgegner des Weather Underground verübten ihre ersten Bombenattentate.

Ich las Alan Watts, belegte Kurse über östliche Religion, studierte die *Bhagavad-Gītā* und das *Daodejing*. Ich meditierte mit einer kleinen Zen-Gruppe im Untergeschoß der College-Kapelle. Ich erinnere mich an die Weihnachts-Bombardements, an die Fotos von napalmverbrannten vietnamesischen Kindern. Kriegsheimkehrer schliefen in meinen Armen und erzählten nächtelang und im Rausch Geschichten, furchtbare Geschichten von manchmal scheußlichen Taten amerikanischer Soldaten.

Ich nahm Speed und schrieb Seminararbeiten, las Ionesco und Beckett und Genet und Artaud. Ich trank Whiskey pur und rauchte Camel. Ich nahm LSD, sah mir dann Nixon im Fernsehen an und begriff, daß die Männer, die den Lauf unserer Welt bestimmen, machtgierige Killer in grauen Anzügen sind. Meine Freunde und ich fuhren zu Demonstrationen nach Washington, D. C., und ein paar von uns schlossen Bekanntschaft mit Tränengas oder bekamen Gummiknüppel über den Kopf gezogen. Die Polizei war der Feind. Ich war eine Outlaw. Ich haßte Amerika. Ich haßte das College. Ich haßte diese ganze beschissene Welt.

Und dann verschwand Miriam eines Tages auf dem Rücksitz eines Motorrades, das von einer Studentin der New York University gefahren wurde. An dem Abend betrank ich mich mehr als sonst. Als ich die beiden aus dem Coffee Shop spazieren sah, hetzte ich ihnen nach und schrie Miriam etwas von »Lesbe« hinterher. Es war das Äußerste, was ich mir an Beschimpfung denken konnte.

Per Anhalter fuhr ich nach New York City und lief tagelang weinend durch die grauen Straßen. Ich zweifelte, ob ich je noch wieder eine Lesbe finden würde. Ich sah mich schon für immer und ewig allein.

Amerika fiel in Kambodscha ein. Die Nationalgarde erschoß an der Jackson State und Kent State University Studenten und Kriegsgegner.

Ich entdeckte die Schwulenbars von New York City, seltsame Orte, an denen man sich selbst ganz fremd wird. Die Frauen trugen den heißesten Männchen- oder Weibchenfummel, und wer nicht immer wieder irgendeinen der unglaublich teuren Drinks bestellen wollte, konnte gehen. Es war das Jahr, in dem sich erstmals eine Bande von Drag Queens gegen Polizeiübergriffe auf eine der Männerbars zur Wehr setzte, der offizielle Beginn der Schwulenbefreiungsbewegung. Ich schlief mit unzähligen Männern und auch mit ein paar Frauen; anschließend wachte ich immer entsetzlich verkatert auf und konnte mich nicht mehr an die vergangene Nacht erinnern. Ich wußte nicht mehr, ob ich schwul oder normal oder was ich überhaupt war. Ich stand vor dem ersten Gay Liberation Meeting am College und traute mich nicht hinein.

»Meine Güte«, sagte jemand, »jetzt fehlt nur noch, daß die Tetraplegiker auch ihre Befreiung wollen.«

Mich schauderte.

Ich legte meine College-Examen ab und wurde Drogendealerin. Ich nahm jede Menge LSD-Trips und lebte mit einem Rockmusiker namens Ray zusammen. Er und ich fuhren einmal am Wochenende zu meinem alten College, um da ein Pfund Dope abzusetzen. Miriam wohnte mit der Motorradfahrerin in einem Haus außerhalb des Campus. Wir betranken uns zu viert und landeten dann allesamt im Bett. Ray und Miriam trieben es lang und genüßlich miteinander. Ich wurde plötzlich wütend. Ich sprang aus dem Bett und fing an mich anzuziehen. Miriam kam mir nach. Ich fuhr herum, sagte etwas ganz Scheußliches zu ihr und stürmte aus dem Haus.

Ich ging zur Bar und fing an mit »Deep Charges«. Ein Vietnamveteran hatte mir beigebracht, wie das geht. Man gibt einen Schuß Whiskey in ein Glas Bier und trinkt es dann aus, bevor der Whiskey den Boden erreicht. Die ersten fünf trank ich sehr schnell und wollte eben den sechsten ansetzen, als Ray auftauchte. Ich goß ihm das Bier ins Gesicht, stand auf und lief nach draußen. Ray stürzte mir nach in die Nacht hinaus.

»Du bist wirklich ein Miststück, Joan«, schrie er.

»Du kannst mich mal!« Ich drehte mich um und schlug ihm ins Gesicht.

Er sah mich verblüfft an. Dann schlug er zurück, und wie.

Grillenzirpen.

»Wo willst du denn hin?« fragte er nach einer ganzen Weile.

»Woher soll ich das wissen? Umbringen werd ich mich wohl.«

Er war um eine Antwort nicht verlegen: »Mach's lieber nicht heute abend. Du bist zu besoffen. Du vermasselst es nur.«

5

Ich wachte in einem Auto voller wildfremder Menschen auf, die nach Kalifornien wollten. Ich verbrachte dort einige Jahre in Lesbenbars, trank Unmengen Alkohol und nahm jede Droge, die man sich nur vorstellen kann. Aber der Alkohol war mein dämonischer Geliebter. Ich wurde oft gewalttätig, wenn ich betrunken war. Ich dealte, schnorrte Schnaps, hatte ständig wechselnde

Kurzzeitjobs, nahm auch Geld von meinen Eltern, bezog Sozialhilfe, bettelte mich durch, bekam manchmal nichts zu essen und spendete immer wieder mal Blut. Einmal antwortete ich auf ein Zeitungsinserat, mit dem jemand »eine Amputierte« suchte, und mußte nackt in einem Motelzimmer vor einem Mann, der mich filmte, allerlei Obszönes tun. Meine letzte Liebschaft vor dem Ende dieses Dauertrips war eine Junkie-Prostituierte, die eben aus dem Gefängnis entlassen worden war. Dann eines Abends, nachdem ich getrunken hatte, warf ich den Fernseher durch ein Fenster und das Radio durch ein anderes, zerlegte das gesamte Mobiliar, nahm eine Handvoll Pillen, kroch auf der Suche nach Wein den Highway hinunter und wachte ein paar Tage später mit einer Naht auf der Stirn wieder auf, am Arm der Tropf.

6

Wenn ihr nur wüßtet, was es
kostet, was ein Mensch durch-
zumachen hat, um den Punkt
des Ungehorsams zu erreichen.
Jean Genet

Ich saß in Sophie Cardarellis Büro im Community Mental Health Center in San Francisco. Das war im Dezember 1973. Es war ein kleiner Raum, auf dem Tisch Stapel von Papieren. An den Wänden hingen politische Plakate und in einer Ecke war, wohl eine Art Kunstobjekt, ein ausladendes Gebilde aus pinkfarbenen Federn aufgebaut. Sophie war groß und schlank und trug verwaschene Levi's, Cowboystiefel, ein blaugraues Westernhemd, an den Fingern Ringe. Ihr langes schwarzes Haar ergoß sich in Wellen über ihre Schultern; in ihren dunklen Augen lag Wärme. Sie war schlagfertig und besaß ein unwiderstehliches Lächeln. Sophie war Ärztin und lesbisch, sie kümmerte sich um schwangere Heroinabhängige und schwule Alkoholiker, und ich konnte zweimal die Woche zu ihr kommen, kostenlos. Ich war mit meinen fünfundzwanzig Jahren ein Jahr jünger als sie. Die Umstände wollten es so, daß ich ausgerechnet durch Romaine, die Junkie-Prostituierte, mit der ich zuletzt zusammengelebt hatte, von Sophie wußte. Sophie war damals die Anstaltsärztin gewesen, als Romaine wegen Prostitution saß.

»Haben Sie heute schon getrunken?« fragte Sophie.

»Nein«, antwortete ich. Es stimmte sogar.

»Erzählen Sie mir ein bißchen von sich.«

Ich rutschte nervös auf meinem Stuhl hin und her und fingerte in der Tasche nach einer Zigarette. Auf meinem Hemd waren Blutflecken.

»In meinem Büro herrscht Rauchverbot«, informierte Sophie mich.

»Oh.« Ich steckte die Zigarette wieder weg. Meine Finger zitterten. Ich hätte gern irgendwas in der Hand gehabt. »Ich bin wohl Alkoholikerin«, begann ich. »Ich betrinke mich jeden Tag. Drogen nehme ich auch eine Menge.«

»Welche?« fragte sie.

»Alles. Nennen Sie irgendeine, und sie ist dabei.«

Offensichtlich wollte sie das aber ein bißchen genauer wissen, also zählte ich auf: Reds (Seconalbarbiturat), LSD, Kokain, Heroin, Hog (PCP), Speed. Sophie notierte sich alles auf einer linierten gelben Schreibunterlage. »Fixen Sie auch?« wollte sie wissen.

»Kommt vor. Nicht sehr häufig. Liegt mir nicht so sehr.«

Sie forderte mich mit einer Geste auf weiterzusprechen.

»Ich war mit Romaine Karsinkowski zusammen. Wir haben uns beinah gegenseitig umgebracht, buchstäblich, meine ich.« Ich war gespannt, wie Sophie auf Romaines Namen reagieren würde, aber ihr Gesicht verriet nichts. Ich erzählte weiter. »Ich bin in einem Vorort von Chicago aufgewachsen. In der Collegezeit wurde mir klar, daß ich lesbisch bin. Damals fing auch das Trinken an. Nach dem Examen bin ich dann hier im Westen gelandet, mehr zufällig eigentlich. Seitdem hänge ich in Bars rum. Betrinke mich fast jeden Tag bis zur Besinnungslosigkeit. Und dann habe ich auch noch diese Wutanfälle. Ich hab neulich Abend unser ganzes Haus verwüstet. Denke jetzt viel an Selbstmord. An diesem Abend habe ich einen Haufen Pillen geschluckt, aber es hat nicht gereicht. Ich hab nur ziemlich halluziniert. Heute morgen bin ich im Krankenhaus aufgewacht. Da war mir klar, daß ich jetzt endlich runter muß von dem ganzen Zeug.«

Sophie zog eine Augenbraue hoch. »Wie sind Sie denn im Krankenhaus gelandet?«

»So genau weiß ich das nicht mehr. Wir sind in die Stadt und waren dann in einer Kneipe und haben getrunken und dann gab es einen Riesenkrach. Ich bin rausgeschmissen worden und mußte laufen und bin hingefallen. Da hab ich mir wohl den Kopf aufgeschlagen. Viel weiß ich davon nicht mehr.«

Ich betastete den weißen Mullverband, und Sophie nickte und schrieb noch etwas auf. Dann sah sie mir direkt in die Augen.

»Wie haben Sie Ihren Arm verloren?« fragte sie.

»Ich bin ohne zur Welt gekommen.« Ich hätte so gern eine Zigarette gehabt. Oder ein Glas Irgendwas.

»Wie ist das für Sie, nur einen Arm zu haben?« fragte Sophie mich.

»Oh ... nichts weiter dabei.«

Sie sah mich skeptisch an.

Ich wand mich auf meinem Stuhl, ich begann zu schwitzen. »Ich meine, schließlich habe ich nur wegen ihm eine Rolle in einem Pornofilm gekriegt.« Sophie wirkte plötzlich sehr gutbürgerlich, geradezu wohlanständig auf mich, und ich kam mir pervers vor.

»Was empfinden Sie, wenn andere Ihren Arm ansehen?«

Ich zuckte die Achseln. »Keine Ahnung.« Ich erinnerte mich an keine Situation, wo jemand meinen Arm angeschaut hatte. Ich wollte ein Zigarette.

»Das muß doch ständig passieren«, bohrte Sophie weiter.

Ich konnte mich nicht erinnern.

Sophie ließ den Blick auf meinen Arm fallen. Ich preßte mich unwillkürlich in meinen Stuhl zurück, der kalte Schweiß brach mir aus. »Hören Sie auf damit«, bettelte ich. »Ich fühle mich so in die Zange genommen.«

Sie sagte: »Ihr Arm wird doch sicher sehr häufig angesehen. Ist das nicht interessant, daß Sie nichts davon wissen?«

Ich fühlte, wie mir das Wasser an den Seiten hinunterlief. Natürlich, es mußte wohl so sein, daß die Leute meinen Arm anstarrten, jeden Tag Hunderte von Augen, und irgendwo in mir muß ich das wohl jedesmal mit Unbehagen empfunden haben. Trotzdem konnte ich mich an kein einziges Mal erinnern.

»Machen Sie's bei mir«, sagte Sophie.

»Was machen?«

»Sehen Sie meinen Arm an.«

Mein Blick war wie festgeklebt an Sophies Augen. Ich versuchte ihn zu senken, aber er folgte nicht.

»Ich kann nicht«, sagte ich.

»Sagen Sie lieber ›Ich will nicht‹ statt ›Ich kann nicht‹.«

»Ich will nicht …«

»Als wollten Sie sicherstellen, daß sich alles nur hier oben abspielt, oberhalb der Schultern.« Mein Hemd klebte an mir. Meine Augen an ihren. »Sehen Sie jetzt Ihren Arm an«, sagte Sophie.

»Ich kann nicht.«

»Ich will nicht«, erinnerte sie mich sanft.

»Ich will ihn nicht sehen.«

»Versuchen Sie's doch einfach mal«, redete sie mir zu.

Ich senkte vorsichtig den Blick. Die Angst war unerträglich. Meine Augen erreichten meinen Arm, stellten scharf auf diesen Arm, auf seine fremdartige Form. Abscheulich. Und beim Hinsehen erwischt werden – auch abscheulich. Ich sah schnell weg. Ich fühlte das nasse Hemd an mir. Ich hätte alles gegeben für einen Schluck Alkohol.

»Ich möchte, daß Sie einen Vertrag mit mir schließen, Joan«, sagte Sophie. »Nämlich daß Sie nicht trinken, ohne vorher mit mir darüber gesprochen zu haben.«

Ich dachte einen Augenblick nach und ließ die Worte auf mich wirken. »Okay«, sagte ich. Plötzlich fühlte es sich so schrecklich endgültig an. Es bedeutete, daß ich mir keinen Schnaps beschaffen durfte, nachdem ich ihr Büro verlassen hatte.

»Was machen Sie heute Abend, wenn Sie nicht trinken?« fragte sie.

Ja, *was*? Bei allem, was ich mir denken konnte, stand irgendwie das Trinken im Mittelpunkt. »Ich werde schreiben«, sagte ich schließlich.

Sophie legte ihren Arm um mich, als ich ging. Es kam mir vor, als hätte mich lange niemand mehr so berührt, vielleicht noch nie, und mir war zum Weinen.

Ein Jahr lang war ich ein- oder zweimal die Woche bei Sophie. Ihre Fragen waren wie Kōan. Was mögen Sie an sich selbst am liebsten? Wie war das für Sie, als Mädchen aufzuwachsen? Wie haben Sie sich gefühlt, als Sie merkten, daß Sie lesbisch sind? Wie fühlen Sie sich jetzt? Sophie hörte mir zu, und langsam fing ich an, mir selbst zuzuhören.

Ihre Art der Arbeit war eine Kombination aus Gestalttherapie, Transaktionsanalyse und Radikaltherapie aus feministischer Sicht. Wir sahen uns an, was für ein Skript ich anhand der von meinen Eltern und meiner Umwelt ausgehenden Botschaften unbewußt für mich verfaßt hatte – und daß dieses Skript nicht meiner Realität entsprach. Ich konnte es verwerfen. Wir lauschten verschiedenen Teilen meiner selbst und meinen Träumen.

»Behinderte sind besser dran, wenn sie tot sind.« – »Krüppel weinen nicht (weil wir so schon jämmerlich genug sind).« – »Ich werde wahrscheinlich versagen.« – »Rauchen ist sexy.« Solche Sätze purzelten mir aus dem Kopf.

Hausaufgaben bekam ich auch. Ich mußte meinen Körper im Spiegel betrachten. Ich mußte alle meine Träume aufschreiben. Freunde hielten meinen Arm, und auch allein brachte ich viele Stunden in Betrachtung dieses Arms versunken zu – berührte ihn, sah in an, sprach mit ihm, lauschte ihm. Da fing er an, mir zuzulächeln, eine Art wehmütiges, sinnendes Lächeln. Mein Arm war weich und liebenswert. Mein Arm begann zu singen.

Sophie glaubte nicht, daß Alkoholismus eine Krankheit ist oder daß man als Alkoholiker immer Alkoholiker bleibt und nie wieder etwas trinken darf, weil man dann sofort und endgültig in die Trunksucht zurückfällt. Alkoholismus ist auch so ein Skript, das man sich unbewußt zu eigen macht, ebensogut aber auch voll bewußt machen und dann beiseite legen kann. Ist die Grundursache einmal aufgedeckt und bereinigt, dann kann man auch wieder trinken, ohne ein Säufer zu werden. Die Macht liegt nicht in der Substanz, sondern in der Person. Für Sophie mußte die Therapie von überschaubarer Länge sein und durfte nicht auf Dauer-Abhängigkeit hinauslaufen.

Die Therapie bei Sophie war ein Prozeß des Zuhörens, des Auseinandernehmens von alten Skripten, des Neuschreibens meiner Lebensgeschichte. Jetzt schämte ich mich nicht mehr, lesbisch zu sein, sondern meine sexuelle Ausrichtung und mein Geschlecht wurden Anlaß zum Stolz. Ich wurde eine radikale Feministin.

Sophie legte meine Nerven bloß und ließ mich außer Atem geraten. Sie kannte alle meine Geheimnisse und ich keins von ihren.

»Was haben Sie für ein Gefühl von unserer Beziehung?« fragte sie mich einmal.

»Daß alle Macht bei Ihnen liegt«, sagte ich.

»Sie *liegt* bei mir. Sie haben sie mir gegeben. Sie haben sie mir zu einem bestimmten Zweck gegeben, und wenn Sie so weit sind, werden Sie sie zurücknehmen. Sie werden alles lernen, was ich kann, und dann Ihre eigene Therapeutin sein.«

Ich rührte monatelang keinen Alkohol an und machte dann mit Sophies Einverständnis einen Versuch. Es zeigte sich, daß ich durchaus einen Schluck zu mir nehmen und dann aufhören konnte. Später war ich noch ein paarmal schwer betrunken, aber am nächsten Morgen fehlte dann der Drang zum Katertrunk. Nüchtern zu bleiben fiel mir nicht schwer, als ich es erst einmal war. Ich war einfach *fertig* mit dem Trinken, nicht durch Willensanstrengung, sondern weil es seine Verlockung verloren hatte. Auch mit den Drogen war es so, daß ich mir später noch den einen oder anderen Trip genehmigte, aber mit der Zeit verschwand das Verlangen gänzlich. Betrunken oder vollgedröhnt zu sein *interessierte* mich nicht mehr, das eingebildete Bedürfnis war weg. Der Film war abgespult, so ganz und gar, wie ein Traum zu Ende ist, wenn man aufwacht.

»Wie definieren Sie ›Schulabschluß‹?« fragte ich Sophie einmal nach einem knappen Jahr der Therapie. Die Stunde war fast um.

»Ich dachte schon, Sie würden nie fragen.« Sophie lächelte. »Wenn dem Patienten sein eigenes Leben so klar ist wie dem Therapeuten. Wenn der Patient sich das Können des Therapeuten angeeignet hat.«

»Glauben Sie, daß ich so weit bin?« fragte ich.

»Was denken Sie selbst?«

»Ja.«

Sie lächelte. »Ich glaube auch.«

Ich sah auf meine Füße hinunter.

»War es schwer, das zu fragen?«

»Nein«, log ich.

»Ich dachte nur, weil Sie bis zum Ende der Stunde gewartet haben«, sagte sie.

»Na gut … es war vielleicht ein bißchen schwer«, gab ich zu.

»Für mich auch«, sagte Sophie.

Ich blickte auf die Uhr. Die Stunde war um.

Sie gab mir einen Zettel. »Das ist die Nummer von einer Gruppe behinderter Lesbierinnen. Ich dachte, das könnte Sie vielleicht interessieren.«

Ich zuckte zusammen. »Weshalb sollte ich an so einer Gruppe interessiert sein?«

Ein paar Monate später verließ ich Sophies Büro zum letzten Mal und schloß mich dieser Gruppe behinderter Lesbierinnen an. Es war nicht gerade mein Wunsch gewesen. Ich neigte immer noch dazu, anderen Krüppeln möglichst aus dem Weg zu gehen. Aber Sophie drängte mich immer wieder. Also ging ich hin. Und zu meiner Überraschung waren diese Krüppellesben wunderbare, starke, humorvolle Frauen, und sie hatten so viel von all dem mitzuteilen, was ich für meine ureigene, nur mich betreffende Erfahrung gehalten hatte, daß ich nur staunen konnte. Da wurden Gespräche geführt, die nicht nur die Augen öffneten, sondern auch heilten. Plötzlich war Behinderung eine gesellschaftliche und politische Angelegenheit, ganz so wie Frausein oder Lesbischsein eine politische Angelegenheit war.

7

Im Frühjahr 1977 stand ich zusammen mit über hundert anderen behinderten Demonstranten vor dem San Francisco Federal Building, um unsere Bürgerrechte einzufordern. »Wir gehen einfach rein«, sagte jemand, und das taten wir.

»Wir ziehen erst wieder ab, wenn diese Bürgerrechtsregelungen unterschrieben sind«, verkündete eine winzige Frau in einem elektrischen Rollstuhl, und die Fernsehkameras zoomten sich von allen Seiten auf sie ein. Wir stimmten ihr mit lautem Beifall zu.

Neben mir rief jemand mit lauter Stimme etwas völlig Unverständliches, ein Mann, wie ich dann sah, dem der Speichel vom Mund troff. Unsere Blicke begegneten sich.

»Gg … gggggg … e … nnnnnnn … nnnau«, sagte er zu mir.

»Was?« fragte ich mit einem Stoßgebet, daß ich ihn das nächste Mal verstehen möge, fieberhaft überlegend, was um Himmels willen ich tun sollte, wenn nicht.

»Ggggg … ggge …« Er drückte sich seitlich gegen den Hals, und der ganze Körper verdrehte sich in seinem Rollstuhl, hob sich ein wenig und sackte wieder zurück, während der Mann weiter an seinem Wortanfang arbeitete, dann aber pausieren mußte, um erst mal wieder zu Atem zu kommen. Auch ich hielt unwillkürlich die Luft an, wie ich jetzt erst bemerkte. Ich atmete weiter, und er sagte noch einmal: »Gggggennnnau.«

»Oh ...« Ich lächelte. »Genau!«

Er nickte, lachte und sauste dann mit seinem Rollstuhl den Gang hinunter.

Das Ende der Öffnungszeit kam, und die Polizei wußte offensichtlich nicht, was sie mit diesen 150 größtenteils in Rollstühlen sitzenden Menschen anfangen sollte. Sie tat nichts. Die Angestellten gingen nach Hause, und wir blieben da. Wir hatten den zweiten Stock besetzt, und dort blieben wir auch die nächsten dreißig Tage, die längste Besetzung eines Regierungsgebäudes in der Geschichte der Vereinigten Staaten, soweit ich weiß.

Wir waren eine in jeder Hinsicht bunt gewürfelte Gruppe. Jede nur erdenkliche Behinderung, ethnische Gruppe, sexuelle Ausrichtung, politische Überzeugung, Altersgruppe und Gesellschaftsschicht war vertreten Es gab auch etliche »NB's«, Nichtbehinderte – Zeichensprachendolmetscher, Helfer, Partner und Freunde, die mitgekommen waren und blieben. Die Black Panther Party versorgte uns mit Lebensmitteln.

Ich schloß mich dem Medienausschuß an, den eine ganz erstaunliche Tetraplegikerin namens Nancy Fiery leitete, und wir machten uns daran, Pressemitteilungen, Faktensammlungen und Artikel zu verfassen und den Journalisten Interviews zu geben.

Nancy hatte sehr kurzes rotes Haar und spitzbübische grüne Augen und flitzte in einem elektrischen Rollstuhl umher. Sie war, wie ich erfuhr, olympische Stabhochspringerin gewesen und hatte sich beim Training schwer verletzt; und sie arbeitete schon seit Jahren bei der Bewegung für das selbständige Leben von Behinderten mit. Sie war tough, witzig, klug und äußerst attraktiv. Ich verknallte mich augenblicklich in sie, als ich sie im Presseraum sah, aber sie war verheiratet. Wir wurden sehr schnell enge Freundinnen. Sie brauchte eine Hilfe, und die wurde ich.

Wir bauten in diesem Gebäude eine Miniaturgesellschaft auf. Behindert zu sein war hier keine große Sache. Niemand sah das als Tragödie. Niemand bestaunte deinen Lebensmut. Niemand empfand Mitleid mit dir. Niemand starrte dich an. Niemand traute einem anderen wegen dessen Behinderung irgend etwas nicht zu, und niemand konnte seine Behinderung als Ausrede vorschieben. Tag für Tag als vollkommen normal, ja ganz gewöhnlich angesehen zu werden – welche Erleichterung! Mir war nie aufgefallen, wie schwer solche Diskriminierung (in meinem eigenen Kopf ebenso wie in der Welt um mich her) wiegt, bis sie plötzlich weg war. Allenfalls war der Status, den man genoß, um so höher, je schwerer die Behinderung war. Ich bemerkte an mir Neidgefühle auf die Tetraplegiker, weil sie schwerer behindert waren und in elektrischen Rollstühlen fuhren. Gehfähige wie ich standen eindeutig eine Stufe tiefer in dieser umgekehrten Hierarchie.

Am zweiten Abend unserer Besetzung gab es ein besonders wildes Rollstuhlrennen auf einem der langen Gänge, und Nancy Fiery und dieser Mann, neben dem ich am ersten Tag gestanden hatte – der Spastiker, dem der Speichel aus dem Mund lief –, krachten zusammen und schlingerten gleichzeitig über die Ziellinie, wobei sein Rollstuhl gefährliche Schlagseite bekam und beide lachten.

Ich saß zufällig da an der Ziellinie und las *Zen in der Kunst des Bogenschießens*, das ich in der Damentoilette auf dem Handtuchspender gefunden hatte.

»Joan, das hier ist Stan«, sagte Nancy ganz außer Atem.

Er lächelte. Sie atmeten beide schwer.

»Stan ist Filmemacher und Dichter und Schauspieler«, erzählte sie weiter. »Er macht jetzt im Medienausschuß mit.«

»Schauspieler?« sagte ich.

»Iiich schschschrrreiiibbbe Mmoonnnolllloggge ...« Er drückte sich wieder seitlich an den Hals, aber es kam nichts mehr heraus. Ich klammerte mich an mein Buch. »Uuuund iiich sppp ... pppiiiele sie daaa ... nnn auuff Ffff ... fffilllmmm ... mmmmm.«

»Er hat einen unglaublichen Film gemacht«, sagte Nancy. »Er war wunderbar. Den mußt du mal sehen. Vielleicht kriegen wir ihn hierher, was meinst du, Stan?«

»Vvvvv ... iellll ... llleiiiicht.«

Nancy sauste wieder los und ließ mich mit Stan allein.

»Waaaas llliii ... iiest duuuu da?«

»Was ich lese?« Ich sah auf das Buch hinunter.

Ein paar Stunden später meditierten wir zusammen.

Bald half ich hier und da mal bei etlichen Tetraplegikern und Paraplegikern aus. Ich erinnere mich, wie ich einmal in einem Raum, in dem gerade ein Gottesdienst mit allem Drum und Dran stattfand, einem völlig nackten Mann den Urinbeutel abnahm, leerte und wieder anbrachte, um ihn dann anzuziehen, während ringsum der Gottesdienst seinen Lauf nahm. Dergleichen ging dort ohne jedes Aufheben vonstatten.

Ähnlich wie homosexuelle Menschen ganz von selbst begreifen, daß Geschlechterrollen größtenteils etwas willkürlich Konstruiertes sind, finden auch Behinderte ganz von selbst heraus, daß unser Haften am Körper und unsere Vorstellung von Normalität etwas Illusorisches haben. Nachdem ich ein Leben lang andere Behinderte gemieden hatte, war ich jetzt vollkommen von ihnen umgeben und empfand es als ein Aufatmen, als Freude. In mancher Hinsicht fand ich zu meiner Kraft in diesem Regierungsgebäude, das wir einen Monat lang für die Behindertenrechte besetzten. Zum ersten Mal in meinem Leben fühlte ich mich richtig erwachsen: viele Aufgaben übernehmen, Artikel schreiben, mit Journalisten sprechen, Verantwortung tragen und produktiv sein.

Wir blieben dabei, daß wir das Gebäude erst verlassen würden, wenn die Behindertenrechte durchgesetzt seien. In anderen Städten des Landes kam es zu kleineren Demonstrationen und Besetzungen. Wir schickten eine Delegation nach Washington. Stan, Nancy und ich sowie die Black Panthers und ein paar Alt-Trotzkisten bildeten den radikalen Flügel der Koalition. Wir versuchten die Verbindung zwischen den Vorurteilen und Ungerechtigkeiten gegenüber den Behinderten mit dem kapitalistischen System insgesamt aufzuzeigen, um den Zusammenhang mit anderen progressiven Ansätzen des Aufbegehrens herzustellen: Frauen, Schwule, Farbige, Arbeiter.

Die gemäßigteren Anteile der Koalition wollten lieber ausschließlich beim Thema »Behinderte« bleiben und diese als im Rahmen des Möglichen »gute, produktive Bürger« darstellen, die nichts lieber wollen als am American Dream teilzunehmen. Das führte zu heftigen Auseinandersetzungen bis hinein in den Medienausschuß, und ich erlebte hier zum ersten Mal hautnah die Welt des politischen Tauziehens.

Für mich war es vollkommen klar, daß all die Bewegungen des sozialen Aufbegehrens zusammenhingen und das ganze System von oben bis unten völlig neu aufgebaut werden mußte. Sozialismus klang für mich wie die naheliegende Lösung; eine kooperative Gesellschaft, kollektiv und intelligent zum Nutzen aller gestaltet.

Liebschaften entstanden in diesem Gebäude. Es kam sogar zu einer Eheschließung. Nach knapp einem Monat wurden die neuen Zusatzbestimmungen für Behinderte schließlich beschlossen. In unserer letzten Nacht gab es eine Siegesfeier. Ich tanzte lange mit Nancy Fiery auf dem Gang und war drauf und dran, sie zu küssen, tat es aber nicht.

Als ich am nächsten Morgen in einem der Büroräume aufwachte, kam mit dem Gedanken, daß unsere Besetzung jetzt zu Ende war, ein plötzliches Einsamkeitsgefühl. Wir hatten eine gewaltige Versammlung vor dem Gebäude organisiert, aber vorher räumten wir noch auf und packten unsere Sachen. Dann kam unser Triumphmarsch vor das Gebäude, wo wir mit Jubel empfangen wurden. Ich war wie benommen und völlig geblendet vom Sonnenlicht. Ich sah, wie Nancys Mann sich zu ihr hinunterbeugte und sie küßte und wie ihr Gesicht aufleuchtete – und empfand einen leichten Stich. Nancy winkte mir und stellte mir Bob vor, und danach ging es mir ein wenig besser.

Es kamen noch einmal erhebende Augenblicke während der Kundgebung, aber dann war plötzlich alles vorbei. Nancy stieg mit Bob in ihren Van, Stan war verschwunden, die kleine Gemeinschaft löste sich auf und zerstob in alle Winde, und ich stand allein an einer Straßenecke im blendenden Frühlingslicht, jetzt erst realisierend, daß ich wieder in der Außenwelt war und nicht recht wußte, was ich tun sollte.

8

Irgendwo fiel mir Shunryū Suzukis *Zen-Geist, Anfänger-Geist* in die Hände und ich las. Ich las es wieder und wieder. Ich rief das San Francisco Zen Center an, und sie schickten mir einen Meditationsplan.

Aber hingegangen bin ich nicht. Ich engagierte mich für den Kampf um den Bestand eines überwiegend von alten Filipino-Männern bewohnten Gebäudes, das von einer Immobilienfirma gekauft worden war, um es abzureißen und dafür ein Parkhaus zu errichten. Es war klar, daß die jetzigen Bewohner des Gebäudes obdachlos sein würden, sollte es tatsachlich zur Räumung kommen. Dieses Haus wurde ein Schlachtfeld; Tausende waren da, um den Widerstand zu unterstützen und sich den Hundertschaften berittener Polizei entgegenzustellen, die eines Abends auftauchten, um die Mieter vor die Tür zu setzen. Ich hatte zuvor bereits einige Nächte im Haus zugebracht und saß jetzt mit Hunderten anderer in der Eingangshalle, alle eingehakt zu einer langen Kette. Stundenlang hörten wir zu, wie die Polizei sich mit der Menge vor dem Gebäude auseinandersetzte und mit Gummiknüppeln auf die Menschen einschlug. Schließlich drangen sie auch zu uns vor und schleiften uns einen nach dem anderen aus dem Gebäude, wobei einige der Organisatoren an den Füßen die Treppen hinuntergezerrt wurden und es zu Steißbeinbrüchen kam.

Da war mir endgültig klar, daß die Vereinigten Staaten durchaus nicht von einer demokratischen Regierung geführt werden, die das Wohl aller Menschen überall auf der Welt im Auge hat – nichts von dem, was ich gelernt hatte. Ich war wütend und ich wollte die Dinge ändern. Unserem gewaltlosen Widerstand gegen Unrecht war mit großer Brutalität begegnet worden.

Ich nahm diverse schlecht bezahlte Jobs an. Ich arbeitete im telefonischen Verkauf, ich betrieb eine kleine Offset-Druckerei, ich putzte, ich arbeitete für eine Behindertenwohngemeinschaft, ich war Bürohilfskraft. Ich lernte eine radikale Linke kennen, und wir wurden ein Liebespaar.

Sie klärte mich über die verschwiegene Geschichte der Vereinigten Staaten auf: die angestrebten »Lösungen« des Indianerproblems, der immer noch weitergehende Diebstahl von indianischem Land, die Bedeutung der Sklavenarbeit für den Reichtum Amerikas, der Landdiebstahl, durch den Mexiko der jetzige Südwesten der Vereinigten Staaten entrissen wurde, die Kolonisierung von Puerto Rico und Hawaii, die Niederträchtigkeiten von FBI und CIA, die Tatsache, daß es in diesem Land politische Gefangene gab, und schließlich die Unterstützung von Diktatoren und Todesschwadronen in anderen Ländern durch die Vereinigten Staaten.

Ich wußte, wie Vorurteile und Diskriminierung sich anfühlen. Schließlich war ich homosexuell und verunstaltet und auch noch weiblich. Ich hatte die Zeit des Vietnamkriegs erlebt. Ich hatte aus erster Hand von den Kriegsgreueln gehört, nämlich von heimkehrenden Soldaten. Ich war bei einer Zwangsräumung dabeigewesen. Ich wußte also, daß es höchste Zeit war für Veränderungen. Ich wußte um die Befreiungsbewegungen, die für eine nichtrassistische und nichtsexistische Gesellschaft kämpften, in der Arbeit und Reichtum gleichmäßiger verteilt sein sollten. Ich wollte mich an diesem Kampf beteiligen. Ich wollte Revolutionärin sein.

Sehr schnell fand ich mich in einer ultralinken antiimperialistischen kommunistischen Organisation wieder. Wir waren die mikrokosmische Ausgabe einer kommunistischen Gesellschaft. Die Bedürfnisse der gesamten Gruppe hatten Vorrang vor den Bedürfnissen jedes einzelnen. Man gehörte hier einer echten Gemeinschaft an, die sich um ihre Mitglieder wirklich kümmerte. Man hatte ein Lebensziel, eine Mission. Man wirkte mit an der Rettung der Welt, an der Sicherung einer »guten Zukunft«. Und man gehörte hier zugleich der Weltgemeinschaft der Revolutionäre an.

Das war ein rigoroses Leben, das hohe Anforderungen stellte. Tagsüber arbeitete ich, und fast jeden Abend besuchte ich politische Versammlungen; die Wochenenden waren der Beschaffung von Mitteln für die Organisation gewidmet, und die gemeinschaftliche Versorgung der Kinder kostete noch einmal fünfzehn Stunden jede Woche.

Doch ich geriet immer mehr in Zweifel, was die revolutionäre Gewalt anging, insbesondere wenn unschuldige Menschen betroffen waren (im Unterschied zu Streitkräften, die von vornherein als nicht unschuldig galten). Alle sagten, es ginge nur so, und außer Gewalt gebe es im Grunde nichts, was tatsächlich etwas bewirken könne. Eine echte Revolution müsse zwangsläufig zum Mittel der Gewalt greifen. Ich gab mir soviel Mühe, all das zu glauben, daß ich am Ende nicht mehr wußte, was ich selbst wirklich dachte. Ich war zwar nie mit mehr als allenfalls einer Spraydose oder einem Megaphon bewaffnet, aber ich fühlte mich doch als zur revolutionären Avantgarde gehörend.

Die Leute, mit denen ich hier in der radikalen Linken zu tun hatte, waren ernsthafte, arbeitswillige, hochintelligente, gebildete, gewitzte, warmherzige, aufrichtige Menschen, denen die Ungerechtigkeiten der Welt so nahe gingen, daß sie sich aufgerufen fühlten, dem ein Ende zu machen. Sie liebten ihre Kinder und die Kinder der anderen. Sie waren bildende Künstler und Musiker, Ärzte, Anwälte, Lehrer und Gärtner. Sie waren durchaus nicht das, was man sich vorstellt, wenn man das Wort »Terrorist« hört. Aber das ist auch ein sehr interessantes Wort, denn wer wird so genannt und von wem? Es liegt schon einige Ironie darin, wenn einer wie George Bush jemanden als Terroristen bezeichnet.

Ich sah immer deutlicher, daß wir bei aller guten Absicht und bei all unserem Verständnis globaler Politik doch vor allem von selbstgerechtem Zorn, Dogmatismus und letztlich blauäugigem Schwarzweißdenken angetrieben waren: die Guten gegen die Bösen. Die Mechanik unserer Organisation beraubte uns Schritt für Schritt der Fähigkeit, für uns selbst zu denken. Ich sah uns genau das werden, wogegen wir angeblich kämpften.

Manch einer, den ich kannte, landete im Gefängnis, einige lebenslänglich. Dann starb mein Vater, und mir wurde klar, daß das Leben nicht endlos weitergeht. Ich begriff, daß Revolution kein Spiel ist, und ich wollte nicht für eine Politik, an die ich nicht mehr glaubte, im Gefängnis enden. Da nahm ich allen Mut zusammen und ging.

Es ist nicht leicht, eine revolutionäre Organisation zu verlassen. Da ist etwas von der saugenden Kraft eines Kults. Und in irgendeiner Ecke meines Bewußtseins glaube ich heute noch, daß diese Menschen die einzige reale Lösung für die Probleme der Welt darstellen, daß ich durch meinen Weggang auch aus dem Überlebenskampf für die Erde ausgestiegen war, daß ich ein eigennütziger Feigling war und das von meinem Vater hinterlassene Geld nicht bereitstellen wollte, daß ich nicht bereit war, für die Sache zu sterben.

Ich nahm einen Job in einer großen Anwaltskanzlei an und arbeitete für zwölf Strafverteidiger. Wir hatten mit Mord, Vergewaltigung, schwerem Raub, Scheidungen, Einwanderungsfällen zu tun. Durch meine Hände ging der Abschaum einer rassistischen, klassifizierenden, sexistischen Gesellschaft. Unsere Klienten waren Gewaltverbrecher, Systemopfer, betrunkene Autofahrer, Handtaschenräuber, die alte Frauen überfallen, um sich mit deren Geld Heroin zu beschaffen, und ein paar aus den Sechzigern übrig gebliebene politische Häftlinge.

Mit einer Freundin aus den Südstaaten, die tagsüber als Anstreicherin arbeitete und nachts malte, ging ich einmal abends am Pier spazieren. Wir kannten einander von den Bars, in denen wir getrunken hatten. Auch sie war jetzt trocken.

Sie trug dieses kleine Buch bei sich, das ich vor meinem Wechsel zur radikalen Linken gelesen hatte,

Zen-Geist, Anfänger-Geist von Shunryū Suzuki Rōshi. Sie sagte, sie gehe schon eine Weile zu den Vorträgen am Samstagvormittag im Zen Center. An diesen Vorträgen gefiel ihr besonders gut, daß die Mönche sich, bevor sie sprachen, soviel Zeit nahmen, um ihre Gewänder in genau der richtigen Weise zu drapieren. Und wenn sie dann sprachen, ließen sie manchmal große Zwischenräume der Stille.

Das klang gut ... Ich hatte es mit Alkohol, mit Drogen, mit Sex jeder erdenklichen Spielart, mit diversen Therapien und mit Revolution versucht, und hier stand ich nun am Ende von all dem, dreiunddreißig Jahre alt, nüchtern, zölibatär, aller Gewißheiten beraubt. Vielleicht war es an der Zeit, sich mal hinzusetzen und den Mund zu halten und zuzuhören.

Große Zwischenräume der Stille – das klang gut.

9

Ich besuchte ebenfalls die samstäglichen Vorträge im San Francisco Zen Center, ging aber auch zu den Sitzzeiten am Abend. Der erste Vortrag, den ich hörte, wurde von Issan Dorsey gehalten, einem homosexuellen, allmählich ertaubenden Mann mittleren Alters, der Frauendarsteller, Prostituierter und Drogensüchtiger gewesen war, bevor er Priester wurde. Bald ging ich auch zu den Sitzzeiten am frühen Morgen. Sie begannen um fünf Uhr, wenn es draußen noch dunkel war.

Ich liebte das Sitzen. Der Meditationsraum, Zendō genannt, hatte etwas Stilles und Bescheidenes, und es roch hier nach Pinienholzräucherstäbchen. Petroleumlampen und Kerzen warfen Licht in die Dunkelheit. Die Priester und Priesterinnen trugen schwarze Gewänder und hatten die Köpfe kahlgeschoren. Das Ganze hatte eine Ausstrahlung von Geschmack und Eleganz.

Auch die Vorträge liebte ich. Nicht ruhig zu werden ist das Ziel der Zen-Praxis, sagte uns einer der Mönche, sondern einfach die Ruhestörung, die wir selbst sind, zu bemerken und zu beobachten. Du weißt nicht, was dein nächstes Problem sein wird, du weißt nicht einmal, was dein nächster Gedanke sein wird. Wahres Annehmen ist nicht verschieden von totalem Bemühen. Das Geräusch der draußen vorbeifahrenden Lastwagen sollte euch genausoviel sagen wie meine Worte. Diese Sätze senkten sich wie Samenkörner in mich ein.

Ich ging auf die Massageschule. Ich studierte chinesische Medizin. Ich fing mit Karate an. Ich lernte Bretter mit meinem Arm zu durchschlagen. Ich lernte mich zu wehren und sogar zu gewinnen. Ich hatte nie geglaubt, daß ich das könnte, nicht in meinen kühnsten Träumen. Aber jetzt sah ich, daß es doch möglich war. Mein Arm wurde eine Waffe und ein Instrument des Heilens.

Karate lernte ich einige Jahre lang bei einem Chinesen, dann bei einer traumhaft schönen Frau von erstaunlichem Können in den Kampfkünsten. In ihrer Schule schüttelten die Teilnehmerinnen einander am Ende jedes Kurstages die Hände, und ich benutzte dazu anfangs wie immer meine Linke. Dann sagte die Lehrerin, ich solle dazu von jetzt an meinen rechten Arm benutzen, denn er sei als Waffe so gut, wie eine rechte Hand nur sein kann, und verdiene entsprechende Anerkennung.

Drei Jahre lang wurde mein Arm an jedem Abend, den ich in der Karateschule war, freundlich und fest ergriffen und gehalten, und zwanzig oder dreißig Frauen erwiesen ihm nacheinander die gebührende Anerkennung.

Karate zu lernen war meine Möglichkeit, mir die Kraft zurückzuerorbern, auf die ich durch mein Behindertenbewußtsein verzichtet hatte. Daß ich mich körperlich einzusetzen und – was ich nie für möglich gehalten hätte – zu kämpfen und zu gewinnen lernte, übertrug sich auf alle Bereiche meines Lebens und veränderte mich grundlegend. Ich wurde von Tag zu Tag kräftiger, und der schwarze Gürtel war sogar schon in Reichweite, als ich die Schule verließ. Ich wußte, daß ich es schaffen könnte, wenn ich blieb; das war für mich ein gewaltiger Bewußtseinswandel.

1984 gab ich meinen Job in der Anwaltskanzlei auf und flog nach Nicaragua, weil ich wissen wollte, wie das Leben in einem Land, das eine Volksrevolution erlebt hatte, wirklich war. Es wurden bewegende sechs Wochen: In einem Land zu sein, wo progressive Menschen an der Macht waren, gewöhnliche Menschen, die an Menschenrechte, Ökologie, Frieden dachten – ganz anders als die Reagans und Nixons und Bushs, die offenbar alles zu tun bereit waren, wenn es um Geld und Weltmacht ging.

Ich wohnte bei einer außerordentlich liebenswürdigen Familie und ging in Managua zur Schule. Wir lernten dort Spanisch, und auf Ausflügen bekamen wir das neue Nicaragua gezeigt, das die Vereinigten Staaten auf Biegen und Brechen niedermachen wollten. Wir besuchten Zeitungen, Kliniken, landwirtschaftliche Kooperativen, Behörden oder was auch immer wir sehen wollten. Ich staunte über die hier herrschende Offenheit, zumal in einem unter militärischem und wirtschaftlichem Beschuß liegenden Land.

Ich dachte, ich würde die Vereinigten Staaten nur noch verachten können, wenn ich zurückkehrte. Ich stellte mir den Haß vor, mit dem ich den Miami Airport betreten würde. Aber als ich dann das Schild »Welcome to the United States« sah, traten mir Tränen in die Augen. Ich war daheim. So schrecklich es in diesem Land manchmal zugeht, es ist doch meine Heimat. Ich fand im Flughafengebäude eine kleine Saftbar mit vegetarischer Küche und setzte mich. Eine hausbacken wirkende, bebrillte Frau mittleren Alters stand hinter der Theke. »Wie wär's mit einem Götter-Nektar?« fragte sie mit schwerem New-Jersey-Akzent. Wie ich diese Frau liebte! Zu gern hätte ich sie in die Arme genommen. Sie machte all das Böse wett, das von unserer Regierung ausgeht.

Ich zog nach Oakland in ein Haus voller Freundinnen, die Solidaritätsarbeit für Mittelamerika leisteten, und engagierte mich für ihre Sache. Ich eröffnete eine Massagepraxis, was mir ziemlich Angst machte: Menschen mit entstellten Körperteilen berühren. So was tut man einfach nicht. Es zeigte sich dann aber, daß es doch ging, daß mein Arm seine Arbeit sehr gut tat, wenn ich mich nur von dem Gedanken löste, daß Symmetrie erforderlich oder mein Arm abstoßend sei.

Mit meinem Onkel Harold geriet ich nach meiner Rückkehr aus Nicaragua so heftig aneinander wie noch nie zuvor. Er sagte, ich habe kein Recht, dieses Land zu kritisieren, ja eigentlich nicht einmal das Recht zu wählen. Ich sei eine Nassauerin, eine Rumtreiberin, die ihre Begabungen einfach verschleuderte. Ich wisse ja gar nicht, wovon ich rede, und es sei schon eine Zumutung, daß ich mich überhaupt zu Wort meldete.

Die Solidaritätsarbeit für Mittelamerika war weitaus besser als die radikale Linke – menschlicher, weniger dogmatisch –, aber ich fand immer weniger Geschmack an politischer Arbeit, welcher Art auch immer. Die zentralen Ideen und Grundannahmen wurden mir immer fragwürdiger, ich war nicht länger in der Lage, sie zu akzeptieren.

Wie durch eine magnetische Kraft, die ich weder erklären noch beeinflussen konnte, wurde ich zur Zen-Praxis hingezogen. Immer häufiger ließ ich Meetings und Demonstrationen aus, um Zazen (»Sitzen in Versunkenheit«) zu üben.

Die meisten anderen in der Bewegung verstanden das nicht. Für viele war Meditation ein apolitisches Kreisen um das eigene Ich, kleinbürgerlicher Eskapismus, der die Unzufriedenheit der Menschen von der Straße holte und auf den eigenen Nabel projizierte.

Von meinem Denken her stimmte ich dem zu. Das Ethos der Linken geisterte mir noch im Kopf herum, und ich hätte keine Gründe dafür angeben können, daß ich tagelang auf einem schwarzen Kissen saß, während die U.S.-Regierung keinen Aufwand scheute, um die Volksregierung Nicaraguas zu stürzen, und in El Salvador die Todesschwadronen wüteten.

Aber etwas Tieferes und eher Instinktives in mir wollte sitzen. Schließlich hörte ich mit der politischen Arbeit – zumindest mit dem, was man landläufig darunter versteht – ganz auf. Natürlich ist Meditation eigentlich politische Arbeit im tiefsten Sinne des Wortes, aber es dauerte lange, bis ich das begriff.

Ich träumte von einem großen politischen Marsch oder einer Parade. Ich marschierte mit einem Kontingent von Hare-Krishna-Anhängern in gelben Gewändern, die ihre Tamburine schlugen und sangen. Wir kamen an meinen Gefährten in der Linken vorbei, und sie zeigten sich schockiert, ja entsetzt darüber, daß ich mit einer spirituellen Gruppe marschierte. Ich schämte mich, als sei ich bei etwas ganz Schrecklichem erwischt worden; aber es war nun mal, wie es war, und ein Zurück gab es nicht mehr.

10

Ich saß jetzt im Berkeley Zen Center. Einmal kam Mel Weitsman, der Abt und Lehrer, im Garten an mir vorbei und sagte:

»Wir haben uns noch nie unterhalten.«

»Unterhalten?« fragte ich.

Er sagte, jeder könne zu ihm kommen, um über seine Zen-Übung mit ihm zu sprechen. Ich trug mich ein. Vielleicht konnte er mir sagen, was ich mit meinem Leben anfangen sollte.

In der nächsten Woche war ich um fünf Uhr morgens bei ihm. Er erwartete mich in einem winzigen, von Kerzen erleuchteten Raum mit einem Altar. Ich war atemlos vor Aufregung. Ich warf mich nieder, wie man es mir gezeigt hatte, und setzte mich auf das Kissen ihm gegenüber. Das Herz schlug mir bis zum Hals, und der Mund war trocken. Mir war, als begegnete ich Gott.

»Wie läuft es denn?« fragte er.

Ich nickte nervös.

»Was kommt in Ihnen hoch, wenn Sie Zazen üben?«

»Ich denke viel über die Zukunft nach«, sagte ich. »Eigentlich immer. Ich kann mich nicht entschließen, was ich mit meinem Leben anfangen soll.«

»Müssen Sie denn etwas damit *anfangen*?«

»Na ja, ich meine, ich überlege, ob ich auf die Akupunkturschule gehen soll ... ob ich Therapeutin werden soll ...«

»Und was machen Sie jetzt?«

»Ich massiere. Aber irgendwie ist das wohl ein bißchen verrückt. Mich verfolgt immer der Gedanke, was die Leute wohl denken, wenn sie zum ersten Mal kommen und ich dann die Tür aufmache. Eine einarmige Masseurin – klingt ein bißchen wie ein schlechter Witz, nicht?«

»Wenn *Sie* glauben, daß es geht, werden die Leute es auch glauben«, sagte Mel. »Ich sehe da kein Problem.« Er lächelte. »Was machen Sie sonst noch?«

»Oh, ich schreibe ein Buch. Ich lerne Karate. Ich fotografiere. Manchmal beteilige ich mich an politischer Arbeit, aber längst nicht mehr so viel wie früher. Ich bin ein bißchen ziellos. Ich fange alles mögliche an und bringe es nicht zu Ende.«

»Sie müssen das finden, was Sie wirklich gern tun möchten, was Ihnen am meisten Freude macht, was Sie einfach nicht lassen können«, sagte Mel. »Und dann müssen Sie dabei bleiben. Sie dürfen es nicht mehr aufgeben, was auch passiert. Lassen Sie all die Wege, die Sie nicht gegangen sind, und dringen sie wirklich in den ein, für den Sie sich entschieden haben. Sonst haben Sie immer nur die Oberflächen, machen immer nur Schaufensterbummel, weichen immer dem aus, was vor Ihrer Nase ist, und suchen nach imaginären Auswegen.«

»Aber wie erkenne ich den Weg, den ich einzuschlagen habe?« wollte ich wissen.

»Es ist meistens der einfachste und naheliegendste«, sagte er.

Schreiben und Zazen, das fiel mir als erstes ein. Laut sagte ich: »Vielleicht sollte ich Therapeutin werden. Immer wieder kommt mir der Gedanke, daß ich einen Beruf brauche, irgendwas Substantielles.«

»Sie müssen sich entscheiden und dann dazu stehen«, sagte Mel. »Sie müssen alle Brücken hinter sich einreißen, um sich den Rückweg abzuschneiden. Nirvāna ist *eine* Sache zu Ende zu führen. Sonst ist Ihr Leben einfach ein Haufen Ideen über eine imaginäre Zukunft. Gehen Sie immer und immer wieder zu Ihrem Atem zurück, zu dem Tag, den Sie *tatsächlich* erleben. Das ist nicht der Tag, den Sie sich vielleicht wünschen oder der Ihnen Ihrer Meinung nach zusteht oder der irgendwann einmal Ihr Tag sein könnte, sondern dieser Tag, der eben jetzt tatsächlich Ihr Tag ist.«

»Du lieber Himmel«, dachte ich, »das kann es doch wohl nicht sein.«

»Wiegen Sie sich immer noch in der Hoffnung, daß Sie es irgendwann erreichen werden?« fragte Mel. »Daß Sie Ihr ideales Leben finden werden?«

»Ich weiß, daß es unmöglich ist, aber ich habe diese Hoffnung noch, ja«, gab ich zu.

»Ihre Meditationspraxis wird Ihnen die Unmöglichkeit erst deutlich machen.« Er lächelte. »Manche Menschen suchen es ein Leben lang, aber schaffen es nie. Was ist es?«

Ich sah ihn ratlos an.

»Das ist Ihr natürliches Kōan«, sagte Mel später zu

mir. »Was ist es? Stellen Sie sich diese Frage immer wieder, unentwegt. Versuchen Sie nicht, eine Antwort zu finden. Fragen Sie einfach nur immer wieder: Was ist es?«

Was ist es? Wind, Bus, Gedanke, Insekt, Empfindung, Laut, Geruch, Atem. Was ist es?

Mein Leben lang habe ich darauf gewartet, daß etwas geschieht.

»Wenn Gedanken kommen, lassen Sie sie ruhig ein«, sagte Mel in einem seiner Vorträge, »aber setzen Sie ihnen keinen Tee vor.« Er lächelte. »Zen zeigt Ihnen, wie Sie denken. Es geht um das Wahrnehmen des Films, der in Ihren Köpfen abläuft und in dem Sie agieren; es geht darum, diesen Film endlich einmal wirklich zu sehen. Nehmen Sie Ihre Körperempfindungen wahr, Ihren Atem, Ihre Gedanken. Versuchen Sie nicht, irgend etwas zu ändern. Sehen Sie nur hin.«

Er sah uns an und schwieg eine ganze Weile. Ich hörte die Regentropfen auf dem Dach, ich hörte die Vögel im Hof, ich hörte das Geräusch von Autoreifen auf nasser Straße.

Wenn man einfach nur sitzt und gar nichts tut, geht einem erst auf, wie ungeheuer viel eigentlich geschieht: Pläne, Erinnerungen, Körperempfindungen, Emotionen, Impulse, Wünsche, Vorlieben und Abneigungen, Befürchtungen, Fantasien, Urteile.

»Im Zen«, sagte Mel, »sehen wir dem einfach nur zu. Einfach wahrnehmen.«

Er sagte auch: »Erleuchtung heißt nicht, daß man etwas bekommt. Das werden Sie bei jedem großen Zen-Meister sehen: nicht was er hat, sondern was er *nicht* hat.«

Ich liebte dieses Gefühl von Freiheit, dieses endlich einfach sitzen und überhaupt nichts tun. Still dasitzen, zum ersten Mal. Einfach lebendig sein. Den Regen hören.

»Sie sind so, wie Sie sind, vollkommen«, sagte Mel zu mir, »aber das heißt nicht, daß man nichts mehr verbessern könnte. Jeder Augenblick ist vollkommen, aber wir müssen nicht an ihm festhalten.«

»Ich möchte, daß Sie mein Lehrer sind«, sagte ich.

»Danke«, erwiderte er.

11

Ich meldete mich zu meinem ersten Sieben-Tage-Sesshin an.

Ein Sesshin, sagte Mel zu mir, ist eine Art geistiges Großreinemachen. Eine ganze Woche Meditation. Die Tage sind angefüllt mit Zazen, Meditation im Gehen, Niederwerfungen und Rezitationen, gemeinsamer schweigender Arbeit, den nach einem bis ins Detail festgelegten Zeremoniell eingenommenen Mahlzeiten und den Vier-Augen-Gesprächen mit dem Lehrer. Außerhalb dieser Gespräche, der Rezitationen und des täglichen Vortrags herrscht die ganze Woche lang vollkommenes Schweigen, und auch Blickkontakte sind zu vermeiden. Der Tagesplan ist genau festgelegt, und jeder hat sich ihm zu unterwerfen. Du mußt sitzen, und du sitzt regungslos durch allen Schmerz oder was auch immer sich einstellen mag.

Aber auch ohne Worte oder Blickkontakt herrscht so viel Verbundenheit. Ich staune, welche Nähe ich zu diesen Menschen empfinde, zu denen, die sieben Tage lang neben mir sitzen.

Im Sesshin sitzen wir mit unserem Schmerz und versuchen nicht, ihn loszuwerden. Wir sitzen mit unseren Wünschen und versuchen nicht, ihnen näher zu kommen. Wir schneiden uns alle äußeren Fluchtwege aus unserem Leiden ab. Wir lernen es wirklich kennen. Was ist es? Wir betrachten die zwanghaften Verschlingungen unseres Denkens. Wir essen schweigend. Servierer bringen uns das Essen, verbeugen sich vor uns, bringen anschließend heißes Wasser, mit dem wir unsere Schalen reinigen. Die kleinste Aufgabe wird eine heilige Verrichtung. Unsere Eßschalen ausspülen. Die Einschlagtücher falten. Form ist nicht heilig, sagt Mel, aber sie läßt das Heilige hervortreten.

Schmerzen stellen sich ein und werden stärker. Die Beine tun weh, der Rücken auch, meine Füße werden kalt, die Augen jucken. Ich rühre mich nicht, wenn der Schmerz kommt. Wenn ich dem Schmerz Widerstand leiste, ihn als etwas Äußeres sehe, das mich angreift und das ich loswerden möchte, dann geht er mir wirklich an die Nieren und zermürbt mich. Ich überstehe ihn nur, wenn ich ganz still werde und mich ihm öffne.

»An den Punkt kommen, wo man denkt, daß man es keine Sekunde länger aushält«, sagt Mel, »darauf kommt es an. Und dann kommt es darauf an weiterzumachen.«

»Ich bin in einer Krise, was meinen Glauben an das Zen angeht«, sagte ich ihm während dieser Woche einmal. Ich hatte Krämpfe und Kopfschmerzen, mein Rücken brachte mich schier um, und mir war auch nicht unbedingt danach, um halb fünf morgens in einem eiskalten Raum zu sitzen und mich in Regungslosigkeit zu üben.

»Da ist kein Zen«, erwiderte Mel. »Da ist nur das, was in Ihnen ist. Wo ist Ihr Kampfgeist?«

»Mir tut alles weh«, sagte ich. »Die Sache hier kommt mir vor wie ein verrückter Macho-Durchhaltetest.«

»Durchhaltevermögen ist alles«, sagte Mel. »Es geht um die Fähigkeit, die Dinge zu Ende zu führen. Wir wollen immer irgendwohin, um etwas zu bekommen, was wir nicht haben. Wir bilden uns ein, wenn wir nur endlich eine neue Wohnung oder einen neuen Job oder eine neue Freundin hätten oder Erleuchtung fänden, dann wären wir glücklich. Dummerweise nehmen wir uns selbst immer mit, ganz gleich, wo wir hingehen oder was wir da tun. Und das ist eigentlich das Problem. Hier im Sesshin nehmen wir uns dieses Problems an. Wir bewegen uns nicht vom Fleck. Darum geht es im Sesshin: keinen Ausweg haben. Solange es nämlich Auswege gibt, werden wir sie benutzen. Aber hier sind wir endlich gestellt, am letzten Ort, hinter dem es keinen mehr gibt. Hier müssen wir uns auf genau das einlassen, was wir sind. Denn dieser Augenblick ist ja eigentlich alles, was wir je haben.«

»Ich sehe wohl den Nutzen dieser Art von Übung«, setzte ich an, »aber ...«

»Nutzen, Nutzen«, fiel Mel mir ärgerlich ins Wort. »Nein! Einfach tun! Hier geht's nicht um Nutzen. Irgendwas kriegen oder werden – o nein! Einfach das hier, sonst gar nichts!«

Ein Leben ohne den Gedanken, etwas erreichen oder werden zu wollen, kann ich mir nicht vorstellen. Mir ist so, als könnte ich jeden Augenblick auseinanderfallen.

Aber irgendwie halte ich durch. Die Tage vergehen, die Nächte. Immer auf der Lauer nach aufsteigenden Gedanken – und dann bemerken, daß sie längst da sind und mich mitgerissen haben.

»Was ist mit dem Zustand der Welt?« fragte ich Mel.

»Diese Praxis hilft uns zu sehen, was zu geschehen hat, um die Welt zu retten«, sagte er. »Wir *sind* die Welt.«

Kleingeist, sagt er auch, sieht den Feind immer außen, und seine Antworten und Lösung gehen immer in Richtung noch größerer Kanonen. Großer Geist dagegen erkennt den Feind in mir selbst und mich selbst im Feind.

Ich neige immer weniger dazu, den Feind »da draußen« zu lokalisieren, und gewaltsamer Umsturz als der beste Weg zur Befreiung sagt mir immer weniger. Gut möglich, daß er in vielen Fällen der einzig mögliche Weg ist (jedenfalls möchte ich nicht über die Mittel urteilen, zu denen Menschen in lebensbedrohenden Situationen greifen), aber für mich fühlt er sich immer weniger als der Weg an, den ich gehen möchte. Ein wenig beängstigend ist es schon, mir diesen Wandel meines Bewußtseins nach all den Jahren in der Linken einzugestehen.

»Ich danke Ihnen allen für den gewaltigen Einsatz, zu dem Sie bereit waren«, sagte Mel am Ende des Sesshin zu uns. »Es wäre sehr, sehr schwierig, ein Sesshin allein zu sitzen.« Es folgte ein langes Schweigen. Dann sagte Mel noch: »Das Leben ist ein einziges langes Sesshin, aus dem es kein Entrinnen gibt.«

12

Ich zog schließlich richtig ins Berkeley Zen Center ein und lebte dort etliche Monate. Ich sagte mir, es sei an der Zeit, der Sache auf den Grund zu gehen. In meinem Kopf hatte sich der Gedanke eingenistet, daß ich mein Leben damit verbringen würde, kleine Feuerholzbündel zu tragen, die Räume auszufegen, Gemüsegerichte zu kochen, Sūtras zu rezitieren, meinem Atem zurück zum Ursprung zu folgen. Ich würde zur Stille unter den Worten vordringen und aus meinem Leben ein Kunstwerk machen. Schwerelos werden. Äußerste Einfachheit. Ich sah mich schon als Priesterin, kahlgeschoren wie Mel, lange schwarze Gewänder tragend und ein Räucherstäbchen in den Händen. Solch ein Zen-Zentrum ist ein sehr sinnlicher Ort. Alles ist da ein Kunstwerk. Jede Klinke ist poliert.

Der Tagesplan verlangte natürlich einiges. Jeden Morgen um halb fünf aufstehen. Es war mir unter diesen Umständen nicht möglich, abends noch für den Karatekurs fit zu sein – und am Karate hing mein Herz mehr als am Zen. Außerdem war ich hier die einzige Homosexuelle. Wenn ich mich umschaute und all diese Heterosexuellen in ihren schwarzen Gewändern sah, wie sie ernsten Blickes auf japanisch rezitierten, kam mir der Gedanke: Was zum Teufel machst du hier? Warum tun wir alle so, als wären wir im alten Japan?

Alles war makellos und von sublimer Ästhetik. Mel regelte mit solchem Eifer jedes noch so kleine Detail, daß es mir allmählich und zunehmend auf die Nerven ging. Ich träumte von Latin Dancers in der Meditationshalle. Schwarze Frauen in grellbunter Kleidung. Die

Zen-Priester in ihren schwarzen Gewändern sangen aus voller Brust. Mel schlug mit einem Tamburin vom Umfang eines Fahrradreifens den Takt.

»Ich bin mir nicht mehr sicher, ob ich hier am richtigen Ort bin«, sagte ich schließlich zu Mel. »Im Zen Center meine ich. Vielleicht war es ein Fehler.«

»Wenn Sie hier leben wollen«, erwiderte er, »dann muß die Zen-Übung für Sie ganz obenan stehen. Wenn das nicht so ist, dann gehen Sie und tun Sie etwas anderes. Und machen Sie das zu Ihrer Übung. Wir haben in dieser Kultur zu viele Wahlmöglichkeiten. Zuviel Luxus, zuviel Freiheit. Wo wir auch hingehen, überall Möglichkeiten und Gelegenheiten. Kauf dies, mach das, geh dahin. Bedürfnisse kreieren, das ist eine milliardenschwere Industrie. Und jedes dieser Dinge, mit denen wir geködert werden, kann ein regelrechter Lifestyle werden. Wir fangen irgendwas Neues an, und ziemlich bald stellt sich heraus, daß wir es entweder wieder aufgeben oder uns ganz darauf einlassen müssen, sonst tun wir am Ende zwanzig Sachen gleichzeitig und alle nur oberflächlich.«

Ich lächelte.

»In gewisser Weise«, fuhr Mel fort, »ist Einschränkung Freiheit. Man kann dann all diese Fantasien, all die Möglichkeiten dahingestellt sein lassen und wendet sich einfach ganz dem zu, was man vor sich hat. Dann zeigt sich, daß die Sache selbst, um die es jeweils geht, eigentlich nicht so wichtig ist. Aber sich darauf einlassen und bis zur Wurzel vordringen, das ist wichtig. Darum geht es in einem Sesshin. Jetzt in diesem Augenblick sind Sie hier, genau hier. Energie braucht Ausrichtung, Sammlung, sonst verpufft sie in Rastlosigkeit und Tagträumerei. Unser Leiden liegt in der Unfähigkeit, bei etwas zu bleiben. Leiden ist der Irrglaube, daß es einen Ausweg gibt.«

Später sagte er mir noch: »Wir suchen immer nach Diamanten im Schlamm. Tatsächlich ist aber der Schlamm selbst eigentlich recht interessant. Das ist der Gegenstand der Zen-Praxis. Der Schlamm.«

13

Ich zog aus dem Zen Center aus und wohnte allein in Oakland. Ich meditierte weiter, meist für mich allein. Ich ging wieder zur Schule und machte einen Abschluß in kreativem Schreiben. Ich träumte, daß wir bei der Abschlußfeier rechte Hände anstelle der Diplome bekämen.

Ich belegte einen Kurs über die Anfangsgründe der psychologischen Beratung. Die erste Übung, die wir machten, hinterließ bei mir einen starken Eindruck. Es war eine Partnerübung, bei der in der ersten halben Stunde der eine Teil Sprecher und der andere Zuhörer war, in der zweiten halben Stunde umgekehrt. Der Zuhörer hatte ausschließlich zuzuhören, und er mußte dabei auf seine Impulse achten: den Drang zu intervenieren, dem anderen auf die Sprünge zu helfen oder zu raten oder von Dingen aus seinem eigenen Leben zu erzählen, an die ihn sein Bericht erinnerte. Diesen Drang sollten wir nur wahrnehmen, ihm aber auf keinen Fall nachgeben, sondern nur zuhören. Wir sollten dabei unseres Gesichtsausdrucks bewußt bleiben und nicht Besorgnis oder Sympathie bekunden, sondern einen entspannten, neutralen Ausdruck wahren. Ich war erstaunt, wie heilend das ist, wenn einem einfach nur zugehört wird.

Meditation wurde mein Hauptinteresse. Ich saß bei Joko Beck, einer Zen-Lehrerin der nicht mehr so stark traditionsgebundenen Art, die sich bedingungslos für ihre Arbeit engagiert und einen berüchtigt scharfen Blick hat. Joko, inzwischen gut über siebzig, ist eine eher nüchterne, schnörkellose Zen-Lehrerin, die dazu anleitet, die Natur des Denkprozesses zu erfassen und Emotionen als Körperempfindungen zu erleben. Die Grundübung ihrer Schüler besteht darin, daß sie ihre Gedanken benennen und dann zum reinen Empfinden zurückkehren. Joko läßt einen dic Gedanken mit einem vollen Satz benennen, der mit den Worten »Den Gedanken haben, daß ...« beginnt. Das kann dann so aussehen: »Den Gedanken haben, daß der neben mir Sitzende zu laut atmet« oder »Den Gedanken haben, daß Zen sinnlos ist«. Sie weist immer wieder auf den großen Unterschied hin, der zwischen »Bill ist ein Blödmann« und »Den Gedanken haben, daß Bill ein Blödmann ist«, besteht. Da fällt einem auf, wie repetitiv die eigenen Denkmuster sind, und das kann recht komisch werden.

Ich war sehr gern bei Joko, aber ich hatte mich schon zu einer Meditationsklausur mit der aus New York anreisenden Toni Packer angemeldet und ging hin. Ich erwartete ein Sesshin ohne das traditionelle Drum und Dran, aber es war dann nicht einmal das. Es war etwas für mich vollkommen Neues.

Ich erinnere mich an meinen ersten kurzen Eindruck von Toni. Eine weißhaarige Frau in ganz gewöhnlicher bequemer Kleidung von leuchtender Farbe. In ihren Vorträgen lag etwas Dringliches und Unmittelbares. Sie wiegte sich mit geschlossenen Augen, als tanzte sie und tastete nach etwas unvorstellbar Zartem. Sie erschien mir dann schön und sinnlich, von geballter Lebendigkeit, wirklich engagiert für das, was sie tat, den Geist auslotend. Und dabei konnte sie in denkbar schlichter und zupackender Sprache von Meditation reden.

Diese Vorträge wirkten auf mich so, als würde ein Licht angeknipst: Mir wurde etwas klar. Ich begriff, daß die ganze Geschichte von »mir« eingebildet ist und daß »ich« nur dann als gesondertes Einzelwesen existiere, wenn ich an mich denke. Ohne diesen Gedanken an mich und meine Geschichte ist alles vollkommen durchlässig, ohne Trennlinien, wie Raum. Dieses Ich-Denken ist derart tief eingeprägt, wirkt so real und ist in unserer Gesellschaft so fraglos akzeptiert, daß wir es für völlig selbstverständlich halten. Wir definieren uns als gesonderte Ich-Einheiten, indem wir uns selbst und einander Geschichten erzählen.

Besonders auffallend war dieses Mühelose an Toni, so als wäre alles Gewollte und Gemachte von ihr abgefallen. Sie ging einen Schritt über alles hinaus, was ich bisher erlebt hatte, und machte sichtbar, daß der Betrachter/Meditierende und alle seine »Praktiken« auch nichts weiter als Denken sind. Wie gut das tat, wenn all die Rituale und Paraphernalien wegfielen! Es war so still, so natürlich.

Ich flog sofort nach Springwater, um dort an einem Sesshin teilzunehmen.

14

Ich habe viele Menschen mit
meiner Überzeugung provoziert,
daß alles bedeutungslos und
ohne Wert ist, daß alles wieder
zu Nichts wird. Aber das war
zuviel – oder zu wenig – für das
Vorstellungsvermögen der
Alltagswelt ... Ich konnte nur
denken, daß Nichtnützlichkeit
der Welt sehr gut tun würde,
vor allem der gegenwärtigen
Welt, die sich so schnell in die
Gegenrichtung bewegt. »Dies
nicht tun, jenes *nicht* tun – wie
wäre das?« – so dachte ich.
Masanobu Fukuoka,
»The One-Straw Revolution«

Die Maschine flog in dunkle Gewitterwolken, die sich ringsum türmten und uns verschluckten. Wir schaukelten und rumpelten über die aufgewühlte Luft. Das ist Wetter, dachte ich, richtiges Wetter, nicht dieses ewig milde, ewig schöne Wetter der Bay Area. Es war Juli, als ich das erste Mal nach Springwater flog. Im Hinterkopf keimte schon der Gedanke, ein Mitglied der Belegschaft zu werden und auf Dauer nach Springwater zu ziehen. Beim Anflug auf Rochester sah ich die Erde unter mir und nahm staunend wahr, wie grün sie war. Ich bin in diesem Teil der Welt aufgewachsen, aber in zwanzig Jahren Kalifornien war mir ein trockeneres, weniger üppig bewachsenes Land vertraut geworden.

Am Flughafen empfing mich ein großer Mann namens Roger, der aus Springwater gekommen war. Er roch nach Motorenöl, sein Gesicht wirkte etwas verbraucht, aber sanft und freundlich, und alles an ihm schien irgendwie ein bißchen in Unordnung. Roger schleppte meinen Koffer zu einem blauen Dodge-Van und fuhr mich nach Springwater, etwa eine Stunde entfernt. Mir gefiel das fließende grüne Ackerland, durch das wir fuhren, und Roger mochte ich auch. Es war etwas Ehrliches und Vertrauenswürdiges und Liebenswertes an ihm, und ich spürte vielleicht schon, daß er ein Mann war, der nicht auf meine Aufschneidereien hereinfallen oder meinem Ego schmeicheln würde. Das irritierte und verunsicherte mich zwar ein wenig, aber es zog mich auch an.

Als wir schließlich in die Zufahrt zum Zentrum einbogen, war ich nervös und aufgeregt. Der Weg wand sich durch ein Waldstück und mündete dann auf eine große, freie Fläche. Vor uns tauchte ein großes schlichtes Holzgebäude auf, das an einem leichten Hang lag.

Roger lud mein Gepäck aus und führte mich ins Haus. Wir zogen die Schuhe aus und stellten sie in ein Schuhregal an der Eingangstür. Ein zweiter zur Belegschaft gehörender Mann erschien, führte mich zu meinem Zimmer und zeigte mir dann das ganze Gebäude. Felix hatte schwarzes lockiges Haar und eine weiche Stimme; es war etwas von vibrierender Stille an ihm. Er sagte nichts Überflüssiges, und es gelang ihm, mir ein Gefühl von Daheim und Ungezwungenheit zu vermitteln.

Springwater strahlt eine Zurückhaltung aus, die mir sofort gefiel. Das Gebäude ist offen und hell, überall große Fenster. Es bietet Schlafräume fur Belegschaft und Gäste, eine große Küche, Duschen und eine Badewanne, einen Speiseraum, einen Trainingsraum mit einer kleinen Bibliothek, Verwaltungsräume, ein separates kleines Apartment, das Toni und ihr Mann Kyle benutzen, wenn sie hier wohnen, und einen großen Meditationsraum. Die Leute hier haben die ganze Sache vom ersten bis zum letzten Hammerschlag selbst aufgebaut, und das mit geradezu lächerlich geringen Mitteln. Viele von ihnen haben erst bei der Arbeit die Zimmerei oder die Kniffe der Installation erlernt. Innen ist die Holzbearbeitung hier und da noch nicht ganz abgeschlossen, aber alles in allem ist das Haus fertig. Roger und Felix waren von Anfang an dabei. Sie waren beide am Bau beteiligt.

Der Meditationsraum ist ein schlichter heller Raum mit schönem Dielenboden und großen wandhohen Fenstern, durch die man auf Felder und Wälder blickt. Hier stehen prächtige grüne Pflanzen, und es gibt zum bequemen Sitzen nicht nur Kissen jeder Größe und Art, sondern auch reichlich Stühle und Kniestühle. Dieser Raum fühlt sich wie das ganze Haus warm, natürlich und weiträumig an – nirgendwo etwas mit Gegenständen, Schnörkeln oder Ideen Vollgestopftes.

An diesem Abend ging ich in der Dämmerung allein den Hügel hinauf und fand einen kleinen Teich. Ich setzte mich hin und fühlte, wie sich mein ganzer Körper entspannte. Die Luft war warm und feucht und roch nach Blüten und Gräsern. Der gegenüberliegende Hang färbte sich tiefrot. Fledermäuse suchten die Wasseroberfläche ab und zogen direkt vor mir ihre schwungvollen Bögen. Ein metallisches Rascheln lief durch die Gräser, und über allem lag das geradezu ohrenbetäubende Schnarren und Quarren der Insekten und Frösche. In diesen Grundton mischte sich das herrliche Lied eines Vogels, den ich noch nie gehört hatte, dann ein Eulenruf, und in der Ferne antwortete ein Hund. Große rote Wolken schwebten vorbei. Noch nie war ich an einem so lebendigen Ort gewesen.

Das Land hier ist auf unauffällige Weise schön. Nicht wie der Grand Canyon oder andere glanzvolle Nationalparks – viel stiller, viel subtiler. Zum Zentrum gehören über 113 Hektar Grund mit Wiesen, wogenden Hügeln, Wäldern, Sturzbächen, von Hemlocktannen gesäumten Schluchten, Hofteichen, kleinen Wundern. Und das Wetter ist stürmisch und leidenschaftlich und wechselt schnell.

Springwater war ursprünglich das Genesee Valley Zen Center, aber Zen-Formen, Zen-Namen, Zen-Ideen wurden mit der Zeit aufgegeben, und inzwischen verstand es sich schon nicht mehr als Zen-Zentrum im üblichen Sinn des Wortes. Es war viel, viel schlichter geworden. All das Zubehör des Religiösen wurde abgelegt. (Vielleicht manchmal ein bißchen zu dogmatisch. Sharon, die einzige Frau in der Belegschaft des Zentrums, sagte wahrhaftig zu mir: »Räucherstäbchen sind eine Droge.«) Es gibt keine Rituale und Zeremonien. Nur das nackte Gerippe des gewöhnlichen Lebens, alles in Frage stellen, nicht wissend, wohin es führen wird. Hier zeigt sich, daß offenes Gewahrsein nicht von Praktiken, Körperhaltungen oder Traditionen abhängt – und *keine* Form des Anhaftens darf tabu sein. Nichts, woran man sich festhalten kann: kein legitimierter »Weg«, den man bloß noch gehen muß, keine Karrierepriesterschaft, zu der man Zugang sucht, nichts.

Hier wird auch keine formelle Übungsform empfohlen (den Atem verfolgen oder Atemzüge zählen, Gedanken benennen, mit Kōan sitzen, Visualisationen, Mantras). Wenn du meditierst, dann tu gar nichts, lautet Tonis Rat. Lausch einfach. Sie sagt:

Einfach nur das – *ist das möglich, welcher Zustand auch immer sich gerade einstellen will? Kein Sich-Abwenden, keine Flucht in etwas, das herzugeben verspricht, was dieser Zustand nicht hergibt oder nicht herzugeben scheint: Energie, Kitzel, Inspiration, Freude, Glück, was auch immer. Einfach ganz und gar, bedingungslos lauschen auf das, was eben jetzt da ist – ist das möglich? Ohne darüber zu urteilen, ohne Schlüsse zu ziehen – das hier ist schlecht, und wenn ich nichts unternehme, wird es immer so bleiben, es verlangt Abhilfe –, um es auf diese Weise loszuwerden. Ohne auch nur den Ansatz zu machen, es zu erkunden.*

Toni ist unsentimental und kompromißlos, was ihre Einsicht angeht, zugleich aber sanft und fürsorglich. Ihr brennendes Verlangen, das Funktionieren des Bewußtseins zu erforschen, läßt sie immer wieder an die Wurzeln gehen. Es liegt etwas Nüchternes in ihrem ganzen Vorgehen, eine warmherzige, dabei aber nie auf Verführung angelegte Strenge. Was an ihr und an Springwater so außergewöhnlich ist, hat so ganz und gar nichts mit Anmaßung oder Pose zu tun, daß man es völlig übersehen könnte. Es hat etwas von schutzloser Offenheit, von Unschuld im wahrsten Sinne des Wortes.

Toni hat den Mut, alle Bücher, alle Methodik beiseite zu legen und einfach im Augenblick selbst zu sein – keine Stützen, kein Schnickschnack, keine Autoritäten, keine Glaubenssätze. Sie lauscht, während sie spricht, und schaut sich das, worüber sie gerade spricht, wie zum ersten Mal an. Was sie sagt, kommt nicht aus intellektuellem Wissen. Sie liebt die Natur, und ihre Stimme taucht aus dem Schweigen auf wie Wind, der sich im Laub regt.

In Springwater finden jedes Jahr acht einwöchige Meditationsklausuren und etliche kürzere statt. Die Teilnehmer reisen aus dem ganzen Land, ja aus der ganzen Welt an.

Außerhalb der Klausurtage fällt die tägliche Arbeit an (etwa vierzig Stunden die Woche), aber ansonsten ist kein bestimmter Tagesablauf vorgesehen. Ein paar im Zentrum wohnende ständige Mitarbeiter sorgen für alles, was zu geschehen hat, und organisieren die Klausuren. Einige von ihnen, Felix und Roger zum Beispiel, waren von Anfang an dabei. Im Augenblick ist Sharon hier die einzige Frau. Das Durchschnittsalter der ständigen Bewohner scheint bei um die vierzig zu liegen. Fast immer sind auch ein paar Gäste da oder Leute, die sich für einige Zeit als freiwillige Helfer zur Verfügung stellen.

Es herrscht hier eine freundschaftliche Atmosphäre, die jedem Raum gibt, in der jeder so sein kann, wie er nun mal ist. Ich habe nicht das Gefühl, daß mich hier jemand beeindrucken, zu etwas überreden oder verleiten möchte, daß man mir schmeichelt oder überhaupt irgend etwas von mir will. Hier gibt es nichts von Einmischung oder Aufdringlichkeit, alles kann so sein, wie es ist.

Mich beeindruckt auch, wie glatt hier alles läuft, wie gut alles organisiert ist, obwohl nichts von hierarchischer Struktur oder auferlegter Disziplin zu spüren ist. Aber die Leute, die hier wohnen, sitzen auch vor dem

Fernseher. Das hat mich sehr enttäuscht. Ich hatte mir vorgestellt, daß sie entweder meditieren oder Brot backen oder durch die Wälder streifen. Aber fernsehen? Und an meinem zweiten Abend dort erschütterte plötzlich Rockmusik mein Schlafgemach. Sie kam von unten, aus Pauls Zimmer, und war so laut, daß buchstäblich die Wände wackelten. Ich war schockiert, entsetzt. Wie sollte ich *dabei* denn meditieren? Rockmusik und Fernsehen kamen in meinem Bild von einem Meditationszentrum nicht vor. Vielleicht würde ich hier doch nicht unbedingt wohnen wollen.

15

Nun aber gleicht nichts in allen
Kreaturen Gott so sehr wie Ruhe.
Meister Eckhart

Meine erste Meditationsklausur in Springwater beginnt. Bei diesen einwöchigen Klausuren wird sehr auf vollkommenes Schweigen geachtet. Auch Blickkontakt ist möglichst zu meiden, so daß man vollkommen gesammelt bleibt und nicht ständig Anknüpfungspunkte sucht oder kontrolliert, wie andere auf einen reagieren. Alle unbedingt notwendige Kommunikation geschieht mit Bleistift und Papier. Einmal am Tag kann man mit Toni sprechen, wenn man möchte, und sie selbst hält jeden Tag einen Vortrag – das sind die einzigen Ausnahmen. Ich hatte noch nie ein so tönendes, so tiefgründiges Schweigen erlebt.

Während dieser Meditationswochen herrscht kein

Zwang, im Sitzraum zu sitzen. Man kann auch in den Nebenräumen auf Sesseln oder Sofas sitzen oder den ganzen Tag im Bett bleiben oder am Teich sitzen oder spazieren gehen. Kein Zwang zu irgend etwas. Toni legt sehr großen Wert darauf, daß der Organismus seine eigene Weisheit entfalten kann.

Ihre Vorträge sind Meditationen ganz eigener Art. Sie erfordern vollkommenes Zuhören-Teilnehmen. Nichts, was man sich einfach anhören könnte. Das Hören muß aus der Stille, aus innerem Schauen kommen. Und das Schauen ist nicht das des Verstandes, sondern etwas ganz anderes.

Immer wieder bedrängt mich der Impuls, ihre Worte aufzuschreiben. Aber es geht hier nur um das Sehen selbst, sagt sie, nicht um das Erinnern oder Durchdringen. Das klingt ein bißchen verwegen, sich darauf einzulassen ist nicht einfach. Was, wenn mir irgendeine wichtige Einsicht und damit meine Große Chance durch die Lappen geht? Welche Große Chance? Hinter was sind wir hier eigentlich her?

Wie ist das mit dem Habenwollen? Wir sind immer so sehr auf etwas anderes aus, daß wir nie dazu kommen, uns klarzumachen, was das hier ist – eben jetzt, genau hier. Gedanken und Ideen allüberall. »Freiheit« ist eine Idee. Etwas, das ich haben möchte. Uns aus diesem Schlamassel herausdenken, das wird nicht gehen. Ich werde dabei nur immer konfuser und verheddere mich immer mehr. Baut nicht auf das Denken, sagt Toni.

Stunde für Stunde Gedankengetriebe, dann geht etwas auf, und jetzt ist da einfach der Wind, das Summen der Fliegen, der Strom der Gedanken, der Boden unter den Füßen, alles zugleich, *ein* Geschehen. Alles entspannt und weitet sich. Und ich sehe wirklich, daß hier nichts zu holen ist, daß ich nirgendwo hinkommen muß, daß nicht einmal jemand da ist, der irgendwohin muß. Hier ist kein »Ich« mehr, kein Zentrum. Keine Angst. Keine Zeit.

Aber so schnell kommt dann der Drang, diesen Augenblick der Wachheit festzuhalten: ihn zu besitzen, zu verwahren, immer wieder hervorzuholen, für immer zu haben.

»Ich muß lernen, einfach dieser Bewußtheit zu vertrauen«, sage ich zu Toni.

»Was meinen Sie mit vertrauen?« fragt sie.

Ich muß lachen, denn tatsächlich will ich ja auf etwas bauen können, das ein eingebildetes Ich zu einem bloß vorgestellten Ziel trägt. Das ist ein Abgleiten in Gedanken und Bilder, in die Vorstellung von Zeit, eine willkommene Ablenkung von dem unwillkommenen Gedanken, daß »Bewußtheit allein mich noch nicht glücklich macht«.

»Worauf können Sie vertrauen?« fragt Toni. »Sie wissen es nicht. Vertrauen Sie auf gar nichts. Sehen Sie nur, wie schnell das Denken sich wieder einschleicht.«

Sie fragt mich, was dieses »Ich« ist, das »mich« beobachtet (und besser machen möchte).

Es ist ein Gedanke! Ein Bild von einem »mich« betrachtenden »Ich«. Der Betrachter ist nicht mehr als ein Machwerk aus Erinnerung und Prägung, ein kleiner Diktator, der in meinem Kopf lebt und einem eingebildeten Ich, das er auf Vordermann bringen will, Kommandos zubrüllt: »Komm zurück zum Augenblick!«, »Lausch den Vögeln!«, »Achte auf den Atem!«, »Hör auf zu phantasieren!«

Ich gebe mir so viel Mühe. Ich bin von Kopf bis Fuß ein einziger Krampf vor lauter Bemühen. Dieser Wunsch, es richtig zu machen. Einmal glaube ich, daß Toni bei der Meditation im Gehen hinter mir ist, und ich beobachte mich, wie ich zuerst »perfekt gehen« möchte und dann einfach »loszulassen« und »nicht zu versuchen« versuche, so angestrengt um das »Richtigmachen« bemüht, daß es kein Wunder wäre, wenn ich überhaupt nicht mehr gehen könnte – nur um schließlich festzustellen, daß gar nicht sie es war, die da hinter mir ging. Das Ganze nur Vorstellungen in meinem Kopf, aber sie beherrschen und bestimmen mich ganz und gar.

Es genügt, sie einfach zu sehen. Die »Darbietung« zu sehen, die Ideen, die widerstreitenden Kommandos, das Gutmachenwollen, den Wunsch eine andere zu sein, die nicht in so albernem Verhalten festsitzt. Mitten in all dem die Vorstellung von »mir« sehen. Einfach nur sehen.

Die magentaroten Kissen im Gesprächsraum, die Blumen, der Nebel draußen vor dem Fenster, unsere Worte. Es läßt sich nicht fassen oder bewahren. Dieser Text ist etwas ganz anderes. Dieser Text ist wie alle Texte Fiktion. Er hat sein eigenes Leben. Eine Art Vogelgesang. Dem Summen der Fliegen oder dem Duft der Blumen nicht unähnlich.

Beim Spaziergang am Nachmittag kommt Toni mir über eine Wiese voller Blumen und Licht entgegen. Wie ein Windstoß geht sie an mir vorbei.

Vergangene Nacht gab es ein Gewitter, und der Wind fegte wie das Meer in tosenden Wogen über die Felder, daß die Bäume sich mit peitschenden Ästen bogen. Es blitzte und donnerte, und dann kam Regen, der die Erde kühlte.

Der ständige Printout der Gedanken: Befehle und Gegenbefehle (»Gib dir Mühe« – »Laß das Mühegeben«), die Zukunft planen, mir all die unschönen oder angenehmen Dinge ausmalen, die mir passieren könnten, oder eben endlos die Erinnerungen durchgehen wie jemand, der sich die Wiederholungen alter Fernsehfilme immer wieder ansieht, innerlich Vorträge halten, endloses Rauschen und Gewäsch. Selbst wenn ich darauf aufmerksam werde, bin ich oft nicht in der Lage oder nicht bereit, von diesen Gedanken zu lassen. Das geschieht so zwanghaft wie jedes andere Suchtverhalten, vielleicht noch zwanghafter. Ich bin selbst-süchtig. Warum ist es so beängstigend, so schwierig, von diesen Gedankenverschlingungen zu lassen? Ich bin mutlos und der Verzweiflung nahe.

Wenn wir etwas haben und uns verschaffen wollen, sagt Toni, konditionieren wir unseren Geist. Aber hier schauen wir einfach nur zu. Wir betrachten das Habenwollen selbst. Brennender Schmerz in Schulter und Nacken, Ärger, Frustration, Gereiztheit, Erschöpfung. Alle regen mich auf. Alles regt mich auf. Etwas wie eine graue Wolke ist um mich. Keine Klarheit. Nicht eine Minute länger möchte ich unbeweglich in dieser qualvollen Haltung bleiben, in diesem lärmenden Schweigen, das einfach nicht still werden will, in diesem Körper, in diesem Bewußtsein. Was soll nur dieses ganze »Nicht-Ich«-Zeug?, denke ich. Was ist denn mit meiner Geschichte, meinem Leiden, meinem Fortschritt – ist das nicht auch ich? Drang zum Fingerkauen.

Bremsen umschwärmen mich, schnarren mir an die

Ohren, verfangen sich im Haar. Mücken setzen sich mir auf den Hals. Am Himmel hängen Wolken. In der Ferne donnert es. Der Schweiß rinnt mir die Arme hinunter.

Bewußtheit? Ich bin mir nicht mehr sicher, ob ich weiß, was das ist. Gibt es überhaupt etwas außer Gedanken, Vorstellungen, Bildern? Wenn wir erst mit Sprache umgehen können, wenn wir die auf Übereinkunft beruhenden Grenzen zwischen einem Stuhl und einem Tisch und zwischen dem Tisch und mir zu sehen gelernt haben, wenn wir in Begriffen zu denken anfangen, wenn wir also unsere Prägung erhalten haben – gibt es dann wirklich noch einen Ausweg? Ein Augenblick des unmittelbaren Empfindens, des offenen Lauschens, und dann ist auch schon das Denken zur Stelle, um zu benennen, zu bewerten, zu sondern, zu vergleichen und etwas daraus zu machen – aus ist es mit dem Lauschen. Vielleicht hat es gar nicht stattgefunden. Sind wir wohl noch etwas anderes als dieses energiegebundene Konglomerat aus unseren Prägungen, unseren Ideen, unseren Fiktionen? Und dieses Ding namens Bewußtheit, ist das wohl irgendwie anders? Was ist es?

Denken, denken, denken.

Im Morgengrauen warte ich darauf, mit Toni sprechen zu können.

Machen Sie sich auf einigen Muff gefaßt, möchte ich ihr sagen, aber als ich den Raum betrete, begrüßt mich Blütenduft.

»Hier ist es ja richtig schon«, sage ich etwas verdattert.

»Sie hatten es nicht ganz leicht, oder?« fragt sie.

»Ich war ganz unten.« Ich lache. »Ich lache, aber es ist nicht komisch«, sage ich.

»Trotzdem gut, erst mal ordentlich zu lachen«, sagt sie lächelnd. Dann wird sie ernst und hört zu.

»Ich weiß, daß dieses ›ganz unten‹ nur ein Gedanke ist«, sage ich, »und daß ich nichts als ein Hologramm bin …«

»Nein, nein, Sie sind jetzt nur hier«, sagt sie, umfaßt mit den Händen fest meine Knie und lacht. »Ohne Ich-Bild sind wir *lebendiger*, nicht weniger lebendig. Die Leute meinen, ohne all diese Bilder wäre alles grau und leblos, ohne Leidenschaft oder Freude. ›Gibt es dann noch Sex?‹ fragen sie mich.« Sie lacht.

»Sie geben das Ich nicht ab oder auf«, sagt sie später. »Es geschieht einfach, wenn die Bilder bewußt sind. Ohne die Bilder, was bleibt? Wer nennt es Nichts? Wer sagt, es sei grau und leblos? Das sind einfach Gedanken. Das Ich ist die Vergangenheit und die Zukunft, Erinnerungen und Vorstellungen. Aber was ist das eben jetzt und hier?«

Ich sage ihr, daß ich mich hoffnungslos fühle. Daß keine Bewußtheit vorhanden ist. Daß alles nur Gedanken und Bilder ist, Schicht um Schicht nichts als Gedanken und Bilder.

»Und das sind nur noch mehr Gedanken«, sagt sie. »Trauen Sie nicht den Gedanken. Wirklich ist der Sonnenaufgang, wirklich sind die Schritte und der Duft der Blumen. Wir haben alle unsere Stimmungsschwankungen, genau wie das Wetter. Ich will Ihnen nicht gut zureden. So etwas brauchen wir nicht. Wir können auf etwas viel Tieferes zurückgreifen. Einfach hier sein, in diesem Augenblick, ohne Zeit. Das ist Ihr ganzes Leben. Nicht irgendeine Nebentätigkeit. Das hier ist es – einfach fühlen, was ist, einfach in dem sein, was ist.«

Mir fällt auf, wie sie spricht. Sie personalisiert nicht. »Da ist der Wunsch« sagt sie anstelle von »Ich möchte«.

Ich sitze auf meinem Kissen, vor dem inneren Auge eine Riesenportion Eis mit heißer Karamelsoße. Ich fühle mich erschöpft. Erschöpft über die Erschöpfung hinaus. Schließlich ringe ich eine Stunde lang mit mir, ob ich in der nächsten Pause den Sitzraum verlassen soll, um ein bißchen zu schlafen. Verpöntes Weichlingsgebaren in der Zen-Tradition, aus der ich komme, aber hier vollkommen in Ordnung. Am Ende komme ich zu dem Schluß, daß ich überhaupt nur aus einem Grund weitersitzen würde, nämlich um mein Bild von mir selbst aufzupolieren und um Toni zu beeindrucken, sollte sie einmal hereinkommen. Nicht daß ich glaubte, Toni selbst wäre durch so etwas wirklich zu beeindrucken; aber meine Projektion von Toni, die schon. Ich gehe tatsächlich schlafen. Das ist ein gewaltiger Durchbruch für mich, als wäre irgendeine Energiereserve freigesetzt worden. Am Abend sitze ich nach der letzten Sitzperiode weiter; das habe ich noch nie getan, es wäre mir sogar unvorstellbar gewesen.

Früh am Morgen ein warmer Wind. Alle sind heute morgen vor der ersten Sitzrunde draußen und sehen dem weißen Mond zu, wie er in die Hügel sinkt. Katze Heather ist auch draußen und jagt Insekten oder Phantome oder ihren Schwanz, genau ist es nicht zu erkennen, aber es macht ihr offenbar Spaß. Beim Spaziergang nach dem Frühstück sehe ich überall Kaninchennachwuchs, eifrig knabbernd. Eine Eule fliegt direkt über mir durch die Bäume.

In ihren Vorträgen scheint Toni beweisen zu wollen, daß es hier keine bestimmte Übungsform gibt. Ich sitze auf meinem Kissen und denke mir stundenlang Erwiderungen aus, in denen ich darlege, daß es hier sehr wohl eine Übungsform gibt. Diese Gedanken schnüren alles ab. Ich bin nicht mehr bei den Vögeln, den Bewegungen des Windes. Ich bin völlig mit meiner Position identifiziert. Eine entgegengesetzte oder andere Position weckt Ängste, Ärger, Trennungsgefühle und den ganzen damit verbundenen Schmerz. Ich *weiß*, daß ich Recht habe. Was für ein gräßliches Gefühl.

Dann diskutieren Toni und ich auch schon über Selbstverteidigung. Ist es jemals notwendig, sich zu wehren? Was ist denn gegen Selbstverteidigung und Selbsterhaltung einzuwenden? Das ist doch ganz natürlich. Wenn wir die Möglichkeit hätten, Hitler oder einen dieser Serienmörder zu töten, die reihenweise Frauen foltern und verstümmeln, sollten wir sie dann nicht nutzen? Ist das nicht ganz dasselbe wie ein Krebsgeschwür aus dem Körper zu schneiden? Aber irgend etwas stimmt wohl doch nicht ganz damit, jedenfalls fühle ich mich elend. Ich fühle mich bedroht. Feindselig. Erbittert. Ich verteidige mich selbst. So viele Jahre schon.

In vier Stunden geht unsere Meditationswoche zu Ende. Nur noch vier Stunden, um »es zu schaffen«. Hinter was sind wir hier eigentlich so her? Ein drückend schwüler Tag. Ich sitze schweißüberströmt. Plötzlich fegt dieser wilde Wind über die Felder daher. Alles ist in Bewegung. Der Himmel verfinstert sich, Blitze zucken, der Donner kracht, und es gießt in Strömen. Die ganze gestaute Atmosphäre löst sich und verfliegt. In der letzten Sitzperiode breitet sich eine große Ruhe aus. Die kühle Luft riecht süß und frisch.

Können wir bei dem sein, was eben jetzt geschieht?

fragt Toni. Nicht bei dem, was uns in Zukunft widerfahren *wird*, sondern bei dem, was in diesem Augenblick wirklich da ist.

16

Nach dem offiziellen Abschluß sitzen wir – die festen Bewohner des Zentrums und einige Teilnehmer – mit Toni und Kyle beim Abendessen. Ich erzähle meine Lebensgeschichte und bemerke, während ich mir zuhöre, an der Art der Darbietung und an meinen Ausschmückungen, daß ich sie wohl mit einem gewissen Stolz erzähle – und da widert sie mich plötzlich ein bißchen an. Irgendwie ist ein falscher Ton darin.

Ein paar von uns sehen sich später am Abend Videos von Krishnamurti an, die ganz am Ende seines Lebens aufgenommen wurden. Ich hatte ihn noch nie sprechen hören. Auf Gewaltlosigkeit aus sein ist eine Form der Gewalt, sagt er, denn wir achten dann nicht mehr auf das, was tatsächlich *ist*, sondern jagen einer Idee nach. Aufmerksames Lauschen auf das, was ist, sei von unglaublicher Heilkraft. Einfach *lauschen*, ohne etwas *tun* zu wollen.

Toni vergleicht das, was wir hier tun, mit der Art und Weise, wie ein Säugling die Welt erkundet. Sie nennt es nicht Übung oder Praxis, wie es in vielen Schulen der Meditation geschieht, denn für sie liegt schon in dem Wort selbst etwas von Bemühen und Erreichen, ein Selbstverbesserungsprogramm – während Bewußtheit niemals ein Gegenstand und schon gar nicht Gegenstand eines Programms sein kann.

David Steindl-Rast, ein katholischer Mönch, spricht in einem seiner Bücher über Gebet als vollkommene, ungeteilte Aufmerksamkeit, eine Geistesverfassung, an der zwei Anteile zu erkennen sind: Konzentration oder Sammlung, die eine Bündelung und Fokussierung bedeutet, und das Staunen, das etwas Expansives und Grenzenloses hat. Er schreibt, wie ich mich erinnere, daß ungeteilte Aufmerksamkeit beide Dimensionen haben muß, so paradox das auch klingen mag.

Toni scheint beinahe dem reinen Staunen ohne Konzentration das Wort zu reden, doch sie selbst wirkt so ganz und gar konzentriert. Vielleicht ist der Schlüssel im Bereich der Intention zu suchen. Kleine Kinder richten sich vollkommen auf das aus, was sie gerade interessiert oder ihnen Vergnügen macht. Zeigt sich irgend etwas neues Interessantes, so verschiebt sich der Brennpunkt ihrer Aufmerksamkeit. Konzentration stellt sich ganz natürlich ein. Sie ist spontan und lebendig und immer in Bewegung. Sie ist frei. Es gibt weder Widerstand noch ein Bemühen. Die Richtung wird nicht vom Denken, von irgendwelchen Verhaltensvorschriften oder Zwängen vorgegeben. Dagegen sind die meisten meditativen Praktiken dem Denken entsprungen und weiterhin von ihm geleitet, und dadurch verstärken sie offenbar die Vorstellung von einem Ich – einem Meditierenden –, der Meditation als seine »Tätigkeit« begreift und durch sein diszipliniertes Bemühen spirituell weiterzukommen hofft.

Die Konzentration eines Kleinkindes ist lebendiges Staunen. Auf diese Art von organischer Interessiertheit – oder Leidenschaft – und Bewußtheit scheint Toni hinweisen zu wollen: ein Lauschen, das nichts von mechanischer Routine und nichts von Methodik hat. Ein sehr kleines Kind hat noch kein Bild von sich selbst; es ist sich noch nicht zum Objekt geworden, zu einer Person, an der noch gearbeitet werden muß. Und für Toni ist deshalb jede Meditationsform fragwürdig, die zu diesem Bild beiträgt.

Sie erzählt, wie sie an einem Winterabend mit ihrem Enkel in Rochester spazieren ging und wie er sich in dem Lichtsee unter einer Straßenlaterne in den Schnee setzte und nichts weiter wollte, als dort in diesem Licht zu sein. Hat er da was geübt? fragt sie.

Was wir hier tun, ist wirklich erstaunlich. Absichten bilden sich so schnell, Formeln sind so schnell zur Hand. Von all dem einfach lassen. Dann ist nichts mehr da, denken wir, aber wer nennt es nichts? Es ist »das Grün der Kiefern, das Geflecht der Dornenranken ... das Rot der Blüten und das Weiß des Schnees« (Ryūsui).

17

Mit dem festen Vorsatz, nur zuzuhören und zu beobachten, nehme ich an einer Belegschaftsversammlung teil. Aber ich bin noch derart auf Standpunkt und Stellungnahme fixiert, daß ich mich nicht zurückhalten kann. Dabei sehe ich sehr wohl, wie sehr ich an meinen Meinungen und ihrer Wichtigkeit hänge, wie sehr es mich irritiert und bedroht, wenn andere anderer Meinung sind.

Die Leute hier sehen sich nicht immer direkt an, wenn sie miteinander reden, ihre Gespräche wirken eher gedämpft, nicht so zielstrebig, eher tastend, so als müßten sie ihren Weg erst noch finden. Das ist nicht die Art von

Meetings, die ich gewohnt bin, wo alle ständig Augenkontakt halten und viel Gefühl eingebracht wird und eine versierte Gesprächsleitung dafür sorgt, daß man vom Fleck kommt. Ich bin mir fast augenblicklich sicher, daß diese gewohnte Art besser ist als das, was hier abläuft. Meine Urteile sind immer so schnell fertig, die Aufkleber, die ich anderen Menschen oder anderen – neuen – Verhaltensweisen verpasse.

Ich fühle mich diesen Menschen so fern. Die meisten sind Männer, ich bin eine Frau. Sie sind normal, ich bin lesbisch. Sie sind aus dem Osten, ich bin aus dem Westen. Sie haben alle zwei Hände, ich habe eine. Ich habe ein sehr starkes »Ich-bin-wirklich-anders«-Programm. Weshalb hänge ich so sehr an diesem Sonderdasein? Dieses Gefühl, anders zu sein, aus welchem Grund auch immer. Ist irgendwer hier wirklich so anders als ich? Fühlen sie sich weniger als einzelne? Weshalb bin ich so auf Identitäten fixiert? Warum habe ich das Gefühl, daß man mich erst wirklich kennt, wenn man meine Lebensgeschichte kennt? Der Gedanke, meine Aufkleber nicht mehr zu haben, macht mir angst, aber zugleich liegt auch soviel Frieden darin, wie ich manchmal in der Stille der Meditationsklausuren erfahren habe.

Bei meiner ersten Meditationswoche mit Toni, in Kalifornien, hatte sie einmal von den Wurzeln des Krieges in all den von uns selbst gezogenen und dann verteidigten Trennungslinien gesprochen: mein Land, meine Subkultur, meine Gruppe, meine Überzeugung, meine Geschichte. Damals hatte ich zum ersten Mal so etwas wie die Bereitschaft gespürt für den Gedanken, daß man über Selbstverteidigung auf der persönlichen wie auf der globalen Ebene hinausgehen kann.

Kann ich wirklich aufhören mich zu verteidigen? Die Frauen zu verteidigen? Die Umwelt zu verteidigen? Kann man das auch anders machen? Können wir auf anderem Wege erreichen, daß wir der Erde und einander nicht mehr Gewalt antun, daß wir alle frei werden? Ein bedrohlicher, etwas beängstigender Gedanke. Ich möchte nicht so dastehen, als beträfen mich Leid und Ungerechtigkeit nicht.

Es ist uns selbstverständlich, daß wir Antworten auf unsere Fragen bekommen möchten. Wir möchten, daß etwas fertig wird und zu einem Beschluß führt. Toni legt uns die Möglichkeit nahe, die Frage in uns lebendig und unbeantwortet und offen zu halten. Wir suchen verzweifelt nach Lösungen für unsere Probleme, sagt sie, aber die einzige wirkliche Lösung besteht darin, beim Problem zu bleiben. Nicht analytisch, sondern unmittelbar. Das Problem wirklich *sehen*.

Ich erkenne durchaus, wie sehr das politische Denken meistens – vielleicht auch fast immer – von Dogmatismus, Entzweiungskräften und Arroganz geprägt ist, wie engstirnig die Menschen werden können. Ich sehe auch, daß kein gewaltsamer, doktrinärer Ansatz je etwas gegen Konflikt und Ungerechtigkeit ausrichten wird. Aber das heißt nicht, daß man sich von politischer Arbeit abwenden sollte und daß sie überhaupt nichts erreichen kann. Ich sage gern, daß ich mein Leben der Politik verdanke, daß ich mich ohne die Frauen- und Schwulenbefreiungsbewegung totgetrunken hätte. Aber ich habe mich auf Positionen zu allem möglichen versteift, alles wurde schwarz-weiß, wir und sie. Wie leicht wir die Dinge doch polarisieren und im Namen einer besseren Welt Feindseligkeiten schüren. Die Wahrheit ist soviel weniger klar, soviel schwieriger zu schlucken. Vielleicht geht es nicht darum, von Politik und politischer Einsicht zu lassen, sondern einfach deutlicher zu sehen, was wir da tun, und zuzuhören, ohne gleich Schlüsse zu ziehen. Ist das möglich?

Kein Zweifel, ich unterliege noch dem ganzen Druck aus meiner politischen Zeit, dem Druck, mir ein bestimmtes Selbstverständnis und bestimmte Identitäten zu eigen zu machen und diese Aufkleber möglichst ein Leben lang zu tragen. Toni dagegen stellt *alle* diese Aufkleber in Frage, alle diese Vorstellungen von unserer Identität. Und für sie geht es um etwas ganz anderes, als bloß negative Bilder durch positive zu ersetzen. Schmeichelei ist so destruktiv wie Verunglimpfung, sagt sie. Die beiden Seiten ein und derselben Medaille.

Ich erzählte ihr, wie sehr ihr ganzer Ansatz mich erschreckte, nachdem ich so bitter darum gerungen habe, den Selbsthaß und das Stummbleiben zu überwinden, die man mitbringt, wenn man als Frau und behindert und bisexuell in einer patriarchalischen Gesellschaft aufwächst; und wie sehr ich befürchte, daß alle meine Fortschritte zunichte werden, sobald ich mich wirklich auf das einlasse, was sie sagt – dieses Durchschauen aller Bilder, sogar des Bildes von mir selbst.

»Sie befürchten, daß Sie dahin zurückfallen, wo Sie früher waren?« fragte sie.

Ich nickte.

Ihre Augen leuchteten auf, und dann kam ihr wunderbares, warmes Lachen. »Aber das werden Sie nicht«, sagte sie mit großem Nachdruck. »Ganz bestimmt nicht.«

Vielleicht gibt es doch noch etwas außer Konditionierung. Seit der Meditationswoche komme ich schon tagelang ohne Fingerkauen aus, eine Gewohnheit, von der ich schon seit meiner Kindheit nicht lassen kann. Und auf dem Flug zurück nach Kalifornien saß ich einfach nur da, ohne zu lesen oder zu schreiben oder irgend etwas zu tun, und nicht weil ich mich dazu durchgerungen hätte, sondern es war einfach so. Ich hatte keinerlei Bedürfnisse und überhaupt nicht den Wunsch, mich von der Gegenwart zu entfernen. Keine Angst.

18

Ich hatte gedacht, ich sei fertig mit dem Zen. Aber dann nahm ich in Kalifornien an einem Sesshin mit Maurine Stuart Rōshi teil. Sie kam aus Massachusetts und war damals schon todkrank. Danach merkte ich dann, wie es mich ins Berkeley Zen Center zurück zog. Ich sagte Mel, ich wolle wieder seine Schülerin sein und mir ein Rakusu nähen und die buddhistischen Gelübde ablegen. Ein Rakusu ist ein Teil der buddhistischen Bekleidung, der auf den ersten Blick wie eine Art Lätzchen wirkt. Im Berkeley Zen Center näht man sich selbst solch ein Rakusu. Man schneidet ein großes Stück dunklen Stoff in kleine Stücke und näht sie wieder zusammen. Dazu spricht man ein Mantra – ein Wort, wenn man die Nadel einsticht, ein Wort, wenn sie wieder herauskommt. Der fertige Umhang wird einem dann im Rahmen einer Zeremonie überreicht, bei der man auch einen buddhistischen Namen erhält. Außerdem verpflichtet man sich auf die buddhistischen Gebote (die so etwas wie die Zehn Gebote sind, aber man soll sie nicht so sehen).

Ich wußte, körperlich, daß ich mit dem Nähen dieses Rakusu den falschen Weg einschlug, aber die damit verbundene Vorstellung war einfach so verlockend, also machte ich weiter. Ich sah mich schon als Priesterin.

Ein Jahr verging. Ich saß wieder bei Joko Beck und bei Toni, als sie in Kalifornien war. Ich nähte. Ich überlegte hin und her, ob ich nach Springwater ziehen sollte. Schließlich legte ich mein unvollendetes Rakusu beiseite, packte und zog los. Das war im Herbst 1989. Ich wollte mich für ein halbes Jahr als Anwärterin auf einen ständigen Mitarbeiterposten in Springwater einquartieren; das hieß Arbeit gegen ein Zimmer und Verpflegung.

»Du willst für den Winter in den Nordwesten von New York?!« fragte jemand ungläubig.

Ich hatte mich für das Ende der Welt entschieden, einen Ort, den jeder Tourist meiden würde wie die Pest – den Nordwesten des Staates New York, Tor zum Mittleren Westen. Da bin ich nun an diesem von Schneestürmen, Bremsen und Mücken heimgesuchten Ort unter lauter heterosexuellen Männern. Na wunderbar.

19

Ich mache Filme, um mir die Zeit zu vertreiben. Wäre ich stark genug, nichts zu tun, ich würde überhaupt nichts tun. Ich mache Filme, weil ich nicht stark genug bin, nichts zu tun. Einen anderen Grund gibt es nicht. Es gibt keine andere Wahrheit über mein Lebenswerk.
Marguerite Duras

Ist das Toni, die da spät abends im Meditationsraum neben mir sitzt? Ich spüre, wie alles an mir auf diese Vorstellung reagiert: Innerlich zieht sich alles zusammen, die Kehle wird eng, Beschleunigung des Atems, Energiestöße.

Ich möchte sie beeindrucken. Ich möchte weltgewandt, cool, innerlich gefestigt und weise wirken. Nicht dieses nervös schluckende, schwer atmende Bündel Armseligkeit, das ich gerade bin. Ich versuche mein Schlucken und Atmen irgendwie zu vertuschen.

Toni sagt: »Das wichtigste Buch, das es überhaupt gibt, sind Sie selbst. Wenn Sie dieses Buch lesen, haben Sie alle anderen gelesen.«

Ich sehe die Ideen und Vorstellungen, die ich von diesem Menschen neben mir habe, die Reaktionen meines Körpers, diesen Drang, jemand anderes zu sein, fertig zu sein mit der, die ich gerade bin. Endlose Gedanken und die von ihnen erzeugten Reaktionen, Empfindungen, Emotionen. Vielleicht tue »Ich« das alles gar nicht. Vielleicht geschieht es einfach. Wie der Wind.

Was bin ich, eben jetzt, ohne alle Bilder?

Dunkelheit und Atem, Tagebuch schreiben. Ich finde keinen Sinn darin, nur Empfindung. Das Flugzeug am Nachthimmel geht durch die Gewebe meines Körpers, Wellen von Geräusch und Licht, der Herzschlag, das Schnauben der Hirsche im Wald. Meine Finger auf Papier. Wörter. Regenschauer. Bilder.

Was hat es mit diesem Schreibdrang auf sich, mit dem Wunsch, mein Leben in Worte zu bringen, Sinn in all dem Empfinden zu finden, etwas zu produzieren? Vielleicht ist Stille das Schönste, was sich überhaupt darbringen läßt.

Diese Tagebücher stehen offenbar für die fiktive Erzählung von »mir«, die wir alle im Kopf oder auf Papier immer weiter spinnen, uns selbst und anderen einredend, sie sei real. Wir erschaffen uns durch diese Praxis des Erzählens und erschaffen uns immer wieder. Joan mit dem einen Arm ist lesbisch oder bisexuell, frühere Trinkerin und Drogensüchtige und radikale Linke, eine Schriftstellerin, eine Meditierende, eine Person. Was ich schreibe, erscheint mir manchmal als ein Monstrum erzählter Erinnerung, das ich wie eine beckettsche Gestalt mit mir herumschleppe und einfach nicht wegstellen kann.

Soll ich das alles in einem äußersten Akt der Befreiung ins Feuer werfen? Oder soll ich endlich ernsthaft an die Arbeit gehen und ein Buch zuwege bringen, weil, wie Mel sagt, Nirvāna darin besteht, daß man etwas wirklich vollendet? Ich bewege beide Möglichkeiten in mir – ein Buch, das im Laden steht, und das Verflackern dieser Seiten im Feuer, womit ich dann frei wäre von dieser Geschichte, die ich zu leben und immer wieder erzählen zu müssen glaube. Aber auch das ist natürlich nur wieder eine Geschichte: gedankliche Vorstellungen von einem Ich, das ohne dieses Buch, diese Worte, diese Geschichte besser (heiliger, freier, glücklicher) wäre.

»Diese Vögel kümmert es nicht, weshalb sie singen«, sagt Paul zu mir.

Schreiben ist ein Darbringen: mitteilen, klären, spielen. Ich möchte den Schmerz beschreiben, damit ich ihn sehen kann, damit ich heil und ganz werden kann – denn jeder hat auf diese oder jene Weise meinen Arm, jeder fällt irgendwie aus dem Rahmen, jeder hat diesen Menschengeist, wenngleich das psychische Mobiliar bei allen verschieden ist, so daß dem einen das Drinnenbleiben angst macht und dem anderen das Rausgehen.

Schreiben ist eine Art zu lauschen, eine Art, die Wahrnehmung zu verändern. Es ist wohl doch nicht ganz unnütz, unsere Geschichte zu erzählen, das lange Vergrabene, zum Schweigen gebrachte, Verschwiegene ans Licht zu bringen und mitzuteilen. Das durchbricht Isolation und Konditionierung. In diesem Mitteilen zeigt sich, wie gewöhnlich unsere finstersten Geheimnisse sind; wir verstehen dann auch die Erfahrungen anderer besser, die ja ganz anders sein können als unsere eigenen. Eine Gesellschaft der Abhängigkeit und Scheindemokratie ist auf Lügen und Geheimnisse gebaut, auf das Abdrängen der Unerwünschten in den Schatten und auf den Ausschluß von Minderheiten – und es ist wichtig, die ganze Wahrheit hören zu können.

Aber was ist das, die Wahrheit? In Tonis Ansatz bleibt diese Frage immer lebendig mitten in all dem Sprechen und Mitteilen. Und ich sehe immer deutlicher, wie wichtig es ist, ganz persönlich zu werden: von mir zu sprechen, meine Geschichte zu erzählen, jemand zu sein, etwas zu produzieren. Kurzum, ich weiß nicht. Ich schreibe. Ich lausche. Ich überlege hin und her.

»Kann ein bestimmtes Menschenleben unpersönlich betrachtet und exponiert werden – also ohne sich damit zu identifizieren?« hat Toni gefragt. »Ist das möglich? Finden Sie das heraus!« sagte sie.

20

Riesige Vogelzüge südwärts. Über den Baumwipfeln wild und lauter werdend die Rufe der Gänse, und dann sind sie über mir mit einem Wind, der schon wie Winter ist. Meine Finger sind klamm. Rotorangegelbe Blätter wirbeln vorbei, und die Zweige werden kahl. Es dämmert, und Hirsche setzen in weiten Sprüngen durch das hohe Gras, dem Wald zu, nasse Rinde und nasses Laub, voller Dunst und Wetter. Nach kurzen Regengüssen klart es ebenso plötzlich auf, und es geht ein kalter, pfeifender Wind. Wilde Truthähne steigen von den Feldern auf. Der Ruf einer Eule fährt mir eisig bis ins Mark, und raschelnder Blätterflug weht hinaus in die Stille.

Ich mußte feststellen, daß Toni pingelig, einfallslos und sehr durchschnittlich sein kann; es überfordert sie keineswegs, ein unspektakulärer, leicht nervtötender, ganz normaler Mensch zu sein. Ich sähe sie gern als vollkommen, und die Entdeckung, daß sie es nicht ist, hat etwas Beunruhigendes und Beängstigendes.

Toni möchte als Freundin gesehen werden. Aber unsere Beziehungen zu ihr sind nicht gerade Freundschaften unter Gleichen, jedenfalls nicht immer, jedenfalls nicht in meiner Erfahrung. Ich fühle mich ihr gegenüber in allen die Arbeit und das Sitzen betreffenden Dingen in der Position der Schülerin. Zu meiner Arbeit im Zentrum gehört es, daß ich ihr die Wäsche wasche und die Wohnung sauber halte. Sie kommt nie zu mir aufs Zimmer, wie es eine Freundin tun würde; wenn ich sie allein sprechen möchte, verabreden wir dazu einen Termin. Ohne Zweifel ist sie hier in Springwater die richtunggebende Kraft.

Jahrelang habe ich im Feminismus und in der radikalen Therapie für die Aufdeckung materieller Bedingungen und ungleicher Machtverteilungen gekämpft. Therapeuten sind immer subjektiv und voreingenommen, niemals neutral und objektiv, wie die traditionelle Psychotherapie behauptet hatte. Und jetzt höre ich Toni sagen, sie habe keine Macht, keine Voreingenommenheit, keinen Standpunkt – da gehen bei mir die Warnlampen an. Aber vielleicht bin ich noch auf alte Schlachten, alte Denkgebäude, alte Tonbänder fixiert. Die Wahrheit ist immer im Fluß, in Bewegung. Sagte nicht Suzuki Rōshi, das Geheimnis des Zen sei »Nicht Immer So«? Manchmal finde ich das Problem nicht mehr. Es verflüchtigt sich, weil es ganz und gar aus Denken ist.

Paul und ich sprechen miteinander. Was passiert eigentlich, wenn wir anfangen, den Lehrer auseinanderzunehmen, wenn wir Toni kritisch betrachten? Er kommt selbst manchmal in dieses Fahrwasser, sagt er. Wie kommt es, daß wir aus dieser »Lehrerin« etwas machen, etwas Verehrungs- oder Kritikwürdiges, je nach Stimmung? Woher diese Fixierung auf die Person und dann das Vermengen des Persönlichen mit dem, was gelehrt wird?

Ich mag Paul. Ich sehe ihn jetzt mit weniger engem Blick. Es wird Abend, und in dem Zimmer, in dem wir sitzen, schwindet das Licht, während wir uns unterhalten. Wir verschwinden.

Wir möchten unsere Lehrer absolut perfekt und uneingeschränkt liebenswürdig sehen, damit wir unser Leben in ihre Hände legen können: Wir hoffen, daß sie uns erlösen können.

Ein paar von uns haben darüber nachgedacht, ob man nicht mal eine siebentägige Meditationsklausur ohne Lehrer machen sollte. Keine persönlichen Gespräche, keine Vorträge, keine Tonbänder, niemand, der für wissend gehalten wird. Keinerlei Autorität. Wie das wohl wäre? überlege ich.

Wäre die Autorität dann wirklich weg? Oder läßt Toni sie vielleicht durch ihre Art, mit und zu uns zu sprechen, auf viel echtere Weise und gründlicher verschwinden? Was ist »Toni« eigentlich?

21

Volle sieben Tage der Oktober-Meditationswoche bringe ich mit Toni-Kritik zu: Ich sehe nur die Brüche in ihrer Persönlichkeit, die Schwächen, alles, was ich nicht mag. Ihre Vorträge fand ich langweilig, und es kam mir so vor, als wären es im wesentlichen wieder die gleichen, die ich schon gehört hatte. Ihre Sicht der Dinge erschien mir jetzt banal, wenn nicht naiv. Ich hörte nur noch die Toni-

Packer-Parteilinie und gleichzeitig deren Verleugnung: Das Dogma der Dogmenlosigkeit.

Es regt mich auf, wenn ich Toni sagen höre, es sei möglich, von Prägungen und Erinnerungen gänzlich frei zu sein. Sobald wir denken, sprechen oder anderen zuhören, sind wir im Reich der Sprache, also der Erinnerungen und Prägungen. Selbst unser Formen- und Farbensehen ist durch Prägung und Erinnerung bestimmt, und das sagt auch Toni. Was also meint sie mit »Wahrheit«? Was wäre denn da noch außer den ständig wechselnden Interaktionen von Text und Leser, Text und Autor, Text und Text?

Ich habe das Gefühl, Krishnamurti meint, er sei meistens in einem Zustand der Nichtbedingtheit, frei von Konditionierungen. Aber ich sehe seine politischen Anschauungen, seine Vorurteile, seine manchmal arrogante Haltung gegenüber den Menschen. Auf jedem seiner Bücher ist sein Foto zu sehen, und für mich liegt es auf der Hand, daß er geprägt war und ein Ego hatte. Es erschreckt mich, daß Toni Krishnamurti offenbar für vollkommen klar hält, daß sie seine Arroganz anscheinend nicht sieht. Warum erschreckt mich das? Weil ich mir wünsche, daß sie mir die Antworten gibt. Die richtigen Antworten.

»Das sind so wichtige Fragen«, sagt Toni zu mir, »die man sich nicht einfach diskursiv stellen sollte, um dann zu anderen Gedanken überzugehen; solche Fragen kann man sich innerlich gegenwärtig halten und zum Auslöser von Entdeckungen werden lassen.«

Es ist so einfach, daß es mich ängstigt; so sehr, daß ich sie unbedingt widerlegen möchte. Darin aber ist kein Raum zum Zuhören. Macht sie sich selbst etwas vor?

Hat sie sich da einen blinden Glauben zurechtgelegt, sie habe Erinnerung und Konditionierung transzendiert und das Wunder zuwege gebracht, mit ihrem bald siebzig Jahre alten Gehirn »ganz neu sehen« zu können? Ist nicht »ganz neu sehen« wieder nur etwas Zurechtgelegtes, wieder nur eine Idee? Wieder nur ein Ideal?

Toni hört mir so aufmerksam zu, und dann schließen sich ihre Augen. »Kann man unterscheiden, ob man selbst oder ein anderer aus der Klarheit der Einsicht spricht oder sich etwas vormacht?« fragt sie. »Ist es möglich, den Unterschied zwischen Überzeugung, Zurechtgelegtem, Idee, Ideal und etwas ganz anderem mit ganz anderem Hintergrund zu sehen?«

Es entsteht ein langes Schweigen. Die Vögel zwitschern. Sie fährt fort: »Und über bloße Skepsis hinaus, kann man Einbildung oder Verblendung wirklich *sehen*, als ein Faktum, bei einem selbst und bei anderen?«

Ich hasse das Wort »Faktum«. Ich frage sie, was sie damit meint.

»Ich meine eine Wahrnehmung, die nicht durch den Druck der Ichbezogenheit verzerrt und zersplittert ist. Wenn der mental-emotional-physische Druck der Ichbezogenheit – auf allen Ebenen des Bewußtseins, nicht bloß an der Oberfläche – weg ist, ändert sich die Wahrnehmung. Sie ist dann nicht mehr an das Denken und seine Begleiterscheinungen gebunden. Es besteht keine Trennung zwischen einem Ich und dem Ganzen des Lebens. Das ist keine Überzeugung, Joan. Und es ist nichts, was nur für mich oder Krishnamurti oder wen auch immer gilt.

Ich sage nicht, daß jemand, der aus wirklichem Sehen spricht, für immer gegen Selbsttäuschung gefeit ist. In der Einsicht ist keine Verblendung möglich, aber sobald Unaufmerksamkeit entsteht, springt auch die Ich-Struktur wieder an. Worte und Sprache sind immer beschränkt, aber gibt es etwas, das nicht beschränkt ist?«

»Glauben Sie niemandem«, sagt sie später, »auch nicht den eigenen Ideen.«

Aber ich verwickle sie weiter in Diskussionen.

»Was möchten Sie von mir?« fragt sie.

Ich möchte, daß sie die Perfekte Lehrerin ist.

Dann kann ich wieder zusehen, wie mein Innenleben funktioniert: Wenn Toni nicht die Perfekte Lehrerin sein kann, wer kann es dann? Katagiri Rōshi! Natürlich! Meinen nächsten Versuch mache ich mit Katagiri Rōshi. Tagelang male ich mir meinen Trip nach Minnesota aus, mein neues Leben im Minnesota Zen Center.

Was möchte ich von diesem Perfekten Lehrer eigentlich gesagt bekommen? Wem oder was renne ich auf der ganzen Welt hinterher?

Mit dieser Frage der Autorität schlug ich mich während der ganzen Meditationswoche herum, nahm sie auseinander, sondierte sie, trug sie Schale für Schale ab. Am Ende empfand ich, daß ich keinen Lehrer habe, daß es nirgendwo einen Lehrer gebe, daß wir alle nichts als die Stille haben, das Lauschen, das Achthaben auf diesen Augenblick. Im Lauschen spielt all das keine Rolle. Es ist nicht einmal real. Alles ein Spiel des Denkens, ein riesiges Hirngespinst, das sich immer weiter von dem fortspinnt, worum es geht.

Seht nur ganz klar, daß da in Wahrheit überhaupt nichts ist.

HUANG-PO

Während der letzten Sitzperiode fing das Glockenspiel einer nahegelegenen Kirche an, Weihnachtslieder zu spielen, sehr laut und immer wieder. Wir hatten Oktober, und da wurde offenbar geprobt. Ich versuchte darüber hinwegzuhören, was nicht ging, oder »mit ganz neuen Ohren« zu hören, was auch nicht ging. Ich war völlig verkrampft und kochte und wollte nur, daß dieses Gebimmel aufhörte, das uns diese vollkommene Stille verdarb. Dann ging auch noch das Schießen der Jäger im Wald los. Der Himmel wurde finster und gewittrig. »O Little Town of Bethlehem« – Peng, Peng. Wutknirschend, stocksteif. Ablehnen. Ablehnen. Ein perfektes Finale.

Am nächsten Tag hat meine Mutter ihren achtzigsten Geburtstag. Ich rufe sie an.

»Ich bin jetzt sehr weise«, witzelt sie, »falls du irgendwelche Fragen hast.«

»Was soll das nur alles?« frage ich. »Um was geht es letztlich?«

»Daß man Spaß am Leben hat«, sagt sie, »daß man es genießt.«

Das wäre mir nun wirklich als allerletztes eingefallen.

Meine Mutter hat in letzter Zeit Joseph Campbell gelesen. Geh dem nach, was dir Freude macht, rät sie mir. Was mir Freude macht, spüre ich, ist genau hier zu sein, in der Stille, und nichts zu tun. Aber da ist auch die Befürchtung: Vielleicht bedeutet Hiersein, daß ich in der »wirklichen« Welt »da draußen« nichts zuwege gebracht habe.

Aber wer sagt denn, daß Meditationszentren nicht »die wirkliche Welt« sind? Wir stehen am Abgrund des nuklearen oder ökologischen Weltuntergangs, und ich mache mir Gedanken über Erfolg in der sogenannten wirklichen Welt?!

Ich rufe meine Freundin Elaine in San Francisco an. Was hat es auf sich mit dem Leben? fragt sie. Etwa so zu leben, daß wir dann ins große Goldene Buch im Himmel eingetragen werden können? Sie hat ihre Miete bezahlt; sie hat ihre Steuern bezahlt; sie hat ihre Bücher geschrieben. Scheiße, ich würde lieber mit Leuten auf einer Liste stehen, die so viele Pot Stickers gefuttert haben, wie sie wollten.

22

Toni beruft die gesamte Belegschaft ein, um die Fragen zu erörtern, die ich in meinen Gesprächen mit ihr aufgeworfen habe – über Form, Hierarchie und Autorität und deren Leugnung in Springwater, über das Überlegenheitsgebaren gegenüber Menschen, die auf eher traditionelle Weise praktizieren. Ich fühle, wie sich mein Magen verkrampft. Ich weiß nicht einmal mehr, was ich denke.

Wir sitzen im Kreis, und ich zittere und fröstle und habe Kopfweh. Ich presse die Kiefer zusammen. Ich kann kaum zuhören, so stark sind meine Gedanken und Empfindungen. Manchmal höre ich überhaupt nicht, was gerade gesagt wird. Nach der Diskussion sitzen wir alle zusammen in der Küche. Ich habe mich immer noch nicht wieder gefangen, und Toni fragt mich, wie das für mich war, über lange Strecken im Mittelpunkt zu stehen. Ich sage ihr, daß mir kalt sei und ich zittere, und sie sagt, ja … so gehe es ihr auch.

Toni muß mit den Übertragungen und Projektionen all der Leute zurechtkommen, die sie als vollkommen oder zumindest anders sehen wollen, die jedes ihrer Worte in Frage stellen oder ihr zu Füßen sinken. Könnten wir das, was hier geschieht, nicht einfach als unser gemeinsames Streben betrachten, anstatt Toni als jemanden zu sehen, den man nachahmen oder dem man folgen muß – immer unter dem Gesichtspunkt des »Annehmens« oder »Zurückweisens«?

Das ist bei mir ein so altes Muster, immer nach dem vollkommenen Leben zu suchen: die perfekte Laufbahn, die perfekte Beziehung, der perfekte Lehrer, der perfekte Wohnort. Und dann sofort dic Segel streichen, wenn die unvermeidlichen Unvollkommenheiten und Mängel sichtbar werden. Mir wird klar, wie wenig Liebe darin ist. Ich möchte das mit Toni und Springwater nicht auch wieder so machen. Irgendwie erscheint es mir wichtig, daß ich dranbleibe, daß ich durchhalte. Ich spüre mit jeder Faser, daß hier die Wahrheit ist. Was ich hier tue, fühlt sich so richtig an. Und hinter all dem Lärm der Worte und Zweifel liegt etwas viel Tieferes. Worte können es nicht einmal berühren, so einfach ist es.

Das bloße Hiersein scheint zu verlangen, daß ich alles in Frage stelle, daß ich auf mich selbst zurückgeworfen bin und nach innen blicken muß, anstatt außen die Lösungen zu suchen. Oft kommt die Befürchtung in mir hoch, daß niemand mich mag. Dann wünsche ich mir Zuwendung und Zuspruch und bin gezwungen, einfach bei dem Gefühl zu bleiben und es anzusehen, anstatt mir äußere Rückenstärkung zu suchen. Am Grund aller meiner Süchte und Abhängigkeiten muß wohl ein Gefühl von Isolation, von absolutem Alleinsein liegen. Diese Angst vor dem Getrenntsein. Die Angst, daß andere mich nicht mögen, mich nicht richtig sehen, daß ich ganz allein bin. Und dann der Drang, diese Angst mit irgend etwas zu beschwichtigen – Essen, Sex, Zerstreuung, Alkohol, Drogen, Gedanken – oder andere dazu zu bringen, daß sie mir zeigen oder sagen, wie sehr sie mich mögen, wie willkommen ich ihnen bin. Mir wird allmählich erkennbar, wie ich allerlei subtile Manipulationen in die Wege leite, um anderen solche Versicherungen abzuluchsen. Davon habe ich bisher noch nie etwas bemerkt. Und ich tue es ständig, anstatt mit der Angst, der Einsamkeit, dem Unbehagen zu sitzen, anstatt dem zu lauschen und ihm ganz auf den Grund zu gehen.

»Du *mußt* auf diesem Weg bankrott machen«, sagt Sharon zu mir. Ich denke an Mel: »Im Zen muß man alle Brücken hinter sich abbrechen, damit einem der Rückweg abgeschnitten ist.«

23

Der Mond ist fast voll an dem Abend, an dem die November-Meditationswoche beginnt. Ich bin voller Befürchtungen und Ängsten, aber auch aufgeregt und voller Erwartung. Wir lassen uns hinein in die Stille und das Nicht-Wissen. Tonis Vorträge finde ich glänzend.

Ich fühle mich vollkommen offen für sie. Alle Probleme, die ich mit ihr hatte, sind weg, und ich bin so dankbar dafür, daß sie mir überhaupt nichts aufdrängt, daß sie alles Ringen verdächtig findet.

Am dritten Abend bin ich zum Gespräch bei ihr. Die letzte an diesem Abend. Es ist spät. Sie ist müde, und ich bin es auch. Auf dem Tisch neben uns steht eine weiße Orchidee. Alles ist lebendig, elektrisch, ganz. Toni, Joan, Orchidee, Wind, Mondlicht, alles atmet zusammen, lauschend.

Aber dann macht das Denken plötzlich die Autoritätsfigur, die Lehrerin aus Toni, und ich fange an von mir zu reden und was ich mit meinem Leben anfangen soll – und erwarte von Toni Antworten. Ich spüre, wie das Leben aus unserer Verbundenheit weicht. Ich benutze sie, ich projiziere, ich lausche nicht mehr.

Anschließend hasse ich mich wieder mal selbst, als hätte »ich« irgendwie diese Gedanken erzeugt. Ich wälze mich in Alpträumen hin und her. Nebenan wacht jemand schreiend auf. Ich höre, wie ihre Zimmernachbarin sie beruhigt. Stunde um Stunde liege ich in der Dunkelheit da und kaue an meinen Fingern und kann nicht aufhören.

Als ich am nächsten Vormittag wieder bei Toni bin, spreche ich mit ihr über diese gräßliche Sucht. Es klingt vielleicht trivial, aber ich kaue an den Fingern selbst und nicht an den Nägeln; manchmal fließt sogar Blut, und ich kann davon so hypnotisiert sein, daß es mir völlig unmöglich ist aufzuhören. Ich bin dann praktisch gelähmt, manchmal stundenlang, nage an meiner Hand, kann nicht aufhören, kann nichts anderes tun, mein ganzer

Körper ein einziger Krampf. Das Ganze ist sowohl betäubend als auch qualvoll, Selbsthaß und Scham folgen unweigerlich. Ich habe schon alles nur Erdenkliche versucht, das loszuwerden, aber nichts hilft.

Toni hört zu und rät dann, das Loswerdenwollen aufzugeben! Lassen Sie sich einfach nur darauf ein, sagt sie. Was ist damit? Wie fühlt es sich an? Welche Gedanken treten auf – außer dem Wunsch aufzuhören, dem Glauben, daß ich es nicht kann, und der Selbstverurteilung? Die Empfindungen im Kauapparat, meinen Fingern, meinen Schultern, meinem Magen wahrnehmen, die Geräusche im Raum hören. Diesem *Ganzen* einfach lauschen, ohne Urteil.

»Kann man diesem *Ganzen* zugestehen, daß es sich zeigt?« fragt Toni. »Sie können Besserung nicht befehlen. Mit dem Wollen kommt auch der Widerstand. Überzeugen Sie sich selbst davon.«

Wie habe »ich« eigentlich aufgehört mit dem Trinken, den Drogen, dem Rauchen? Zahlreiche Ansätze schlugen fehl, und dann ging es plötzlich. Wie kam das? Was hatte sich geändert? Gibt es hier eine Person, die sich für den Ausstieg aus Suchtmustern entscheiden kann? Und wenn ja, warum kann sie es dann nicht immer? Warum schaffen es manche Menschen und andere nicht? Wie kommt es, daß jemand wie ich, die doch so viel Suchtverhalten schon losgeworden ist, immer noch an den Fingern nagt? Warum höre ich nicht auf damit? Was bringt einen Menschen dazu, daß er aufhört?

Gewohnheit besteht aus zwei Teilen, sagt Toni. Da ist zunächst die Gewohnheit selbst – Fingerkauen, Rauchen, Trinken oder sonst etwas – und dann der Beobachter, der aufhören möchte und auch nur eine Gewohnheit ist. Es kommt zum Kampf zwischen dem Wunsch, der Sucht nachzugeben und dem Wunsch aufzuhören – und beide sind gleichermaßen Flucht vor dem, was ist.

Toni gibt zu verstehen, daß die einzige echte Lösung in vollständiger Bewußtheit liegt. Darin gibt es nämlich niemanden mehr, der eine Wahl trifft zwischen Gewohnheitsverhalten und Aufhören – kein Programm, kein Wollen, keine Absicht, kein Urteil, kein Konflikt, keine Abspaltung vom Problem, kein Ich, das zu verbessern oder ins Lot zu bringen wäre, keine Richtung. Es ist offenes, entspanntes Sehen.

»Können wir uns dieses Ich genau ansehen, das hinter allem Entscheiden zu stehen scheint? Können wir uns wirklich darauf einlassen und dieser Entscheidungsmacht, diesem Macher, bis zu seinem Ursprung nachspüren?« fragt sie mich.

Wir tun es zusammen und finden nichts als Gedanken. Widerstreitende Gedanken: »Ich möchte kauen«, »Ich möchte aufhören«. Es fühlt sich an wie ein Kampf zwischen »mir, der Beobachtenden« und »mir, der Süchtigen«. Aber beide sind nur Vorstellung, Ausgeburt des Denkens und der Einbildung. Eigentlich ist das Ganze nichts als eine Folge alternierender, gegensätzlicher Gedanken. Niemand ist ihr »Autor«; sie laufen einfach ab.

»Ich muß kauen«, »Ich kann nicht aufhören«, »Ich sollte aufhören«, »Ich bin süchtig«, »Ich bin eine Süchtige«, »Ich bin schrecklich«, »Wie kann ich aufhören?«, »Wenn ich nur diese letzte Macke noch in Ordnung bringen könnte, wäre alles gut«, »Ich hänge fest, es ist hoffnungslos«, »Es geht schon so lange so«, »Es hat sich verselbständigt«, »Ich werde nie frei«, »Ich sollte mich beherrschen können«, »Das ist krank«, »Ich möchte gesund sein«.

»Das sind alles *Gedanken*«, sagt Toni. »Können Sie das sehen?«

»Aber manche treffen zu«, wende ich ein.

»Tun sie das?« fragt sie mit fast unerträglicher Intensität, die Augen geschlossen, die Hände halb erhoben, lauschend.

»Na ja, ich *bin* abhängig. Es *hat* sich verselbständigt«, versuche ich meinen Standpunkt zu wahren.

»Es *sieht so aus*, als konstatierte das Denken einfach die Fakten, objektiv: ›Ich bin abhängig, die Sache hat sich verselbständigt.‹ Aber sind das wirklich Fakten? Oder sind es Ideen? Es sind sehr überzeugende, sehr machtvolle Gedanken – und jeder Gedanke hat seine neurochemischen Begleiterscheinungen im Körper.«

Sie sagt, daß immer die Position siegt, die gerade mehr Energie hat, und dann folgt entweder der Gedanke »Ich bin gut, weil ich die Willenskraft zum Aufhören gehabt habe« oder »Ich bin eine Versagerin, weil ich die Willenskraft zum Aufhören nicht gehabt habe«. Das Denken erzeugt ein Ich, das dies oder jenes »getan« hat und daher »erfolgreich« oder »erfolglos« ist. Und gleich schließen sich weitere Gedanken an: »Ich bin auf dem Weg zur Erleuchtung« oder »Ich bin ein hoffnungsloser Fall und gehe meinem Verhängnis entgegen«. Jede dieser Gedankenketten erzeugt entsprechende und sehr starke Körperreaktionen. Man fühlt sich gut oder elend, beflügelt oder deprimiert.

»Können Sie sehen, daß alle diese so überzeugenden Gedanken und die mit ihnen einhergehenden Empfindungen sich um die Vorstellung, das Bild eines Ich drehen?« fragt Toni. »Sehen Sie, daß das alles Denken ist?«

Draußen regnet es, und die Tropfen rollen an der Scheibe herunter.

Ich verstehe soviel: Auf diesem Weg wird keinerlei Versuch unternommen, das, was ist, zu beurteilen – es abzuschneiden oder zu beherrschen oder durch Übung in den Griff zu bekommen oder zu ändern. Statt dessen einfach nur Aufmerksamkeit. Aufmerksamkeit, die kommt und geht, wenn man sie läßt, die aber weg ist, sobald man sie sucht oder auch nur nennt. Zu tun bleibt also nichts. Aber schiebt das Nichtstun nicht auf, lautet Huang-pos dringende Mahnung, die Toni uns am letzten Tag der Meditationsklausur vorliest.

Regen geht in Schnee und wieder in Regen über. Die Luft ist kalt und feucht, riecht nach nassem Laub und Moder und den letzten Holzäpfeln. Süß und beißend. Die Bäume sind kahl, und am Abend überzieht eine dünne Eishaut den Teich.

Beim Essen nach dem offiziellen Abschluß dieser Meditationswoche geht es erstaunlich laut zu. Kein Schweigen mehr, man sieht einander wieder an und plaudert. Da sind sie alle wieder, die Worte, die Schubladen, die Geschichten, die Aufkleber, die Verkleidungen. Was machst du so? Wo wohnst du? Hast du so was schon mal mitgemacht? Die Gesichter klar und wie von innen leuchtend. So viel Herzlichkeit nach einer Woche des Schweigens. So viel hat sich verändert, unbemerkt und mühelos.

Ich bemerke, wie ich gewinnend zu sein versuche, um Aufmerksamkeit zu bekommen. Ich habe das früher nie an mir bemerkt. Jetzt sehe ich, wie oft ich damit beschäftigt bin. Menschen bezaubern, ihnen schmeicheln oder gut zureden, sie auf meine Seite, in meinen Bann ziehen – dieser Wunsch, von ihnen gemocht zu werden. Ich merke, ich bin zu laut, höre den anderen nicht richtig zu, bin zu sehr auf meine Geschichten fixiert. Ich sehe das alles, und dann kann ich verfolgen, wie das Denken mich verurteilt und verdammt – und mit welcher Härte. Ich sehe, wie diese ständige Imagepflege die lebendige Verbundenheit der Menschen zerstört.

Aus dem Sehen können sich offenbar erstaunliche Veränderungen ergeben. Aber wenn wir sie herbeiführen, wenn wir uns befreien *wollen*, verheddern wir uns nur immer weiter in unsere Anstrengungen.

An diesem Abend telefonierte ich mit meinem Freund Frank. Er hat früher in Vermont gewohnt und kam gelegentlich nach Springwater. Dann zog er nach Kalifornien, wo er als Koch arbeiten wollte, und dort lernte ich ihn kennen.

»Gestern beim Zwiebelnschneiden«, erzählt er, »war ich plötzlich furchtbar traurig, weil ... na ja, jetzt bin ich hier, mein Traum ist wahr geworden, genau das, was ich wollte, ich arbeite in dem Restaurant, wo ich hinwollte, ich habe eine traumhafte Wohnung, und plötzlich bin ich traurig, weil, jetzt muß ich halt einfach die Zwiebeln schneiden, verstehst du?«

Ist es nicht genau das? Die Zwiebeln schneiden.

24

Jetzt ist es Winter im Nordwesten New Yorks. Ich bin so gern hier auf dem Land. Das Stadtleben lockt mich nicht mehr. Auf die Jagdsaison könnte ich ganz gut verzichten, aber immerhin habe ich sie überlebt. Wir haben im Wald Straßenarbeiterwesten in Leuchtorange getragen …

Diese Traurigkeit in Tonis Augen an dem Abend, als man einem Hirsch am Teich den Fangschuß gab. Er war irgendwo angeschossen worden, und der Jäger hatte ihn bis auf das Zentrumsgelände verfolgt. Toni und ich saßen uns im Gesprächsraum gegenüber und hörten dem Regen zu.

»Schön, dieser Regen«, sage ich.

»Mm«, macht sie. »Spült das Blut weg.«

Regen geht wieder in Schnee über. Am Morgen keine Spur von Tod, nur in unseren Köpfen.

Wie ich die frische Luft, die Natur, die Stille liebe! Alles ausfüllende, geheimnisvolle Stille. Etwas Erlösendes hat dieses Leben ohne Terminkalender, ohne ständige Unterbrechung durch Anrufe und Aktivitäten – all das herrliche Getriebe, in das sich meine Energie so leicht verliert. Die Seiten meines einst so übervollen Terminkalenders sind leer. Manchmal sitze ich monatelang nicht in einem Auto oder gehe auf Beton. Es gefällt mir, daß der zwischenmenschliche Austausch hier spontan und organisch zustande kommt und nicht Tage oder Wochen oder Monate vorausgeplant wird. Das ist hier ein gesammeltes und stilles Leben, heilsam.

Das hat wohl zum Teil mit Ablauf und Rhythmus der täglichen Arbeit zu tun, insbesondere der körperlichen

Arbeit, die ich als sehr wohltuend empfinde. Toiletten putzen und Wände schrubben. Ich habe vor allem im Haus zu tun – Staubsaugen, Staubwischen, Fensterputzen. Außerhalb der Meditationswochen arbeiten wir fünf Tage die Woche von halb neun bis halb fünf und haben dazwischen eine Stunde Mittagspause. An einem Nachmittag in jeder Woche treffen wir uns zu einer Besprechung, die sich häufig in den Abend hineinzieht. Ansonsten besteht hier keinerlei vorgegebene Zeiteinteilung. Bei der Zubereitung des Frühstücks wechseln wir uns ab. Unsere Hauptmahlzeit ist das Mittagessen, das an Werktagen von denen zubereitet wird, die in der Küche arbeiten. Für das Abendessen sorgt jeder selbst, und am Geschirrspülen beteiligen sich alle. Es gibt hier genug zu tun, manche arbeiten sogar über die Zeit hinaus, aber es geht immer ganz zwanglos zu und niemand wirft säuerliche Blicke, wenn ein Frühstücksgespräch bis in die Arbeitszeit reicht oder jemand vorzeitig mit der Arbeit aufhört.

Springwater bietet die einzigartige Gelegenheit, sich still in der Natur aufzuhalten und dabei keinen minutiösen Programmen unterworfen zu sein. Es bietet *gar nichts*, also das, was man in unserer Kultur immer schwerer findet. Wir sind so auf Anregung und Tempo, Effizienz und Zielstrebigkeit gedrillt.

Ein paar von den ständigen Bewohnern des Zentrums sitzen überhaupt nicht mehr und lesen während der Meditationsklausuren Romane oder Zeitschriften. Ich war schockiert, als ich das entdeckte. Inzwischen verstehe ich aber, daß Meditation im eigentlichen Sinne nicht unbedingt an das Sitzen gebunden ist, wenn das Sitzen auch hilfreich sein mag. Hier, wo jeder selbst über derlei Dinge entscheiden kann, ist nichts von dieser für die Zen-Schulung so typischen Durchhaltewut – außer bei denen, die aus der herkömmlichen Zen-Schulung kommen und diese Haltung verinnerlicht haben und hierher mitbringen. Ich selbst habe gegen den Durchhalte-Trip nichts Grundsätzliches einzuwenden. Für mich war es gut und förderlich, durch alle Schwierigkeiten hindurch regungslos sitzenzubleiben – ohne die Möglichkeit, statt dessen einen Spaziergang zu machen. Ich habe dabei gelernt.

Heute finde ich solchen Rigorismus auch nicht mehr unbedingt sinnvoll. Nicht, daß es für mich heute nicht mehr gut und nützlich sein könnte, bei allem Wogen des Gemüts einfach weiter zu sitzen; aber mir fällt auf, daß es nicht unbedingt regungslos und nicht unbedingt in der Lotoshaltung sein muß. Das beinharte Sitzen kann sogar eine subtile – oder auch nicht so subtile – Verstärkung des Kernproblems werden, des Ich-Gefühls. Ich erinnere mich noch gut, wie stolz ich war, daß ich über längere Zeit regungslos sitzen konnte. Als ich nach Springwater kam, bildete ich mir etwas darauf ein, daß ich an jeder Sitzperiode teilnahm. Für meinen Geschmack mußte »Praxis« möglichst hohe Anforderungen stellen – je härter, desto besser.

Ich bin dankbar für die Möglichkeit, etwas anderes kennenzulernen, eine Art zu arbeiten, die all das fragwürdig erscheinen läßt, was so schnell zu Ichvorstellungen gerinnt, zu dem Wunsch, etwas zu schaffen und jemand zu werden. Natürlich könnte man darauf auch in der traditionellen Zen-Schulung kommen, aber Tonis ganze Art scheint das Problem viel leichter erkennbar zu machen, weil sie die alten Muster einfach völlig ins Leere laufen läßt.

Ich habe in diesem letzten Jahr festgestellt, daß ich sehr viel eher auf meinem Kissen sitzen und offiziell Nichts Tun kann als in einem Sessel zu sitzen und wirklich nichts zu tun. Auf dem Kissen sitze ich mit Wonne jeden Tag mindestens eine Stunde und »meditiere« – aber im Sessel sitzen und überhaupt nichts tun, das ertrage ich vielleicht fünf Minuten pro Woche.

Bei dieser letzten Meditationswoche habe ich damit experimentiert, einen Teil der Zeit auf dem Stuhl zu sitzen. Damals im Zen-Zentrum hatte man uns gesagt, wir sollten möglichst auf dem Kissen und möglichst in einer der Lotos-Varianten sitzen. Wenn man irgendein »Problem« hatte, war es zwar erlaubt, auf dem Stuhl zu sitzen, aber es war klar, daß die »korrekte« und »beste« Meditationshaltung die des Sitzens auf dem Kissen ist. Ich staunte nicht schlecht, was da alles hochkam, als ich mir einen Stuhl in den Sitzraum holte. Ich erinnerte mich, was in mir vorgegangen war damals im Zen-Zentrum, wenn ich Leute gesehen hatte, die wegen Rückenschmerzen auf dem Stuhl sitzen mußten. Ich dachte dann: Wenn ich das auch mal muß, dann höre ich auf mit dem Zen – das ist doch kein richtiges Zen mehr! Und jetzt saß ich also da auf dem Stuhl. Unzählige Ich-Bilder und Vorstellungen von »echtem Zen« fielen mir wieder ein und wurden kraftlos. Etwas lockerte und löste sich.

Als ich vor Jahren in der Primärtherapie war, mußten wir drei Wochen in einem Zimmer verbringen und durften überhaupt nichts tun – kein Reden, Lesen, Schreiben, kein Schlaf tagsüber, kein Essen zwischen den Mahlzeiten, kein Rauchen, Nägelkauen, Masturbieren, kein Yoga, keine Körperübungen, keine Meditation (womit jegliche formelle Praxis gemeint war). Nicht etwa deshalb, weil alle diese Dinge *zwangsläufig* Ausflucht sind, sondern weil man sie dazu benutzen *kann*; um uns völlig schutzlos unserem Unbehagen auszusetzen, mußte man uns all das wegnehmen. Das war sehr aufschlußreich. Interessant fand ich auch, daß ich während dieser drei Wochen von meinen scheinbar unbeherrschbaren Süchten jener Zeit – Fingerkauen und Rauchen – lassen konnte.

Heute sehe ich, daß es manchmal, wenn ich in dieser altehrwürdigen Haltung im Meditationsraum sitze, kaum möglich ist, *nicht* zu denken, daß ich etwas tue. Da muß ich mich fragen: Was ist Meditation eigentlich?

Geben Zen und Toni vielleicht grundverschiedene Antworten auf die Frage, was passiert, wenn man alle Regeln und Formen wegläßt? Geht man vielleicht im Zen davon aus, daß der Mensch den jeweils gerade leichter erscheinenden Weg geht, wenn man ihn läßt, während Toni erkennt, daß Intelligenz und Weisheit sich zeigen werden, wenn alle Zwänge und Vorgaben wegfallen?

25

Einen immer wieder interessanten Diskussionsgegenstand bildet die Frage, was nach Tonis Tod mit Springwater passieren wird. Nicht daß man ihren Tod in der näheren Zukunft erwartete, aber sie ist gut über sechzig, und von denen, die hier leben, merken auch andere, daß sie ebenfalls älter werden – da stellen sich solche Fragen.

Ich selbst habe erst kürzlich bei einer Kuratoriumssitzung davon gehört, als Toni erklärte, sie habe nicht mehr vor, einen Nachfolger oder eine Nachfolgerin zu benennen. Seitdem scheint das Thema in der Luft zu liegen und Anlaß zu interessanten und wichtigen Fragen zu geben.

Zunächst meine Enttäuschung. Ich wäre gern ihre Nachfolgerin. Ich vermute, daß die Vorstellung, selbst Lehrer zu sein, ziemlich verbreitet ist, wenn ich auch noch kaum jemanden erlebt habe, der das zugegeben hätte. Als Philip Kapleau Rōshi Toni bat, das Rochester Zen Center zu übernehmen, soll sie sehr unglücklich gewesen sein. Das dürfte der Unterschied sein zwischen mir und jemandem, der wirklich für den Job qualifiziert ist.

Natürlich wäre ich sicher auch ziemlich unglücklich, wenn Toni tatsächlich auf mich zukäme mit der Bitte, ich möge Springwater übernehmen. Mein Gott, was für ein Alptraum. Aber als Phantasie kann so etwas sehr verlockend wirken.

Was macht einen Lehrer aus? Denkt Toni darüber nach, ihre Funktion zu teilen und für andere nach Möglichkeiten zu suchen, wie sie sich die Qualifikation erwerben können? Ist das überhaupt etwas, das man sich erwerben oder lernen kann? Ist keiner von denen, die unter ihrer Führung sitzen, reif genug, Vorträge zu halten und andere im persönlichen Gespräch zu begleiten?

In manchen der Zen-Zentren, in denen ich gewesen bin, sah es so aus, als durchliefe man ein Schulungsprogramm, um Lehrer zu werden. Ungefähr so, wie man Arzt oder Therapeut oder Automechaniker wird. Überall schießen Lehrer wie Pilze aus dem Boden. Aber wahre Einsicht ist nichts, was man durch »Schulung« bekommt, und Toni sieht es offenbar so, daß jede Art von »Ausbildungsgang«, der darauf abzielt, jemanden zur Übernahme ihres »Jobs« zu befähigen, das schlimmste Mißverständnis ihrer ganzen Arbeit wäre. Lehrer werden oder aus jemandem einen Lehrer machen, weil man ja irgendeinen Beruf braucht und/oder weil eine Institution jemanden braucht, der diesen Posten besetzt, oder weil man eine bestimmte Institution oder Tradition am Leben erhalten möchte – das ist ein gänzlich äußerlicher Ansatz, gefährlich und allem, was in Springwater von Bedeutung ist, vollkommen entgegengesetzt.

Soll Springwater nach Tonis Tod bestehen bleiben? Weshalb wünschen wir uns das so sehr? Weil wir wirklich *sehen*, wie wichtig das ist, was hier geschieht? Wie groß ist der Anteil unseres (nicht unbedingt verwerflichen) Wunsches, ein dauerhaftes Unterkommen zu haben, wo man alt werden und sich zur Ruhe setzen kann in der Gemeinschaft, einen Beruf mit unterscheidbaren Stufen, über die man sich hocharbeitet, etwas stabil und sicher Anmutendes, womit wir uns identifizieren und zu dem wir gehören: eine Tradition, eine Linie, eine Unsterblichkeitsgarantie?

Eine Institution oder Organisation um irgendeinen meditativen Ansatz herum aufzuziehen ist eine sehr heikle Angelegenheit, sogar im Fall von Springwater, wo alles darauf angelegt ist, autoritäre Traditionen zu meiden und alle Formen der Identifikation, alle Vorstellungen sichtbar zu machen. Toni sagt selbst: »Man bekommt ein Gefühl von Wichtigkeit und Sicherheit, wenn man sich mit etwas identifiziert, was größer ist als man selbst, und dadurch wird dieses Etwas so ungeheuer wichtig.« Man verwechselt die Institution so leicht mit dem Zweck, dem sie dienen soll, und das wird dann Götzendienst.

Haben Sie die Essenz? fragt Toni. Wenn Sie die Essenz haben, ergibt sich die Zukunft von selbst. Die Zukunft, sagt sie, entfaltet sich organisch von unten her, nicht von oben, durch Planung. Sie ist nicht zu planen. Der Drang zu planen kommt vom Festhalten. Dann schafft man sich etwas Künstliches: Hierarchien, Karriereleitern, Systeme, Traditionen und all das – alles, was zu vermeiden ihr so wichtig ist. Du mußt offen bleiben. Sieh zu, was passiert.

Sie hofft aber, wie sie sagt, daß das Zentrum nach ihrem Tod bestehen bleibt und weiter der zurückgezogenen Meditation dienen kann. Es wäre wirklich schön, diesen Ort am Leben zu erhalten, um Meditationsklausuren durchzuführen, um still in der Natur sein zu können, um anderen Menschen von gleichem Interesse und Engagement zu begegnen. Wenn man mit echter Leidenschaft wirklich sieht und fühlt, wie wichtig und wertvoll das ist, wird man auch entsprechend handeln und nicht bloß reden und grübeln und sich Sorgen machen. Wo aus solchem klaren Sehen gehandelt wird, da stellen sich die Dinge ein. Das Geld kommt, die Menschen kommen, die Dinge ergeben sich, wie sie benötigt werden. So kam Springwater überhaupt hierher. Nicht dadurch, daß die Leute herumsaßen und überlegten, ob es denn möglich sei oder was daraus werden solle, wenn Toni einmal starb.

Ich stelle mir manchmal die Frage, ob hier vielleicht

im Grundsätzlichen etwas vorhanden ist, was derartige Entwicklung und Reifung verhindert. Viele Zen-Lehrer, die ich kennen gelernt habe, darunter Joko und Maurine, aber auch andere spirituelle Lehrer wie Krishnamurti, haben ausdrücklich gesagt, sie wünschten keine festen, ortsansässigen Gemeinschaften im Umkreis dessen, was sie taten. Manche sagten, solche Gemeinschaften zögen unreife Menschen an, die ihr Leben nicht in den Griff bekämen, und das verleite zu Abhängigkeiten. Man ist untergebracht und bekommt zu essen, und man ist manchem Druck, manchen Notwendigkeiten und Konsequenzen, die draußen in der »wirklichen« Welt eine Rolle spielen, hier nicht ausgesetzt.

Zentren mit mehr oder weniger dauerhaften Lebensgemeinschaften haben zwangsläufig etwas von einem Asyl und ziehen auch Menschen an, die nichts anderes als unterkommen wollen oder die sich hier den Wunsch erfüllen wollen, daß sich jemand um sie kümmert – ganz sicher ist es ein schlimmer Fehler, wenn man solchen Tendenzen Nahrung gibt. Hier wird für dich eingekauft, gekocht und sauber gemacht. Daß man rausgeworfen wird, ist praktisch nicht möglich. Und dann ist da Toni als – ob sie will oder nicht – Elternfigur; und manchmal vielleicht eine Art Familiendynamik, die aus der Belegschaft »die Kinder« macht.

Die Situation bringt vielleicht unweigerlich eine gewisse Beschneidung der Selbständigkeit und Verantwortlichkeit bei den Belegschaftsmitgliedern mit sich, weil sie in einer Art Zwischenzone, einer Art Kindlichkeit gehalten werden, wo sie Toni brauchen, um vollständig zu sein. Ich spüre das an mir selbst, diese Scheu vor der vollen Verantwortung. Ich erwarte von Toni mehr als von mir selbst. Wenn ich das sehe, geht es dann weg? Oder bleibt es? Kann man eine Gemeinschaft ohne Autoritätsfigur aufziehen, wo die Menschen lebendig und selbständig bleiben? Und ist das auch möglich, wenn »Toni« noch hier ist und lehrt?

Ich kann mich so in diese Gedanken oder auch in das Gefühl des Rechthabens angesichts meiner neuesten Theorie verlieren, daß mir die Wahrheit entgeht, die doch eigentlich so unmittelbar und mühelos greifbar ist. Solange ich sie sehe, ist alles völlig problemlos.

An einem Abend während der letzten Meditationswoche bin ich zum Gespräch bei Toni und nehme eine Muschel vom Tisch und halte sie mir ans Ohr.

»Sie sagt nichts«, berichte ich und lege sie wieder hin.

Toni nimmt sie und horcht lange hinein, das Gesicht voller staunender Verwunderung, wie ein Kind ... lauschend.

26

Wenn wir doch nur alle sehen könnten, wie ähnlich wir funktionieren, wie harmlos und unpersönlich das Ganze im Grunde ist. Es würde alle unsere menschlichen Probleme lösen.

Wenn wir dann etwas »falsch« machten (die Sprache, die wir benutzen müssen, ist immer schon voller Urteile), würden wir das als ein interessantes Phänomen verzeichnen, an dem irgendwas nicht so ganz stimmig ist, aber wir müßten das weder vor uns selbst noch vor anderen bestreiten oder so tun, als wäre es eigentlich gar nicht passiert – was wir ja ständig tun, weil wir alle diese

Dinge auf unser Ich beziehen und dieses Ich, vielmehr die Vorstellung, die wir davon haben, mustergültig sein soll. Wenn andere uns kritisierten oder sich über uns aufregten, selbst wenn es auf sehr bösartige Weise geschähe, würden wir das ebenfalls als interessante Energie-Manifestation betrachten und nicht als Angriff auf »mich«. Solch eine Änderung der Betrachtungsweise wäre von enormer Auswirkung, sogar auf das Weltgeschehen.

Vielleicht klingt »unpersönliches Sehen« für manchen herzlos. Aber je länger ich es betrachte, desto mehr scheint mir, daß eigentlich das Glauben an Gedanken und das Handeln nach Gedanken herzlos ist. Das ist automatisches, mechanisches Verhalten; wenn man sich dagegen nicht mit bloßen Gedanken-Geschichten identifiziert und die Dinge nicht persönlich nimmt, wird man zugänglich für andere Dinge, die weitaus schöpferischer sind.

27

Nur wenn wir sehen, was uns
trennt, und es ein für allemal
fallen lassen, gibt es Freiheit.
Toni Packer

Das Leben in Gemeinschaft ist ein Abenteuer, das mir sehr zusagt, wenngleich es hier in Springwater natürlich nicht so einfach ist wie im Kreis meiner handverlesenen, gleichgesinnten Freundinnen und Freunde in der Bay Area. Der Zen-Lehrer Bill Kwong hat gesagt: »Wenn du dir deine Freunde selber aussuchst, sorgen sie für gewöhnlich dafür, daß deine Einbildungen erhalten bleiben. Aber in einer mehr zufällig zusammengewürfelten Gemeinschaft muß man irgendwie miteinander auskommen. Das ist das Schwierige und das Lohnende an Gemeinschaften.«

Beziehungen zeigen uns sehr schnell, wo wir festhängen. Für sich allein kann man der Illusion des Erleuchtetseins schneller erliegen, nehme ich an. Daß ich, aus der Bay Area kommend, in dieser kleinen ländlichen Gemeinschaft von größtenteils heterosexuellen Männern gelandet bin, wo ich neben Sharon die einzige Frau bin und als einzige homosexuell veranlagt und behindert, ist sehr beunruhigend, aber es bringt mich auch weiter.

Zu Hause besteht mein Freundeskreis größtenteils aus Frauen, von denen viele schwul sind; die meisten arbeiten irgendwie schriftstellerisch oder künstlerisch und etliche sind Therapeutinnen. Wir haben denselben kulturgeschichtlichen Hintergrund, sozialen Kontext und Bedeutungshorizont. Wir sprechen dieselbe Sprache und haben ähnliche Anschauungen von der Welt. Hier in Springwater ist es für mich ein bißchen so wie im Ausland. Hier ist niemand, der lesbischen Humor gleich versteht oder auf der Wellenlänge ist, die sich nach zwanzig Jahren gemeinsamen Lebens in einer komplexen städtischen Umwelt in einem Freundeskreis entwickelt.

Andererseits gibt es hier dieses Stille und Einfache, das man in der Bay Area vergeblich suchen würde. All die Gedankenspielereien haben hier so gar nichts Mitreißendes. Alles geht langsamer und ruhiger vonstatten. Etwas Karges ist hier, das ich sehr mag.

Trotzdem fühle ich mich oft allein. Die anderen sehen sich Videofilme an, nach denen mir so ganz und gar nicht ist, und die meisten Geselligkeiten finden ihren Höhepunkt vor dem Fernseher. Paul spielt unten seine Rockmusik, daß mein Zimmer bebt, und Roger geht draußen auf dem Flur laut rülpsend an meinem Zimmer vorbei. Hier herrscht nicht immer die klösterliche Stille, die ich mir vorgestellt habe. Manchmal kommt es mir so vor, als lebte ich nicht in einem Meditationszentrum, sondern in einem Männerheim. Meine Wunschvorstellung wäre eine Lebensgemeinschaft ohne Fernsehen, wo niemand laut rülpst oder Rockmusik spielt. Das Essen sollte makrobiotisch sein, und es müßten mehr Frauen da sein, mehr Homosexuelle. Aber – wer hätte das gedacht? – das hier ist nun mal nicht der Perfekte Ort, den ich mir vorstelle. Es gibt keinen Perfekten Ort – die Suche danach ist sogar der Ursprung aller imperialistischen Expansion.

Wenn Springwater so wäre, wie ich es mir zu wünschen glaube, dann hätte ich daran sicher auch wieder etwas auszusetzen. Zum Glück ahne ich, wie komisch das alles eigentlich ist. Und etwas in mir möchte aufhören zu rennen, möchte aufhören mit diesem krampfhaften Suchen nach Perfektion und Selbstveredelung, möchte mich genau da *sein* lassen, wo ich nun mal gerade bin, um einfach die Gedanken und Gefühle, die Wünsche und Aversionen zu sehen, die sich da zeigen, ohne von all der uferlosen Hysterie mitgerissen zu werden. Um endlich wirklich zu sehen, daß die Antwort, die ich so verzweifelt suche, in diesem Augenblick genau hier ist und nirgendwo sonst. Wo könnte sie denn wohl sein, wenn nicht hier?

Mein Kopf bastelt natürlich doch immer an anderen Plänen: andere Zentren, andere Lehrer, andere Landschaften, andere Lebensformen. Wo könnte ich als nächstes hingehen? Dann aber auch das Gefühl: Wenn ich nur ohne jeden Vorbehalt hier sein könnte, zumindest für den Augenblick – das wäre so befreiend. Oder um Reb Anderson zu paraphrasieren, einen Lehrer, bei dem ich im San Francisco Zen Center gesessen habe: Erleuchtung ist, wenn in Iowa nichts von »Iowa« ist und du in Iowa mit all seinen Iowa-Problemen sein kannst, ohne irgendwo anders sein zu wollen.

In seltenen Augenblicken verbindet mich sogar so etwas wie zärtliches Einverständnis mit diesen rülpsenden Männern und ihrer Rockmusik, und dann sehe ich in ihnen das Buddha-Wesen selbst.

Das Festhalten am Falschen macht, daß das Wahre so schwer zu sehen ist. Wenn du begreifst, daß das Falsche Zeit benötigt und das Zeit Benötigende falsch ist, dann bist du der Wirklichkeit näher, die zeitlos und immer im Jetzt ist … Das Wirkliche ist es, was die Gegenwart so lebendig macht, so anders als Vergangenheit und Zukunft, die bloße Verstandesgebilde sind. Wenn etwas, das du erreichen möchtest, Zeit braucht, dann muß es das Falsche sein. Das Wirkliche ist immer bei dir; du brauchst keine Zeit, um zu sein, was du bist. Du darfst nur deinem Geist nicht erlauben, suchend von dir weg zu gehen.

SRĪ NISARGADATTA MAHARAJ

28

Wir fühlen uns hier manchmal wie Bewohner verschiedener Wirklichkeiten, die irgendwie zusammengewürfelt wurden, aber wenn das auch manchmal etwas unbehaglich ist, gibt es darin doch viel zu sehen, ein genaues Bild dessen, was Gefühle von Bedroht- oder Alleinsein aufkommen läßt. Das Gefühl, mein Weltbild verteidigen zu müssen, auf dem, wie ich glaube, mein Leben beruht. Manchmal meine ich auch, ich müßte das Leiden der Frauen – oder mein eigenes – gegenüber denen beweisen, die daran zweifeln, als würde ich mein Leben oder alles für mich Wertvolle verlieren, wenn ich loslasse. Dann heißt es, bei diesen Gefühlen zu bleiben und zuzusehen, wie ich manchmal auf- und manchmal zumache. Sehen, wie ich an meiner Sicht der Wirklichkeit, meinem Weltbild hafte. Interessante, manchmal peinigende Arbeit. Aber ich finde es wirklich spannend herauszufinden, wie man in einer so heterogenen Gruppe mit den Dingen umgehen kann.

Von Toni erfährt das Persönliche, das Ich, keinerlei Sanktionierung. Und mit allen Versuchen, Trennungen aufrecht zu erhalten oder Unterschiede herauszustreichen, hält sie es ebenso. Sie wundert sich, daß meine Schreibgruppe in Kalifornien ausschließlich aus Frauen besteht. Alle Exklusivität ist ihr fragwürdig. Ihre Fragen bringen mich etwas aus der Fassung. Das Zusammensein mit anderen, mit denen mich bestimmte prägende Erfahrungen verbinden – etwa in Frauen-, Schwulen- oder Behindertengruppen –, hat mir befreiende Erfahrungen zugänglich gemacht, durch die ich mehr zu meiner eigenen Kraft fand, und ich glaube, daß hier auch ein Beitrag zu positiven Veränderungen in der Gesellschaftsstruktur geleistet wurde. Solches Eingebundensein ist besonders heilend, wenn man einer Randgruppe angehört, die in den Spiegeln der Kultur – ich meine Fernsehen, Filme, Bücher – notorisch negativ oder eben gar nicht reflektiert wird. Behinderte Lesbierinnen beispielsweise sieht man nirgends. Wir existieren im Fernsehen einfach nicht. Vielleicht können heterosexuelle weiße Männer sich nicht vorstellen, wie das ist, wenn man das nicht hat.

Aber vielleicht sind die Männer genauso tief verstört worden wie die Frauen, nur auf andere Weise. Vielleicht hat der Feminismus aus dem Ganzen und auf Kosten des Ganzen die Geschichte der Frauen herausgelöst. Können wir gesellschaftliche Unterdrückung sehen lernen, ohne Schuldige zu suchen, ohne eine Gegenseite zu konstruieren, ohne Die Am Meisten Verletzte Partei sein zu wollen, ohne uns auf eine starre Ideologie festzulegen? Können wir uns offenhalten für das Hinhören?

Leicht ist das nicht. Bei mir steckt soviel Energie in all diesen Identitäten. Soviel Verletztheit und Wut. Ich kenne Leute, die ermordet wurden, weil sie schwul waren. Ich habe ein paar lesbische Freundinnen, die von Neonazis von ihrem Grund auf dem Land vertrieben wurden; andere haben aufgrund haarsträubender Vormundschaftsurteile ihre Kinder verloren. Ich gehe im Alltagsleben durch tausend Situationen, die alte Wunden wieder aufbrechen lassen.

Ich bin im Park und zwei Rüden versuchen einander zu besteigen. Die Besitzer schreien hysterisch auf sie ein und schlagen sie und erklären den Umstehenden dann verlegen, ihre Hunde seien »wohl ein bißchen durcheinander«. Wie ich.

Ich arbeite in einer Agentur für Zeitarbeit, und da ist eine Frau Kundin, die ich wirklich mag und die ich immer mit Jobs zu versorgen versuche. Wir führen lange, vertraute Telefonate miteinander, und dann kommt plötzlich heraus, daß sie Homosexuelle haßt. Sie weiß nicht, daß ich lesbisch bin. Ich sage es ihr auch nicht.

Ich esse mit Freunden und ihrer sechsjährigen Tochter zu Abend. »Dein Arm da ist wirklich ekelhaft«, sagt die Kleine. »Wenn ich den sehe, kann ich nichts mehr essen.«

Meine Freundin Mary und ihr Mann wollen ein Kind adoptieren, und schließlich finden sie eine Schwangere, die ihr Kind nicht behalten möchte. »Aber«, sagt Mary zu mir, »wir haben das Sonogramm noch nicht gesehen. Wenn irgendwas nicht stimmt, dann nehmen wir es nicht. Ein pflegebedürftiges Kind wollen wir nicht.« Eins wie mich.

Ich esse in einem kleinen Café, und am Nebentisch sitzt ein Pärchen. Er erklärt ihr eben seinen spirituellen Weg. Er erzählt ihr alles über Karma und Reinkarnation und den Weg der Seele. Daß sie mit einem gesunden Körper geboren sei, sagt er, sei darauf zurückzuführen, daß sie in ihren früheren Leben gut gewesen sei. Aber wenn du einen verkrüppelten Arm oder sowas hast, fährt er fort, dann heißt das, daß du schlecht warst. Du hast etwas getan, wofür du jetzt zahlen mußt.

Krüppel. Lesbe. Mädchen. Das heißt, ich bin schlecht und krank und eine Sünderin. Unappetitlich, unnatürlich, besser tot. Mißgeburt. Ich kann kaum einen Raum betreten, in dem Kinder sind, ohne zum Traumatisierungsrisiko zu werden. Ich bin voller Wut und Schmerz, und es gibt nur einen einzigen Ausweg, den allerradikalsten. Aber ich klammere mich an meinen Schmerz. Ich höre mich die Geschichte meines Leidens immer und immer wieder erzählen, und ich spüre, daß an dieser endlosen Litanei des Niedergemachtwerdens nicht alles falsch ist, sondern etwas auch zutrifft. Ich fühle mich so gedemütigt, so völlig in Frage gestellt.

Ich bin mir nicht immer sicher, ob es in jedem Fall gut ist, die Ebene des Nicht-Ich aufzusuchen. Manchmal scheint das in die Richtung der Verneinung und Verleugnung unserer Wahrnehmungen zu gehen, der wir alle mehr oder weniger stark in unserer Kindheit ausgesetzt waren und der Frauen und Minderheiten ihr Leben lang ausgesetzt sind. Wenn unsere Wirklichkeit keinerlei Bestätigung durch das Umfeld erfährt oder wir zu Verrückten gestempelt werden, verinnerlichen wir das schließlich und mißtrauen von da an unseren eigenen Gefühlen und Einsichten. Und es braucht offenbar viele Jahre der Arbeit, bis man lernt, die eigenen Wahrnehmungen wieder ernst zu nehmen.

Andererseits mußte ich, seit ich hier bin, sehen, daß alle Wahrnehmungen fraglich sind, daß die politischen und psychologischen »Wahrheiten«, die wir uns auf dem Weg der Heilung unserer selbst zurechtlegen, auch nicht real sind. Sie sollen uns die Wirklichkeit erklären, aber als Abstraktionen bleiben sie zwangsläufig hinter dem Ganzen zurück. Sie haben ihren Nutzen, da wir sie aber für »die Wirklichkeit« nehmen, Dogmen aus ihnen machen, an sie glauben, als wären sie etwas für uns Lebenswichtiges, können wir sie dann nicht mehr hinterfragen und über sie hinausgehen. Wir verlieren die Fähigkeit richtig zu sehen.

Mel hat einmal etwas Interessantes zu mir gesagt: Zen sei vielleicht für Menschen wie Schwarze oder Homosexuelle eine besonders schwierige Herausforderung, da sie ja in gewissem Sinne ihre Identität zu finden oder wiederzufinden versuchten und es im Zen darum gehe, überhaupt keine Identität zu haben.

Ganzheit und Besonderheit – können die beiden irgendwie zusammenkommen? Vielleicht ist es ganz wichtig, daß man mal einer separaten Gruppe von beispielsweise Schriftstellerinnen oder behinderten Lesbierinnen angehört und ein andermal keinerlei Exklusivität gelten läßt, das heißt alle Kategorisierungen und Definitionen des eigenen Ich ablehnt. Vielleicht geht es gar nicht darum, ob eine dieser beiden Möglichkeiten die richtige ist.

Tonis Ansatz scheint die Einsicht zu beinhalten, daß wir alle einfach in unterschiedlicher Kostümierung hier sind: schwarze Haut, weiße Haut, Amputationen, Alter, zerebrale Lähmungen, Down-Syndrom. Bei manchen ist das Kostüm etwas greller als bei anderen, aber jeder hat eins, ausnahmslos. Und niemand sieht eigentlich irgend jemanden. Wir sehen das Kostüm. Wir kommen nie darüber hinaus. Manche Leute merken ihr Leben lang nicht, daß sie auf einem Kostümfest sind.

Ich fühle mich eigentlich als ein ganz normaler Mensch, der nur zufällig in dieser seltsamen Verkleidung auftritt, ohne rechte Hand. Eine Freundin in Kalifornien nennt ihren Schäferhund »der im Hunde-Anzug«, und so fühle ich mich, als die im Amputierten-Anzug. Manchmal weiß ich nichts von Gesehenwerden. Ich vergesse sogar häufig, daß ich kostümiert bin. Alle um mich her haben zwei Hände, und so wird mir mein Körper-Bild nicht zurückgespiegelt. Auf dem inneren Bild, das ich von mir selbst habe, sehe ich mich gern wie all die anderen Menschen um mich her. Wenn ich dann in einen Spiegel blicke oder ein Foto von mir sehe, wird mir oft mit einem gewissen Erschrecken bewußt, daß ich keine zwei Hände habe.

Wenn Hunde oder sehr kleine Kinder diesen Arm sehen, der gleich unter dem Ellbogen endet, begegnen sie ihm ohne jegliche Vorstellung. Für sie ist er so interessant wie jede andere Form und genauso untersuchenswert. Nichts ist erschreckend oder abstoßend an diesem Arm, kein Tabu. Hunde verlieren diese Art des Wahrnehmens nie, Kinder schon. Mit etwa drei Jahren fangen viele Kinder an, sich vor meinem Arm zu fürchten, ihn als abstoßend oder sehr störend zu empfinden. Wenn wir einmal groß geworden sind, können wir nicht wieder Kleinkinder werden und Hunde natürlich erst recht nicht. Aber es gibt doch die Möglichkeit, eine Art des Sehens zu erlernen, bei der all die Begriffe und Urteile deutlich hervortreten, die das Denken aufgrund unserer Prägungen über die Dinge selbst breitet, ein Sehen, das die simple Gestalt des tatsächlich Vorhandenen offenbart. Und diese direkte, unmittelbare Art des Wahrnehmens ist die Meditation.

Seit ich hier lebe, sehe ich auch den Schmerz der Männer. Ich erkenne, daß Männer sich auch nicht gesehen fühlen, daß kulturelle Stereotypen auch ihnen wehtun, daß viele von ihnen einsamer und verletzter sind, als ich mich wohl jemals fühlen werde. Ich beneide sie nicht. Ich bin ständig gezwungen, vorgefaßte Ideen aufzugeben.

Ich sehe, wie verängstigt wir alle sind, wie wir unsere Ideen verteidigen und uns mißverstanden fühlen. Alles, was mir je vernünftig oder gar selbstverständlich erschienen ist, wird hier fragwürdig – so sehr, daß manchmal mein Leben selbst in Frage gestellt scheint. Es kommt vor, daß ich nicht mehr weiß, was wahr und real ist.

Und das kann in einer hauptsächlich aus Männern bestehenden Gruppe ziemlich beängstigend sein. Mir ist dabei, als verzichtete ich auf all meine Bollwerke, während sie weiterhin bewaffnet sind – wie einseitige Waffenniederlegung in Feindesland. Aber so fühlen sie sich natürlich auch, und wenn wir nicht irgendwo mit der Waffenniederlegung anfangen, werden wir uns gegenseitig zerstören. Das ist im Kleinen wie im Großen so, und was wir hier tun, ist letztlich für den Weltfrieden.

»Sieh mal, Paul«, sage ich, »ein paar von meinen Abwehrmechanismen brauche ich einfach. Wenn ich nämlich ganz ohne Ideen nachts in der Stadt eine Straße langgehe, werde ich doch sofort ...« – vergewaltigt, wollte ich sagen, aber irgend etwas ließ mich innehalten, und ich hielt mir die Situation nachdenklich vor Augen.

»Du weißt es nicht, hm?« fragt er.

Ich bin wütend. Wie kann irgendein Kerl so was zu mir sagen! Aber er hat ja recht! Ich weiß nicht, was passieren würde. Peace Pilgrim fällt mir ein, eine Frau, die ganz bedenkenlos nachts durch die Straßen ging und der nie etwas zustieß. Warum nicht? Weil sie sich, wie sie selbst sagt, auf negative Vorstellungen von den Menschen gar nicht erst einläßt, sondern das Licht in ihnen sieht.

Alles ändert sich hier so schnell – der Himmel, meine Anschauungen, das Wetter.

Jetzt frage ich mich, was es mit diesem Wunsch nach Zusammensein mit anderen, die wie ich sind, auf sich hat. Springwater ist eine Welt, die mich nicht vollständig widerspiegelt oder erkennt. Ich bin hier allein auf eine Weise, die ich in Kalifornien nicht gekannt habe. Vielleicht ist dieses Alleinsein ein großes Geschenk, der Raum, in dem ich lerne. Denn was *ist* eigentlich dieses Bedürfnis, sich bestätigt zu sehen, Erfahrung gemeinsam zu haben? Kommt es nicht, wenn die Menschheit überleben soll, gerade darauf an, daß wir über all die scheinbaren Schranken hinweg kommunizieren? Und diese Kommunikation ist vielleicht nur dann möglich, wenn wir tatsächlich und von Augenblick zu Augenblick die Gedanken sehen lernen, die all das Trennende aufrecht erhalten – mitsamt den so überzeugenden Emotionen und den chemischen Reaktionen, die dadurch ausgelöst werden.

Die anderen empfinden vielleicht genau die gleiche Einsamkeit wie ich. Bei jedem sind die Gründe andere, aber die Grunderfahrung ist anscheinend allen Menschen gemeinsam. Wir fühlen uns abgesondert und vereinzelt, und dieses Gefühl scheint allem menschlichen Leiden zugrunde zu liegen. Inwieweit maskiert wohl die Gesellschaft Gleicher oder Gleichgesinnter diese Grundkrankheit?

In einem ihrer Dialoge sprechen Krishnamurti und David Bohm über die Notwendigkeit, für sich allein bestehen zu können. Krishnamurti sagt: Wenn man seine Prägungen aufbrechen will, muß man innerlich allein sein. Wenn man sich dagegen mit einer Gruppe identifiziert, weicht man seiner Furcht nur aus; Bohm nennt das Identifikation mit einer falschen Universalie. Um die

Getrenntheit zu überwinden, muß man von dieser falschen Universalie frei sein.

Ich sitze am Teich, der jetzt zugefroren ist, und sehe Toni und Kyle Hand in Hand durch den Schnee stapfen. Sie winken mir. Kyle ist ein sanfter liebevoller Mann, der Tonis Arbeit offenbar uneingeschränkt unterstützt, von keinem männlichen Ego – oder sonst irgendeinem Ego – wesentlich behindert. Zwischen ihnen ist eine wunderbare Freundschaft. Vielleicht ist er der einzige echte Freund, den Toni hat – einer von gleicher Verständnisbereitschaft, der aber nicht ihr Schüler ist. Manchmal denke ich, daß es sehr einsam sein muß, die Wahrheit so klar zu sehen. Es trennt einen sicher von einigem, was so unter »zwischenmenschliche Beziehung« läuft.

Toni lebt hier auch buchstäblich in einem fremden Land. Sie ist in Deutschland geboren und aufgewachsen, und hier die Lehrerin und die ältere zu sein, dazu mit diesem so klaren Blick, ist sicher manchmal eine sehr einsame Sache, wohl kaum weniger als das Leben der einzigen einarmigen Lesbe.

Das ist offenbar ein wichtiger Aspekt von allem, was hier geschieht: den Trennungen, die wir empfinden und erzeugen, auf den Grund zu gehen und zu sehen, wie wir da herausfinden. Auch das macht mein Leben hier aus in dieser kleinen Gemeinschaft am Ende der Welt und im tiefsten Winter.

29

»Zuviel Schmerz«, sage ich zu Toni. »Ich weiß nicht, ob ich das aushalte.«

Regen prasselt aufs Dach, gurgelt durch die Rinnen und Rohre, platscht, tropft, überspült alles mit nassen, zarten Lauten. Toni und ich sitzen an den beiden Enden des Sofas in ihrem Wohnzimmer. Es ist später Nachmittag und die Dämmerung setzt schon ein. Um uns die Energie, die Schwingung des gemeinsamen Lauschens, die Stille, der Regen.

»Es gehört ungeheuer viel Geduld dazu«, sagt Toni schließlich. »Den Kummer zu sehen. Bei ihm zu bleiben. Sich nicht von ihm abzuwenden. Oder wohlfeilen Trost zu suchen. Zu sehen. Sich die Geschichte des Menschseins anzusehen. Es ist nämlich nicht bloß der persönliche Schmerz, mit dem man da in Berührung kommt. Es ist der Schmerz der Menschheit, der Kummer aller Menschen überall.«

Der Regen geht jetzt in Schnee über und Schnee legt sich über alle Dinge.

»Können wir diesen puren Kummer berühren?« fragt Toni. »Ohne in ihm zu schwelgen und ohne vor ihm wegzulaufen – ihn einfach berühren, in der Tiefe verstehen, ohne von ihm erdrückt zu werden?«

Stille. Es wird dunkler im Zimmer. Die Uhr tickt leise. Die verabredete Gesprächszeit ist fast um.

Ich stehe im letzten Licht auf der Nordwiese, gewaltige schwarze Wolken wehen über mir heran, so niedrig, daß ich mich ducken möchte. Vor mir laufen vier Hirsche, sehr schnell, ihr Geruch hängt noch eine Weile in der Nachtluft.

30

Zu Weihnachten war ich in Chicago. Anflug über den zugefrorenen See. Das Hochhaus, in dem meine Mutter wohnt, ist durch das Fenster zu sehen, unten die eisig weiße Stadt. Gut zwanzig Grad unter Null hier in diesem kalten Wind. Darin liegt eine Strenge, eine Energie und Frische, die auf mich elektrisierend wirkt.

Mein Vater ist jetzt schon fast zehn Jahre tot, und meine Mutter hat das Haus in der Vorstadt verkauft, um richtig in die Stadt zu ziehen. Sie ist nach Dads Tod aufgeblüht, hat angefangen, die ganze Welt zu bereisen, der Traum ihres Lebens, und gewinnt mit wachsendem Alter immer noch an Spannkraft und Schönheit. Ein Hüftknochenbruch im vergangenen Jahr hat ihren Schritt ein wenig kürzer gemacht, aber sie geht immer noch standhaft bei Rot über die Michigan Avenue und entfacht einen wahren Wirbelwind an Geschäftigkeit.

Sie heißt den Winter ihres Lebens mit grimmigem Stolz willkommen, trägt atemberaubendes Violett, große Perlen und weit ausladende farbenprächtige Hüte – und bucht die Welt als unerschrockene Entdeckerin, die sich an der Seite indonesischer Häuptlinge und ägyptischer Königinnen sieht. Im Frühjahr will sie an einem Mountainbike-Trip quer durch Bali teilnehmen, und im vergangenen Jahr war sie in Yucatán, wo sie die Pyramiden bestiegen hat. Ich habe ein Foto von ihr, wo sie unter einem riesigen roten Hut auf dem Hinterteil wieder herunterkommt, Stufe für Stufe.

Meine Mutter ist jetzt fast taub, ihr Haar weiß und dünn. Sie verschluckt sich beim Essen, sie schlurft beim Gehen, und eines Tages wird der Tod sie, wie Teilhard de

Chardin sagt, »ins Innerste des Existierenden« führen, ob sie will oder nicht. Aber bis dahin stürmt sie vorwärts.

Ihre Wohnung ist ein kunterbuntes Allerlei aus nicht zueinander passenden Möbeln (Antiquitäten neben skandinavischen Möbeln im selben Zimmer), Kunstobjekten und Mitbringseln aus aller Herren Länder, wandfüllenden Gemälden (ihre Schwester und deren Mann – vor langer Zeit auch ich – waren Maler), erlesenen Töpferarbeiten, Pflanzen (eine Dickblattpflanze ist so alt wie ich) und Schokoladenbonbons.

Sie hat Freunde aller Altersstufen, Rassen und Klassen, homo- wie heterosexuell, mit jeder nur erdenklichen Biographie. Sie fürchtet sich vor nichts. Sie besucht eine Freundin, die in einem ziemlich verrufenen Sozialwohnungsbaukomplex lebt, und marschiert ganz unbekümmert allein in ein Haus, in das andere sich nicht einmal in Begleitung eines Sonderkommandos hineinwagen würden. Meine Mutter war jahrelang in einer Gruppe tätig, die polizeiliche Übergriffe anprangert. Sie ist unendlich großzügig und bejaht alles, was zu ihr kommt. In ihrem Leben geht es um Geben, nicht um Bekommen.

Die Frau, die bei ihr putzt, ist schwarz und nicht viel jünger als sie selbst. Einmal hatte Estella wegen Brandstiftung ihre Wohnung auf der South Side verlassen müssen, und da nahm meine Mutter sie auf und sie lebten monatelang wie ein ewig streitendes altes Ehepaar zusammen. Estella regt sich über die vegetarische Lebensweise, das kämpferische Nichtrauchertum und die Bioreinigungsmittelmacke meiner Mutter auf, und es kam schon mehrmals vor, daß sie nicht mehr miteinander sprachen.

Manchmal, wenn ich hier in Chicago bin, mieten wir einen Wagen, um Tante Winifred und Onkel Harold zu besuchen, und wenn wir dann irgendwo einem Obdachlosen begegnen, kann es gut sein, daß meine Mutter ihn einsteigen läßt und mir Anweisung gibt, ihn dahin zu fahren, wohin er möchte. Einmal kamen wir beim Verlassen eines Geschäfts an einer Tütenfrau vorbei, deren Tüten geplatzt waren, und meine Mutter kniete sich wahrhaftig auf den Boden, um der Frau zu helfen ihre Sachen zusammenzusammeln. Sie geht an keinem Bedürftigen vorbei, und sie läßt sich durch nichts abschrecken.

Das Leiden ist groß hier in Chicago – Schmutz, Armut, Materialismus, schlimmes Unrecht, Unmenschlichkeit, Lärm, Gebrochenheit, man sieht alles an einem vorbeiströmen. Meine Mutter nimmt das alles, wie es ist, sie spricht daheim mit ihren Pflanzen so wie auf der Straße mit den Alten und Obdachlosen. Guten Morgen, sagt sie, das ist das Leben. Koste mal. Sie nimmt die Hände der Verwirrten auf der Straße in ihre eigenen, diese knochigen, zitternden, arthritischen, adernüberzogenen Hände, die auch mich einmal gehalten haben.

Ich habe eine alte Freundin getroffen, auch ehemalige Alkoholikerin, und es gab einen ziemlichen Streit. Das geht nun schon fünfzehn Jahre so, und wir geraten immer wieder über unsere verschiedenen und von beiden erbittert verteidigten Auffassungen von Alkoholismus aneinander.

Barbara kam über den herkömmlichen AA-Weg vom Alkohol los, ich durch eine Mixtur aus Feminismus, radikaler Therapie, Transaktionsanalyse und Gestalttherapie. Zwei grundverschiedene Begriffsraster. Zwei Ideologien. Barbara bezeichnet sich selbst nach wie vor als Alkoholikerin. Ich sehe mich überhaupt nicht mehr als Alkoholikerin. Selbst die Identität der gewesenen Alkoholikerin sagt mir nicht mehr viel. Ich habe mir das Krankheits-Modell nie zu eigen gemacht, aber Barbara tut es.

Ich bilde mir nicht mehr ein zu wissen, wie das Loskommen von einer Sucht wirklich vor sich geht, ob es eine Entscheidung ist, die uns freisteht, oder Gnade oder sonst etwas. Ich wollte das mit Barbara erkunden, aber es gab nirgendwo Freiraum, wo wir das hätten tun können: Alles war schon mit fertigen Landkarten voll, und von denen hing unser Leben ab, so kam es uns wohl vor.

Besonders faszinierend finde ich, daß wir offenbar beide meinen, unser Leben hinge an unseren Ideen vom Ablauf der Genesung. Wo das der Fall ist, bleibt kein Platz mehr zum Zuhören, kein Platz für Entwicklung. Barbaras Fixierung sehe ich natürlich leichter als meine eigene. Die Überzeugung, daß ich Recht habe, ist so stark.

Es kommt wohl für uns alle darauf an, der Erfahrung des anderen wieder zu lauschen – und innerlich zu lauschen: den Gedanken, die wie Reflexe kommen, wenn unsere Überzeugungen in Frage gestellt werden, den Empfindungen, die sich sofort einstellen, dem Adrenalin, dem Zumachen. Sobald ich merke, wie diese Chemie in Gang kommt, weiß ich, daß ich jetzt aufpassen muß. Was muß ich verteidigen? Bei der Auseinandersetzung mit Barbara merke ich, wie diese Streßchemie in mir losbricht und das Blut in Wallung kommt. Ich *fühle*, daß ich nicht mehr offen für sie bin.

Offenheit läßt sich nicht mit dem Willen herbeiführen. Wir können nur da ansetzen, wo wir tatsächlich sind, das Zumachen, die Abwehr, den Widerstand beobachten – einfach dabei bleiben, es sehen, erkunden. Aber in der Situation selbst wäre das das Letzte, was uns vorschwebte. Wir möchten Recht haben.

Ein Leben ohne Suchtverhalten, ohne das Festhängen an bestimmten Substanzen oder Handlungsweisen oder Gedanken, ist eine äußerst peinliche Sache. Darauf scheint Toni hinauszuwollen. Lassen wir doch mal alles weg. *Alles*. Sehen wir zu, was dann noch bleibt und was passiert.

Nachts schwankt das Hochhaus im Wind. Man spürt die Bewegungen. Hier klingt einfach alles zu großartig. Toni würde sagen: Das sind nur noch mehr Gedanken, noch mehr Ideen, noch mehr um das Ich kreisende Träume, dieses Gerede über »alles weglassen«.

31

> Wer sagt euch denn, ihr solltet
> etwas beseitigen? Seht doch
> nur die leere Weite vor euren
> Augen. Wie könntet ihr die
> herbeiführen oder beseitigen?
> *Huang-po*

Mir wird immer klarer: Genau das, was mir an Toni nicht gefällt und was ich anders sehe, macht sie mir so liebenswert und zieht mich zu ihr hin. Ich ärgere mich beispielsweise über ihr aus meiner Sicht dogmatisches

Beharren auf ihrem weglosen Weg, aber andererseits ist gerade ihre Fähigkeit, die Dinge gänzlich bloßzulegen, so besonders überzeugend. Wenn sie es dann tut, werde ich ärgerlich. Ich möchte von ihr die Schönheit und Richtigkeit aller Dinge bestätigt haben.

Chicago wird allmählich anstrengend. Draußen ist es kalt und regnerisch. Barbara rief an, um unser für morgen verabredetes Treffen abzusagen; sie komme mit unseren Begegnungen nicht zurecht. Ich war sehr traurig. Dann überlegte ich, ob ich es wohl sei, die Beziehungen vergiftet. Das machte mich nun wieder ärgerlich, weil ich natürlich überzeugt bin, daß dem nicht so ist. Ich fühle mich im Recht und sehe Barbara auf dem Holzweg. Mein Sucht-Verständnis ist ihrem überlegen. Ich bin ja auch meiner selbst viel mehr bewußt. Im Hintergrund dräut ein Gedanke, der genau das Gegenteil sagt: Barbara hat recht und ich liege völlig schief.

Manchmal ist nur Lauschen. Und dann gibt es keine Probleme.

Meine letzte Nacht in Chicago. Die letzten Tage war es warm (ein paar Grad über Null) und trüb. Der Abschied von Mama fällt mir schwer. Heute morgen gab es Streit. Dann haben wir einen Wagen gemietet und sind in das Altenheim gefahren, in dem Winifred und Harold leben.

Winifred ist die Tante, die bei meiner Geburt angesichts des verstümmelten Arms einen psychischen Zusammenbruch erlitt. Sie ist jetzt völlig durch den Wind, ihr Zustand eine Kombination aus Alzheimer, Alter, Psychose und den »Nebenwirkungen« lebenslanger Elektroschock- und Medikamententherapie. Mein Onkel Harold, der mal Opernsänger werden wollte, statt dessen aber Vertreter wurde, ist jetzt ein über achtzigjähriger Mann mit einem frischen, fröhlichen Gesicht und dünnem weißem Haar. Er sitzt den ganzen Tag am Bett meiner Tante im Pflegebereich und versorgt ihre Wäsche noch selbst. Heute hat er rote Hosenträger an.

Harold lebt ohne die bequemen Polster religiöser Überzeugungen oder religiöser Praxis. Er war einmal Kommunist, ist jetzt aber schon lange Republikaner, so daß wir über fast alles in heftigen Gegensatz geraten. Zumindest meinen wir das.

Winifred vergißt immer wieder, daß Dad tot ist, und ihr entfällt sofort, was sie eben gesagt hat. Für mich hat sie etwas von einer Samuel-Beckett-Figur. »Da … *ganz* da unten«, sagt sie, »das könnten meine Beine sein. Ich würde sie gerne bewegen, aber ich hab das Gefühl, es wäre irgendwie nicht gut, die Dinge umzusortieren.«

Das Zusammensein mit ihr und meinem Onkel löst immer viele Gefühle aus. Sie waren Teil der Familie meiner Kindheit, jetzt tapernde Greise, und manchmal kommt Panik in mir hoch, wenn mir klar wird, daß ich auch nicht mehr ganz jung bin und mein Freundeskreis die ersten Großeltern aufweist – und was hab ich denn erreicht? Gar nichts. Ich bin eine kinderlose, beruflose Versagerin, die mit einer Bande von rülpsenden, fernsehenden Männern irgendwo im Nirgendwo in einem Meditationszentrum lebt, das man nicht einmal irgendeiner Richtung zuordnen kann. Kaltes Entsetzen breitet sich in mir aus.

Und jetzt bin ich zu Hause. Vollmond. Geruch von Holzfeuer und Mondlicht. Schnee. Stille.

Toni ist nicht da. Das ist eine »Aus-Zeit«, wie wir hier sagen. Aus-Zeiten, wo Toni nicht da ist und keine Meditationsklausuren stattfinden, wechseln sich rhythmisch mit »An-Zeiten« ab, in denen Toni hier wohnt. Wenn sie da ist, herrscht hohes Energieniveau. Man will sich nur ein Stück Brot aus der Küche holen, verläßt sie aber erst drei Stunden später wieder nach einer packenden Diskussion über Ich, Form, Springwater ohne Toni, Autorität oder dergleichen. Es sind freiwillige Helfer und Gäste da und natürlich die ständigen Mitarbeiter. Abends zeigt Toni in ihrer Wohnung Krishnamurti-Videos, und anschließend wird ausgiebig diskutiert. Am Wochenende gibt es vormittags öffentliche Vorträge und Diskussionen und danach Mittagessen; meist sind ein paar Leute aus Rochester da.

Dann kommt die Aus-Zeit, eine Art Verschnaufpause nach der Intensität der An-Zeit, stiller, weniger gesellig. Meist sind dann nur die ständigen Bewohner hier und manchmal auch ein Langzeit-Freiwilliger wie ich. Der eine oder andere nimmt sich auch mal eine Weile frei, und dann kann es hier ziemlich leer werden.

Paul ist mir ans Herz gewachsen. Ich empfinde solche Zärtlichkeit für ihn – und von ihm. Erst allmählich ging mir auf, was für ein feiner Mensch er ist. Das sieht man nicht unbedingt gleich, weil er so gar nichts von Glanz und Glamour hat.

Gestern Abend waren wir allein im Haus und haben uns in der Küche lange unterhalten. Er gab sich keinerlei Mühe, ehrlich oder bescheiden oder sensibel zu erscheinen. Er war es einfach. Tränen traten ihm in die Augen, als er erzählte, wie der Hund seiner Mutter nach ihrem Tod eingeschläfert wurde. Außerdem fiel mir auf, daß er politisch offenbar hipper ist, als ich dachte. Sein Hauptfach am College war Black Studies.

Ich empfinde auch immer mehr Nähe zu den anderen Mitarbeitern und den Leuten, die zum Meditieren hierher kommen. Es sind wunderbare Menschen darunter. Ein Postbote aus New Jersey, eine Frau, die in New Hampshire eine Bio-Farm betreibt, jemand, der sich um entflogene oder ausgesetzte und verletzte Vögel kümmert, ein Psychiater aus New York City, eine Filmemacherin aus Los Angeles, eine Kunstlehrerin aus Cleveland, ein Anglistikprofessor aus Iowa, eine Opernsängerin aus Texas, eine Philosophiestudentin aus Norwegen, ein Notfallarzt aus Philadelphia, ein Jazzmusiker aus Chicago, ein Ingenieur aus Rochester, ein Pilot aus New York, eine Dichterin aus Georgia.

Die Männer der festen Belegschaft sind zurückhaltend und scheu, unauffällig, still, ungekünstelt. Sie reden nicht viel und zeigen auch nicht viel. Sharon, die einzige Frau, ist genauso. Es dauert seine Zeit, bis man an sie herankommt. Aber ganz allmählich habe ich sie doch kennengelernt. Ich spreche mit Felix, einem Feld-Biologen und Cornell-Absolventen, der gern durch die Wälder streift. Er hat einen leise daherkommenden, trockenen Humor. Und Roger, der das Collegestudium abgebrochen hat, erzählte mir neulich von seiner Zeit in Vietnam. Er war damals eingezogen worden. Er zeigte mir eine aus Thailand oder von sonstwoher mitgebrachte Holzstatue einer männlichen Gestalt mit einem gewaltigen, hervorschnellenden Penis. Wenn er das vorführt, grinst er von einem Ohr zum anderen. Roger hatte nach dem Krieg in einer Karosseriewerkstatt in Rochester gearbeitet und war dann Toni begegnet in der Zeit, als sie das Zen-Center verließ. Jeden Morgen sehe ich ihm zu, wenn er die Vögel füttert, dieser Bär von einem Mann mit seiner Halbglatze und diesen großen Händen. Roger kennt alle Vogelrufe. In Kalifornien hätte ich diese Männer nie kennengelernt.

Im Wald sind viele Hirsche, und man sieht die Mulden ihrer Lager im Schnee und die Spuren aller möglichen Tiere und Vögel. Ein wunderbar feuchter Geruch voller Zerfall und Wiedergeburt liegt in der Luft. Der Himmel hier ist immer in Bewegung. Zwischen den schnell ziehenden Wolken immer wieder plötzlich die spätnachmittägliche Wintersonne, die Eis und Harz an der schwarzen Rinde der Bäume aufblitzen und funkeln läßt und die Kiefernnadeln orange und rot tönt.

In einem kleinen Strauch, der ganz allein am Feldweg steht, entdecke ich ein Nest mit blauen Eierschalen unter nassen Blättern. Kleine Wunder.

Im Wald hängt ein verlassenes, langsam zerfallendes Wespennest an einem Baum.

Meine Freundinnen Esther und Elaine kommen zu den Februar-Meditationstagen aus Kalifornien. Ich spüre die Nähe und Vertrautheit, die mich mit ihnen verbindet, und als sie wieder abreisen, weine ich ganz offen und hemmungslos. Das heißt bei mir einiges, denn ich weine fast nie und schon gar nicht öffentlich oder gar hemmungslos. Jetzt also löse ich mich schluchzend in Tränen auf und Roger und Felix halten mich. Zu Hause, das ist jetzt hier.

32

Ich höre die traurige Nachricht von der Wahlniederlage der Sandinisten in Nicaragua. Gewonnen hat die Wahl Violeta Chamorro, die Kandidatin der Contras. Das zu hören fällt mir hier noch schwerer, wo manch einer eher eine gute Nachricht darin sieht. Ich koche vor Wut. Einzig Paul scheint die Tragödie, die sich da abspielt, zu erfassen. Beim Frühstück sagt er zu mir: »Ich war zuerst schockiert, und dann wurde mir klar, was da passiert sein muß. Die Nicaraguaner haben aufgegeben. Bush hat ihnen gesagt, wenn sie Ortega wählen, geht das Embargo weiter und damit auch die Hölle, in der sie leben, aber wenn sie Chamorro wählen, dann gibt es Frieden – und da haben sie nachgegeben.«

Aber in den Abendnachrichten klingt das alles ganz anders. Ich weiß nicht, wie man sich da engagieren soll, ohne Terrorist zu werden, ich weiß es wirklich nicht. Inzwischen lasse ich die Nachrichten meistens ausfallen, ich will das alles gar nicht erst wissen. Die Erde ist vielleicht schon todkrank, aber das muß kein Grund zu Verzweiflung und Hoffnungslosigkeit sein, wie der Umgang mit jeder Art von Tod zeigt.

Es gibt hier eine Nicaraguanerin, Julietta, die zu jeder Meditationsklausur in Springwater kommt. Sie lebt jetzt in Miami. Während der Revolution hat sie die Sandinisten unterstützt, aber sie gehörte einer Familie von Großgrundbesitzern an. Ihr Land, sagt Julietta, ist von den Sandinisten nach der Revolution ziemlich heruntergewirtschaftet worden. Julietta hat in den Staaten studiert und kam auch nach der Revolution wieder hierher.

Sie sympathisiert zwar mit vielen Zielen der Revolution, aber bei den letzten Wahlen war sie trotzdem für Violeta Chamorro. Jetzt möchte sie nach Nicaragua zurück.

Wir sind gute Freundinnen geworden, Julietta und ich. Wir mochten uns gleich. Sie ist eine leidenschaftliche, warmherzige, energiegeladene und intelligente Frau, ungefähr so alt wie ich. Sie war wieder so ein Fall, wo ich alte Lieblingsideen aufgeben mußte. Ich hatte alle Nicaraguaner in Miami für *Gusanos* (»Würmer«) gehalten, wie sie hier genannt werden – reiche, kaltschnäuzige, habgierige Menschen wie George Bush und Ronald Reagan, Freunde des Diktators Somoza, die uns in San Francisco bei den Demonstrationen gegen Somoza mit Tomaten und faulen Eiern und Steinen beworfen hatten und auch nicht vor hinterhältigem Mord zurückschreckten. Die Nicaraguaner in Miami, das waren keine Leute, mit denen ich gern geredet oder Freundschaft geschlossen hätte. Aber da sind nun diese Exilkubaner und Nicaraguaner aus Miami und kommen zum Meditieren nach Springwater, und ich stelle fest, daß ich sie mag. Sie kommen vielleicht aus den oberen Gesellschaftsschichten, und ihre politischen Ansichten mögen in manchem anders sein als meine, aber sie sind nicht gar so anders, wie ich gedacht habe. Es sind sogar anteilnehmende, besorgte Menschen.

Wie leicht ich mich doch verschließe, wie leicht ich mich auf die einmal eingenommene Position versteife und dann nicht mehr bereit bin, sie zu hinterfragen, ja auch nur hinzuhören, wenn etwas ihr Widersprechendes gesagt wird. Natürlich sehe ich auch heute noch manches anders als Julietta, aber ich kann ihr doch wenigstens zuhören, ich kann mir ansehen, wie sie die Welt wahrnimmt, ich kann andere Standpunkte erwägen. In gewissem Sinne habe ich vielleicht noch nie so richtig hingehört.

Weshalb ist Meditation politische Arbeit der tiefsten Art? Weil sie uns ein paar Dinge fragwürdig machen kann – unser so sicher scheinendes Weltbild, unser Bild von anderen und von uns selbst.

Manchmal sagt jemand zu mir: Aber das ist doch bloß ein Head-Trip. Ja, ist es. Genau da fängt ja das ganze Problem an, im Kopf. Wie David Bohm so überdeutlich gezeigt hat, ist das Denken an der Gestaltung der Wirklichkeit beteiligt, ohne zu merken, daß es das tut. Es will sich als neutraler Beobachter einer eigenständigen, objektiven Wirklichkeit sehen und behauptet, es konstatiere nur die Fakten. Es konstruiert falsche Trennungen und falsche Einheiten und nimmt sie dann für bare Münze. Dann igelt es sich ein und läßt keinen Beweis seiner Fehlerhaftigkeit gelten. Es wird zur Gewohnheit und dann zur Sucht. Unsere heutige Welt ist sehr weitgehend ein Gebilde des Denkens. »The United States of America« – das ist ein reines Hirngespinst, und doch hat es eine ganz erstaunliche Festigkeit und Selbstverständlichkeit gewonnen, als existierte es tatsächlich.

Mir wird allmählich klar, daß Meditation von ganz entscheidender Bedeutung für den sozialen Wandel ist, vielleicht das einzige, was wirklich an die Wurzel der Probleme geht. Damit will ich nun nicht von allem politischen oder gesellschaftlichen Aktivismus abraten, sondern möchte nur zu Bedenken geben, daß Meditation an sich selbst Aktion sein könnte.

David Bohms Arbeit scheint Toni im Augenblick am

meisten zu interessieren. Als Physiker, der viele Gespräche mit Krishnamurti geführt hat, geht es ihm um eine wirklich gründliche Erforschung des Denkens. Gegenwärtig initiiert er Gruppengespräche, die über längere Zeit fortgesetzt werden und den Zweck haben, daß die Menschen einfach ohne vorgegebene Strukturen miteinander reden und einander zuhören können. Es gibt keine Gesprächsleiter und keine Themenlisten.

Im Verlauf solcher Gespräche zeigen sich dann »notwendige Annahmen« oder »nicht zur Disposition stehende Annahmen«, wie Bohm sie nennt. Es handelt sich dabei um Gedanken oder Ideen, an die wir glauben und die wir daher nicht in Frage stellen können. Wenn Sie mal überlegen, werden Sie sehen, daß solche Grundannahmen auch Ihnen nicht fremd sind. Vergegenwärtigen Sie sich zum Beispiel mal, wie Sie zum Abtreibungsrecht, zum Homosexuellenrecht, zu Palästina/Israel, Nicaragua, Todesstrafe, Suchtrehabilitation oder Gott stehen. Ein anderer Standpunkt als der eigene kann lebensbedrohend wirken. Hinter diesen Gesprächsgruppen steht nun der Gedanke, daß diese Grundannahmen durch das Miteinanderreden als solche erkennbar und damit hinterfragbar werden, wodurch sich die Positionen vielleicht ein wenig aufweichen lassen. So fällt Licht auf die Wege des Denkens und auf seine Verknüpfung mit dem Fühlen.

Für Bohm genügt individuelle Einsicht hier nicht, weil das Problem des Denkens das gesamte Gewebe der Gesellschaft durchzieht. Deshalb hält er das Gespräch in Gruppen ganz unterschiedlicher Menschen für so wichtig. Es geht vor allem anderen um das Zuhören. »Es gibt hier keinen Druck zur Übereinstimmung oder zur Wahrung der Gegensätze ... Wir sehen uns all die Grundannahmen an. Ich sehe mir deine Annahmen und meine Annahmen an. Sie sollen alle einstweilen gelten. Ich entscheide nicht, ob sie richtig oder falsch sind. Wenn ich meine für besser halte, dann darf das ruhig so sein – aber ich möchte trotzdem verstehen, was du meinst.«

Bohm spricht von der Teilhabe aller einzelnen an einem gemeinsamen Bedeutungszusammenhang, der sich im Laufe des Dialogs ständig wandelt. Das klingt irgendwie nach Springwater. Die Richtung kann sich immer wieder selbst neu bestimmen. Niemand ist ausgeschlossen. Wir setzen uns hier mit jedem zusammen, um über was auch immer zu sprechen. Was auch vorgebracht wird, Toni nimmt es ernst und läßt sich wirklich darauf ein. Nichts Festgelegtes oder Permanentes. Natürlich verfechten wir manchmal etwas und identifizieren uns zu sehr mit unseren Ideen und Vorlieben oder steigern uns in sie hinein, aber genau das wird dann unweigerlich betrachtet und aufgedeckt. Was einem anfangs als entnervend amorphes und ineffizientes Vorgehen erscheint, wird jetzt erkennbar als ein Sich-Entwickeln der Dinge von innen heraus, ohne alle Vorgaben.

Wirklich unvoreingenommenes Forschen ist nur möglich, wenn wir nicht glauben, irgendein System, eine Theorie, ein Ansatz könne die Wirklichkeit vollständig erklären. Die Wirklichkeit ist niemals »fertig«, wie Bohm sagt, und deshalb gibt es auch keine endgültige Erkenntnis. »Die wirklichkeitsgetreue Wahrnehmung eines Augenblicks muß nicht unbedingt auch für den nächsten gelten.« Notwendig ist also offenes Hinhören von Augenblick zu Augenblick, und diesem Hinhören dürfen keine Schlußfolgerungen im Wege stehen.

Endlos bemüht sich das Denken, die Dinge zu ordnen und darin Sicherheit zu finden. Es bedarf feinfühliger, hellhöriger Aufmerksamkeit, wenn man nicht in einem System oder bei einem bestimmten Bild landen will.

33

Heute haben sie mit einer großangelegten Küchenrenovierung angefangen, von der mir keiner etwas gesagt hatte, und mittags war die Küche einfach weg. Wir bauen eine Behelfsküche im Eßraum auf, und jemand bemerkt beim Essen sehr treffend, es habe etwas von gemeinsamer Mahlzeit in unserem ABC-Schutzraum. Ein schöner Schuß Aufruhr und Durcheinander, aber irgendwie auch diebisches Vergnügen, wie das bei Katastrophen manchmal so ist.

Heute hat es geschneit, in großen, wie ein weißes Tuch heranwirbelnden Flocken. Dann hörte es auf und wurde dunkel und melancholisch mit einem graupeldurchmischten leichten Regen. Ein Gefühl von Heimweh und Verlorenheit, und ich weiß nicht mehr, wo das ist, daheim. Etwas scheint sich geändert zu haben, ich bin eher in der Lage, all das einfach zu *sein*, ich möchte es nicht mehr so unbedingt loswerden – oder wenn dieser Wunsch da ist, dann wird er einfach als ein Wunsch unter anderen gesehen und nicht allzu ernst genommen. Manchmal wird das alles nur *gesehen* und nichts darüber hinaus. Kein Urteil, kein Persönlichnehmen, kein

Verlangen, besser zu sein, keine Kluft zwischen einem eingebildeten Ich und einem eingebildeten Zustand namens Erleuchtung. Zwanghafte Gedanken – wer möchte ich sein, was könnte ich tun, wohin könnte ich noch gehen? – scheinen zeitweilig kaum vorzukommen. Dann wieder überschwemmen sie mich.

Sie wollen hier eine Giftmülldeponie aufmachen. Soviel ist hier in der Gegend zu hören. Vielleicht ist Chamorro doch nicht ganz verkehrt da unten in Nicaragua. Wer weiß.

Vor der letzten Meditationswoche ist mir eine Freundin meiner Mutter (auch meine Freundin) im Traum erschienen. Brenda ist über neunzig Jahre alt, und in meinem Traum erschien sie mir wie die archetypische Alte Frau. Es waren viele Leute um uns, und sie erzählte mir etwas, aber ich war abgelenkt und hörte nicht genau zu.

Irgendwann sagte ich zu ihr: »Du meinst, das Dumme ist, daß wir nicht wirklich hier sind, präsent und aufmerksam im Augenblick?«

»Nein«, sagte sie, »das habe ich nicht gemeint.«

Ich fragte sie, was sie denn gemeint habe, und sie sagte: »Wir nehmen das alles so furchtbar *ernst*, Leben und Tod.«

Das war unser großer Fehler.

Wolken ziehen still über diesen so weiten Himmel. Es schneit, die Flocken wehen mir ins Gesicht und beim Einatmen in den Mund. Die Luft ist beißend kalt. Die Rohrkolben stehen wie eingeritzt vor dem zugefrorenen, überschneiten Teich. Beim Gehen knistert Eis unter meinen Stiefeln, gefrorenes Laub in Schichten. Bei Einbruch der Dunkelheit stoße ich am Waldrand auf Hirsche, die mich anstarren wie maskierte Götter von irgendwoher, und ich starre zurück, bis sie plötzlich in Richtung Wald fliehen und nur noch das Blitzen ihrer weißen Hinterteile zu sehen ist.

Als ich in der Morgendämmerung aufwache, tobt draußen der Wind, und von der Welt ist nichts zu sehen. Dann erkenne ich plötzlich ganz undeutlich kleine Windhosen aus wirbelndem Schnee, die übers Feld jagen, dann wieder nichts mehr.

Langsam weicht der Winter dem Frühling. Die Wanderdrosseln sind wieder da. Vom Teich her die ersten nächtlichen Strophen der Zirpfrösche.

Ich brauche diese heterosexuellen Männer, und sie brauchen mich. Irgendein lebenswichtiger Austausch geschieht da. Felix hat mich heute morgen in den Bibersumpf mitgenommen. Wir bahnten uns einen Weg durch das Gehölz, in dem der Nebel hing. Wir haben den Bau gesehen, die abgenagten Bäume. Wir gingen über Eis und durch Dornengestrüpp. Felix beugt sich herunter und schiebt mit den Fingern vorsichtig nasses Laub weg, um Moos und Holz an einem umgestürzten Baum zu untersuchen, und ich spüre ein plötzliches, lange nicht mehr empfundenes Verlangen, ihn zu berühren.

Am Abend saßen wir gemeinsam in der Badewanne, Dampf und leichter Chlorgeruch stiegen vom Wasser auf. Danach saß ich in meinem Zimmer am offenen Fenster und lauschte den Geräuschen der Nacht.

Ein wilder Blizzard überzieht noch einmal alles mit Schnee, als es eben so aussah, als wollte der Frühling sich endgültig durchsetzen. So viele der Dinge, die wichtig schienen, als ich hierher kam, wirken jetzt so belanglos. Meine Schlußfolgerungen sind jetzt auch nicht mehr gar so abschließend. Mein Herz rast nicht mehr, wenn Toni neben mir sitzt, und ich bemühe mich nicht mehr um perfekte Haltung, wenn sie bei der Meditation im Gehen mal hinter mir ist. Ich sehe sie immer noch in mancher Hinsicht als Lehrerin, aber es hat viel von seiner emotionalen Aufgeladenheit verloren. Der Unterschied zwischen uns, soviel sehe ich jetzt, liegt einzig im Denken. Es ist noch da, das Bild von Toni der Lehrerin und mir der Schülerin, aber es ist ohne Realität. Ich starre nicht mehr so sehr auf die Person Tonis oder Krishnamurtis, ich muß sie nicht mehr zerpflücken oder Mängel und Widersprüche suchen, sondern wende mich mehr dem eigentlichen Forschen zu, dem Schauen. Mehr wohlwollendes Einfühlungsvermögen für die Persönlichkeit der Menschen, für Toni und Krishnamurti als Menschen wie du und ich – kein Bedarf mehr an Schwarz oder Weiß.

Ich sitze im Meditationsraum, und draußen gleitet dieser riesenhafte orangerote Mond hinter den Hügeln hervor. Schnell in die Stiefel, und schon bin ich draußen und stapfe durch den Matsch den Hügel hinauf. Die Luft ist warm, aber es liegt immer noch Schnee. Überall das Glucksen des Tauwassers und der Geruch. Auf dem Teich liegt ein breiter Streifen Mondlicht. Felix und Roger haben hier letzte Woche einen gewaltigen Schneemann gebaut, dessen halb zerlaufene Gestalt noch in die Nacht ragt. Geräusche von Vögeln und Nachtgetier, am Himmel strahlend klar der Große Bär.

Wieder fängt eine lange Meditationsklausur an. Die Fresken in meinem Kopf, eins nach dem anderen, ziehen an mir vorbei. Ich würde jetzt wirklich gern im Bett liegen und mich wohlig entspannen und schlafen und mit jemandem schlafen und mich vollschlagen und lauter Menschen um mich haben, die mich anbeten, gern auch kniend. Aber da sich das nie ganz so einstellen will, habe ich mich halt auf Erleuchtung verlegt.

»Das klingt ja ziemlich ... fad«, sagt Toni und legt mir die Hände auf die Knie und lacht und lacht.

Auf der Suche nach dem Außergewöhnlichen entgeht uns das viel außergewöhnlichere Gewöhnliche.

34

Brauchen wir Selbstwertgefühl? Toni sagt, auf positive Bilder könne man sich so wenig verlassen wie auf negative. Sie sind vielleicht nicht mehr als Schmeichelei zum Zweck der Manipulation oder Projektion oder Wunschdenken, und wenn wir für Lob und Schmeichelei empfänglich sind, schlingen wir alles Gebotene nur gierig hinunter und wollen gleich wieder mehr.

Ich bin als Kind viel gelobt worden. Meine Eltern sagten, ich sei kreativ und intelligent. Das war natürlich herrlich, ganz sicher besser als heruntergemacht, ignoriert oder mißhandelt zu werden. Aber es schürte Erwartungen, Vorstellungen von dem, was ich werden sollte. Und das drängte mich weg von der Freude des einfach Tuns und Seins.

Ich weiß noch gut, wie meine Mutter mir manchmal einen Eimer Wasser und eine Malerbürste gab und ich dann stundenlang den Gehsteig »anstrich«. Es war herrlich, diese breiten Striche zu ziehen und den Zement unter dem Pinsel dunkel werden zu sehen. Es störte mich überhaupt nicht, daß mein Werk verdunsten würde, als wäre es nie da gewesen. Die Freude lag im Tun selbst. Aber als ich dann älter wurde, fing ich an, mich mit großen Künstlern zu vergleichen. Da kamen Gefühle von Unzulänglichkeit auf, und ich überlegte, ob ich überhaupt malen sollte, wenn ich kein Leonardo da Vinci war.

Toni erzählt, wie sie im Flugzeug mal einem kleinen Jungen auf der anderen Gangseite zugesehen hatte, der mit Bauklötzen spielte. Er ist vollkommen in sein Tun versunken, sagt sie, er baut und stapelt, bis sein Werk schließlich einstürzt. Seine Mutter langt einfach hin, hebt ihm die Bauklötze wieder auf und legt sie ihm aufs Tablett, und er fängt gleich wieder an. Die Mutter hebt ihm nur seine Bauklötze auf, wenn sie auf den Boden fallen, ansonsten beachtet sie ihn nicht weiter, weil sie mit ihrem zweiten Kind auf der anderen Seite zu tun hat. Diese Unaufdringlichkeit der Mutter, sagt Toni, ist für den Jungen ein großes Glück – ganz im Unterschied zu dem überschwenglichen Lob, mit dem wir unsere Kinder häufig bedenken, weil wir es für gut und förderlich halten. Wir sagen ihnen, wie großartig ihr Bauwerk sei, wie begabt sie selbst seien und daß sie eines Tages bestimmt mal ein großer Architekt werden würden. Nicht lange, und das Kind hat den Kopf voller Gedanken, was es sein oder mal werden soll, und fängt an, sein Tun auf solches Lob auszurichten, anstatt einfach bei der ursprünglichen Freude am Tun selbst zu bleiben. Was für ein Glück für diesen Jungen, schließt Toni, daß man ihn in Ruhe spielen ließ.

Wenn wir negative Bilder wirklich sehen und sie sich in diesem Sehen auflösen, dann genügt das. Da muß man nicht noch positive Bilder drüberkleben. Tun wir das aber, dann sehen und hören wir nicht mehr richtig hin, sondern schaffen ein neues Raster – jetzt ein »positives« anstelle des negativen. Jedes Raster ist eine aus Begriffen bestehende Ausgeburt des Denkens und immer aus der Vergangenheit hergeleitet. Aber was *bin* ich, jetzt? Wenn ich den negativen Gedanken nur sehe und er dadurch kraftlos wird und ich nichts Neues hinzufüge – was bin ich dann? Vielleicht unermeßlicher und wunderbarer als alles noch so Positive, das sich das Denken je ausmalen könnte.

Aber wir halten nie lange genug inne, um das herauszufinden. Wir hetzen herum, immer beschäftigt, immer auf der Flucht vor dem, was ist. Vielleicht fängt erst am Ende von all dem Ringen und Lärmen und Werden das wahrhaft Schöpferische an. Ich lese in einem Buch, daß jeder Kubikzentimeter leeren Raums mehr Energie in sich birgt als alle Materie des bekannten Universums. Wenn ich das weiterdenke, stoße ich auf etwas höchst Erstaunliches: Leerer Raum, Stille – da ist die Kraft.

Auf der oberen Wiese traf ich Paul und sagte ihm, ich wolle ständige Mitarbeiterin werden. Am nächsten Tag habe ich mich formgerecht beworben und wurde angenommen, und jetzt gehöre ich offiziell zur Belegschaft und bin keine freiwillige Mitarbeiterin mehr. Ich verrichte die gleiche Arbeit wie zuvor, erhalte aber ein kleines Salär und ein paar weitere Zuständigkeiten. Ich habe mich für ein Jahr verpflichtet, bis zum nächsten Frühjahr.

Anschließend fand ich im Teich einen Regenbogen und schnell ziehende Wolken und Erinnerungen an einen der ersten Zen-Vorträge, die ich gehört habe. Reb Anderson sagt: Das Geräusch der Lastwagen draußen auf der Straße sollte Ihnen soviel sagen wie meine Worte. Damals dachte ich: Merkwürdig, merkwürdig. Aber jetzt sind da nur die Frösche und das Hören. Ungeteiltes Lauschen. Alles – Leere.

35

Am späten Nachmittag erreicht mein Flugzeug Kalifornien, die Erde unter mir in goldenes Licht getaucht. Ich habe Urlaub und wohne im Berkeley Zen Center, meiner alten Heimat, im selben Appartement wie damals, und Mike Harryman, mein alter Zimmernachbar, ist auch noch da. Mike und ich haben uns in jener Zeit manchmal fürchterlich gestritten, aber gleichzeitig fühlten wir uns stark zueinander hingezogen. Er kann galletreibend arrogant und stur sein und im nächsten Augenblick von strahlender Offenheit – vielleicht ist das bei mir ganz genauso. Mike arbeitet bei der Bezirksstaatsanwaltschaft, was mich ziemlich stört, weil ich Strafverteidigung viel wichtiger finde; manchmal kommt mir sogar der Verdacht, daß er die Republikaner wählt. Die Wohnung gefällt mir sehr, gegen seinen Geschmack ist nichts einzuwenden. Ich lausche Bachs Cellosuiten und bade mich in den süßen Düften von Räucherwerk und Blumen. Auf dem Frühstückstisch am Morgen brennt eine hohe weiße Kerze.

Im Zen Center ist jetzt eine Tetraplegikerin im Rollstuhl, die regelmäßig zum Sitzen kommt. Ich freue mich, daß sie da ist, denn ich war eine von denen, die sich damals für die Ausstattung des Zendō (des Meditationsgebäudes) mit Rampen stark gemacht hatten; außerdem ist es schön, noch eine behinderte Frau da zu haben. Wie ich erfahre, ist sie Tänzerin und befaßt sich mit Kampfkünsten. Sie heißt Anne.

Mel mit seinem kahlen Kopf und den weißen Haarbüscheln, die ihm aus den Ohren gucken, hat beim Nachmittags-Dokusan (Begegnung unter vier Augen zwischen Lehrer und Schüler) etwas Strahlendes.

»Jetzt, wo ich hier bin, möchte ich am liebsten bleiben und nicht wieder nach Springwater zurück«, sage ich zu Mel. »Aber ich habe mich für ein Jahr verpflichtet.«

»Bleiben Sie bei dem, was Sie sich vorgenommen haben«, sagt er. »Lassen Sie um Ihre Intention herum alles entstehen und wieder verschwinden. Sie fällen Ihre Entscheidung, und dann bleiben Sie dabei; alle möglichen Dinge können sich dann einstellen – Phantasien von besseren, verlockenderen Möglichkeiten, der Wunsch wegzulaufen, das ganze Theater also –, und dann lassen Sie sich darauf ein und *sehen* es. Das ist Zen. Andernfalls erzeugen Sie nur einen Haufen Konfusion, für sich selbst und alle in Ihrer Umgebung.«

Ich erzähle ihm, daß ich gern wieder mit der Näharbeit an einem neuen Rakusu beginnen würde, diesem kleinen Ordinationsumhang, der als Zeichen für den Entschluß zum Zen-Pfad genommen wird, vielleicht so etwas wie ein Ehering.

Hitzige Auseinandersetzung mit Mike über die Frage, ob Crack-Süchtige und schwarze Kriminelle faule, bösartige Menschen sind, die sich für Destruktivität *entschieden* haben, während Mike, der die gleichen Schmerzen durchgemacht hat, sich für konstruktives Verhalten entscheidet; oder ob Menschen so schrecklich handeln, weil sie leiden und für sich selbst einfach keine andere Möglichkeit sehen können. Meine Erfahrung sagt mir, daß letzteres zutrifft. Mike sieht es so völlig anders. Was er sagt, klingt für mich so nach Onkel Harold, mit dem ich mich über solche Fragen mehrmals sehr heftig gestritten habe. Aber natürlich sind Mike und Onkel Harold genauso selbstverständlich das, was sie sind, genausosehr liebevoller und verständnisvoller Zuwendung bedürftig wie die Crack-Süchtigen und Kriminellen, die sie so unnachsichtig verurteilen. Ihr Leben hat ihnen ein anderes Wirklichkeitsbild vermittelt als mir.

»Ich bin jeden Tag auf dem Heimweg von der Schule von einer Bande schwarzer Jungen verprügelt worden«, sagt Mike. »Und jetzt haben sie Los Angeles verwüstet.«

»Vielleicht hatten sie keine Alternativen – oder konnten sie nicht sehen, falls es welche gab. Vielleicht haben auch eher die weißen Jungs Los Angeles verwüstet.«

»Quatsch. Es war ihre Entscheidung.«

Ich identifiziere mich mit den Schwarzen in Los Angeles und fühle mich durch Mikes Ansichten mitverurteilt. Denn sagt er nicht eigentlich, daß ich getrunken habe, weil ich halt ein Dumpfhirn bin, während er – mit dem gleichen Schmerz – ein erfolgreicher Anwalt und Zen-Schüler wurde? Ich sehe die Identifikationen ablaufen, ich sehe, wie das Ich sich runtergemacht, nicht gesehen, falsch verstanden fühlt, wie die Abwehrreaktionen in Gang kommen, die Verletztheit, die Wut. Ich fühle meinen Atem, höre den Wind, eine Autohupe. Ich sehe Mike als kleinen Jungen, wie er jeden Tag verprügelt wurde, wie unzählige Einflüsse ihn zu diesem Mann mit diesen Ansichten gemacht haben. Da ist der Streit zu Ende. Ich muß nicht Recht haben. In welcher Sache denn auch? Es geschieht ja hier nichts weiter, als daß Mikes alte Verletzungen und Prägungen mit meinen alten Verletzungen und Prägungen zusammenrasseln.

Ich fahre rüber nach San Francisco, um mir die Haare schneiden zu lassen. Während ich die Mission Street hinuntergehe, fällt mir auf, wie sehr hier alles verkommt. Alles voller Abfall und Müll. Die Polizei nimmt gerade ein paar Männer fest, Handschellen schnappen zu. Ein Obdachloser schläft auf einem Haufen Lumpen neben seinem Einkaufswagen, der ebenfalls voller Lumpen ist. Ein völlig heruntergekommener Säufer liegt besinnungslos einfach da. Uringeruch. Billige Hotels. Drogenverwüstete Gesichter. Die Stadt wirkt so fertig.

Und dann, nur ein paar Blocks weiter in einer Seitenstraße, die hübsche Wohnung meines Friseurs mit Ausblick auf Gärten. Ich kenne Jeff schon etliche Jahre. Im Laufe der Zeit habe ich auch seine Lebensgeschichte recht gut kennengelernt. Jeff ist homosexuell und war als Soldat in Vietnam. Er kam als Teenager hin, um für die Demokratie zu kämpfen, und hatte gefangene Vietkongsoldaten zu bewachen. Als er anfing, sich mit ihnen zu unterhalten, stellte er fest, daß er sie mochte. Da kamen ihm Zweifel an dem, was die Vereinigten Staaten in diesem Land taten. Schließlich wurde er Kriegsgegner. Jeff lebt und arbeitet seit fünfzehn Jahren in diesem winzigen Studio. Einen Wagen hat er nicht. Seine gestaffelte Preistafel für Haarschnitte reicht von zwölf bis zwanzig Dollar. Er ist immer guter Laune. Ich glaube nicht, daß er große Ideen vom erleuchteten Leben hat – er lebt es einfach. Ich habe ihn im Laufe der Jahre immer wieder mal bei Demonstrationen für Frieden und Gerechtigkeit gesehen. Er ist immer freundlich.

Der Mann, der vor mir dran war, hatte AIDS und war offensichtlich sehr krank. Es dürfte sein letzter Haarschnitt gewesen sein. Er wollte dann gehen, brach aber im Eingangsraum des Gebäudes zusammen, und Jeff trug ihn zurück in seine Wohnung, legte ihn aufs Bett und deckte ihn zu. Dann schnitt er mir die Haare.

Ich treffe mich zum Essen mit Frank, meinem Freund dem Koch, der in den Westen gekommen war, um Zwiebeln zu schneiden. Anschließend sitzen wir in meinem Wagen und sehen einander in die Augen, ohne den Blick abzuwenden. Eine Begegnung, die keinem Muster folgt. Nicht die Anbahnung sexueller Intimität. Ein Zusammensein ohne Sprache, ohne Grenzen. Ich spüre etwas wie Furcht im ganzen Körper. Franks Gesicht ist so lebendig. Ich weiß nicht mehr, wer er ist. Ich spüre das Beherrschenwollen von mir abfallen, schichtweise, all das Bemühen, etwas anderes zu sein, etwas anderes als dieser verletzliche, offene, pulsierende Organismus. All die Versuche, diese Lebendigkeit zu beherrschen, zu verstecken, zu kaschieren, anders zu sein, als wir wirklich sind, etwas anderes als das bloße Zittern dieses Augenblicks.

Jetzt hält Frank das Ende meines Arms in seinen Händen, und ich ersticke fast vor Angst, aber seine Hände sind warm und gut, und ich kann loslassen. Seine linke Wange leuchtet im roten Licht einer Neonreklame rhythmisch auf. Wir sind ein Wesen, voller Furcht und Getrenntheit, aber auch voller Liebe. Der Blick in Franks Augen sagt mir, daß nichts so fest gefügt ist.

Der Wind weht durch die Bäume. Licht gleitet über die Autos hin. Etwas klingt in meinen Wangenknochen. Meine Hand beginnt zu summen. Mein Arm singt.

36

Anne North, die Tetraplegikerin im Zen Center, lädt mich zum Frühstück ein. Sie ist sehr schön und außerdem lesbisch. Wir sprechen über all das, was uns so zum Thema »Behinderung« entgegengebracht wird. Wenn man uns beispielsweise Sachen sagt wie: »Ich sehe Sie überhaupt nicht als behindert.« Wir verdrehen die Augen und lachen.

Sie töpfert, wunderbare asymmetrische Formen voller kleiner Dellen und Fehler, vollendet schön und sinnlich und irgendwie sehr erotisch. Die Schönheit liegt in den »Fehlern«. Ich spüre eine tiefe Übereinstimmung zwischen uns. So vieles teilt sich augenblicklich mit, ohne daß wir darüber sprechen müssen. Sie bezeichnet sich als Krüppel. Das gefällt mir. »Krüppel« ist ein negatives Wort. Wenn wir es benutzen, ist das so eine Art Aikido-Wendung, die aus der schlimmsten Beschimpfung etwas macht, was wir mit Stolz tragen können. Die Strategie besteht darin, daß man sich in das Gefürchtete (Hexe, Biest, Lesbe, alte Jungfer, Nigger, Schwuchtel, Weibsstück und so weiter) hineinläßt und es sich zu eigen macht. Du siehst es dir an, du trägst es, du sprichst es aus, du kostest es, du kaust es, du verdaust es, und indem du all das tust, verliert es seinen Stachel. Es wird ein nichtssagender Aufkleber.

Anne ist in Idaho aufgewachsen und war Bergsteigerin – bis sie abstürzte. Sie ist eine reizende, kluge Frau von Ende zwanzig mit wildem kastanienbraunem Haar in stiebenden kleinen Löckchen und dem traumhaft schönen Gesicht eines Filmstars. Sie macht Karate und tanzt in ihrem elektrischen Rollstuhl. Sie gehört einem professionellen Tanzensemble an, das Tourneen durch die Vereinigten Staaten und Europa absolviert. Sie tut genau das, was man bei einer Tetraplegikerin zuallerletzt vermuten würde: tanzen. Und sie hat Erfolg. Anne lebt allein, sitzt im Zen Center, töpfert diese wunderbar erotischen Objekte, gärtnert, trocknet Blumen und fegt in ihrem Rollstuhl wie der Wind umher.

»Ich wollte Tänzerin werden«, erzählt sie mir. »Ich dachte mir, das wird wohl nichts. Schließlich bin ich Tetraplegikerin, nicht?« Ihre Augen funkeln über den Rand ihrer Teetasse. »Aber dann dachte ich, warum eigentlich nicht?«

Was für eine Freude, bei ihr zu sein und verstanden zu werden!

»Wie ich das hasse, ein Scheiß-Krüppel zu sein!« sagt sie, als ich gehen will. Unsere Blicke treffen sich, und wir lachen verständnisinnig.

37

Toni kommt zu ihrer jährlichen Meditationsklausur in Kalifornien, die von meinem Freund Frank und mir koordiniert wird. Das ist eine interessante Arbeit, bei der man zwischen zwei Welten die Balance zu halten hat: der Welt der Arbeit (reden, tun, nachdenken) und der Welt der Meditation (schweigen, reines Sein, lauschen). Man muß sich zwischen diesen beiden Welten hin und her bewegen können. Man kommt am Vormittag nach Tonis Vortrag aus dem Sitzraum und möchte einfach in der Stille bleiben und das Gehörte sich entfalten lassen, und statt dessen reicht einem jemand einen Zettel, auf dem steht, daß er allergisch gegen die Bettdecke ist, daß das Klo verstopft ist, daß er oder sie Borreliose zu haben meint oder sich grad den Knöchel gebrochen hat – und damit muß man sich dann befassen.

Frank und ich verwickeln uns in allerlei Machtkämpfe. Unsere Vorstellungen, was die Koordination angeht, stimmen nicht überein. Es gibt Verärgerung, Gereiztheit, Frustration, und einmal kommt es zu einem Riesenkrach, wenn auch flüsternd. Ich sehe, wie ich die Leute unter Kontrolle halten und zurechtweisen möchte, wenn sie sich nicht so benehmen, wie ich es für richtig halte. Mich verfolgt die Angst, daß alles drunter und drüber gehen wird, wenn ich nicht überall eingreife.

Ich komme in ein Zimmer und sehe die Leute überall schlafend herumlümmeln oder Bücher lesen, eine Frau schreibt sogar Briefe, und ich reagiere wie ein calvinistischer Pastor. Ich würde diese Leute gern Mores lehren. Aber Toni läßt das alles geschehen.

Ich sehe, wie dieses zwanghafte Job-Bewußtsein, der Drang, kurzen Prozeß zu machen, wieder mal von mir Besitz ergreift.

»Gehen Sie vom Gas«, sagt Toni zu mir.

All das wie gesagt mitten in einer Meditationswoche, so daß man immer wieder in die Stille zurückkommt, Tonis Vorträge hört und schließlich eher meditativ mit all diesen Dingen umgeht. Ich sehe, daß das nicht *mein* Kram ist und ich keinen Grund habe, mich wegen irgendetwas zu schämen oder Schuldgefühle zu haben. Es ist unser kollektiver menschlicher Kram, der sich hier manifestiert. Ihn einfach zu sehen, ohne Urteil, hat seine ganz eigene Wirkung.

Dann ist die Woche um, und ich komme nach Hause zu Mike. Sein Gesicht so offen und ungeschützt. »Es ist alles leer, alles vorgespiegelt, wir sind einfach Wind«, sagt er. »Wenn wir wüßten, wieviel Freiheit wir haben, würden wir durchdrehen.«

38

Am nächsten Tag esse ich mit einer Zen-Priesterin namens Wayu zu Mittag, die jetzt im Zentrum lebt. Ihr Kopf ist kahlgeschoren und bietet mit den androgynen Zügen ihres Gesichts einen beeindruckenden Anblick. Sie sagt, wir sollten uns zugestehen, die religiöse Seite des Zen zu *genießen*, die Rituale und Formen und Glaubensinhalte. Dadurch erst, sagt sie, kommen Herzenswärme und ein künstlerischer Aspekt (das Nicht-Festgelegte, das Geheimnisvolle, die Anbetung) ins Spiel, unser intuitives Vermögen, das ganz andere Wege nehmen kann als die Rationalität. Liturgie sei Poesie, nicht zu verstehen und nicht zu erklären – und nicht erklärungsbedürftig.

Sie sagt auch: »Im Devotionalen ist erotische Energie am Werk.«

Ein faszinierender Gedanke, sogar ein erotischer Gedanke, der mich ganz leicht erregt. Er erinnert mich an etwas, das Thomas Merton einmal gesagt hat. Er sprach über die Freude beim Zelebrieren der Messe. »Das Paternoster zu sprechen ist, als schwämme man im Herzen der Sonne.« Ritual ist ein Liebeslied an Gott, etwas, worin man selbst tiefe, erfüllende Freude findet. Ich sehe mich schon im nächsten Frühjahr nach Kalifornien zurückkehren und im Zen Center leben und Priesterin werden, um im Herzen der Sonne zu schwimmen.

Mikes Rasierapparat schnarrt über den Flur. Vögel singen. Ich trinke Morning Thunder Tea. Dann gibt es Streit. Er sagt, ich wolle »immer nur haben« und sei »fordernd« und »immer dagegen«. Und dann will er nichts weiter darüber sagen. Ich finde seine Beschuldigungen ungerecht. Ich *weiß*, daß sie nicht zutreffen. Ich kann es nicht fassen, wie er mir so etwas an den Kopf werfen kann, um dann jede weitere Erörterung abzulehnen. Ich versuche nett zu sein, damit alles wieder gut ist. Aber tatsächlich bin ich wütend und verletzt. Und natürlich brauche ich immer etwas. Und bin fordernd. Und immer dagegen.

Kein weiteres Wort von ihm. Kein Ausweg, außer nach innen.

Den Tag über putze ich seine Wohnung – Fenster, Altäre, Bad, Teppiche. Ich denke daran, wie oft er seinen Fernseher dröhnen ließ, wenn ich schlafen wollte. Wie oft er mir Vorträge gehalten und sich als mein Lehrer aufgespielt hat. Ich denke auch an den Abend, an dem er sagte, er würde gern mit mir schlafen (ich hatte selbst daran gedacht, sagte aber nein). Und ich empöre mich über seine Weigerung, seinen eigenen Anteil an all dem zur Kenntnis zu nehmen. Ich bin wütend und fühle mich im Recht, ich arbeite an meiner Verteidigung, sammle meine Argumente, meine Rechtfertigungen, meine Beschwerden und spreche ihm das Urteil.

Meine Freundin Elaine möchte im Restaurant beim Essen mit mir streiten. Ich mag das nicht in der Öffentlichkeit. Ich versuche zu glätten, zu beschwichtigen. Elaine sagt, sie könne mir nicht trauen.

Bei all diesem Wogen bleiben, es sehen, zusehen, wie das Denken läuft, wie dann die Körperempfindungen folgen, die wir Emotionen nennen – und dann immer weitere Gedanken.

Und am Abend sagt Mike mir, wie wunderbar ich sei, und er hat sein schönstes, strahlendes Buddha-Lächeln und nimmt mich in die Arme. Da kann alles losgelassen werden. Nichts bleibt.

Am Abend vor meiner Abreise nach Springwater sah ich Anne North tanzen. Ihre weiten, schwungvollen, lyrischen Bögen über die Bühne – atemberaubend.

Laß mich hören Freude und Wonne, daß die Gebeine fröhlich werden, die du zerschlagen hast.

PSALM 51

39

Die Juni-Meditationstage gingen vor ein paar Stunden zu Ende, leichter Regen. Ich komme in mein Zimmer, um mit meinen Worten allein zu sein, diesen Gebetsperlen, an denen ich mich im Dunkeln entlangtaste. Draußen verfärbt sich der Himmel bläulichrosa, dann blau.

Wie es diesmal war? Immer wenn ich der Erleuchtung ganz nahe war, kam unweigerlich eine Mücke. Oder eine Bremse. Einmal beim Teich war ich so nah dran (an der Erleuchtung, nicht am Wasser) – und dann hörte ich es, dieses leise Sirren.

Ich war Frühstücksköchin. Der beste aller möglichen Jobs, halleluja. Um halb vier aufstehen und in der Küche werkeln. »Der Mund eines Mönchs ist wie ein Backofen«, lese ich irgendwo. »In der Nacht unserer technologischen Barbarei«, sagt Merton, »müssen Mönche wie Bäume sein, die stumm im Dunkeln stehen und die Luft reinigen.«

Er sagt auch, daß Mönche »bewußt unbedeutend« sind.

Der Frühling kommt mit aller Macht. Überschäumende Fülle. Himmel voller Donner. Alles ist feucht und grün, und kleine orangerote Schmetterlinge trinken an den Blüten, mit denen die Wiesen übersät sind. Es herrscht eine fast tropische Luftfeuchtigkeit. Huschende, dunkle Windmuster laufen über den Teich. Abends ist alles voller Glühwürmchen, Abermillionen wandernder Lichtpunkte, mal an, mal aus.

Ich hatte die Vorstellung, daß Felix und ich nach meiner Rückkehr aus Kalifornien ein Liebespaar sein würden. Unsere Beziehung schien sich in diese Richtung zu entwickeln, wir hatten sogar schon darüber gesprochen. Wie ich dann aber erfuhr, hatte er sich inzwischen mit einer Frau aus Rochester zusammengetan, und das war jetzt seine Geliebte. Ich war enttäuscht und vielleicht auch ein wenig erleichtert. Ich spüre, daß solch eine Beziehung eigentlich nicht das ist, was ich im Moment am meisten brauche oder mir wünsche.

»Berühren Sie die Traurigkeit«, sagt Toni. So selten tun wir das. Wir haben Angst davor. Gedanken kommen und mit ihnen eine uralte Traurigkeit und die Angst, darin zu ertrinken, und nie wieder an die Oberfläche zu kommen. Ich nage an einem meiner Finger.

Ich habe den Kopf voll mit der imaginären Alternative zwischen Zen und Toni, zwischen Springwater und Kalifornien. Was ich im nächsten April machen soll. Wohin ich gehen soll. Wer ich werden soll. Das alte Gleis, auf dem das Denken mit solcher Begeisterung fährt.

Manchmal sehne ich mich nach etwas anderem als Aufmerksamkeit – erotische Hingabe, mystische Schönheit, Räucherwerk und gregorianische Choräle. Ein neues Bild taucht auf: ich als katholische Eremitin. Jemand erzählt mir von einem katholischen Kloster in Colorado, wo Männer und Frauen jeder für sich in Kontemplation, aber doch in ein und derselben Gemeinschaft leben. Genau das, was ich suche. Erste Pläne für einen Trip nach Colorado.

Ich habe mich schon immer zum Katholizismus hingezogen gefühlt. Natürlich verabscheue ich die patriarchalische römische Institution dieses Namens mitsamt ihrem ultrakonservativen Papsttum, ihrer obszönen Prunksucht, ihrem engstirnigen Moralismus, ihrer ablehnenden Haltung gegenüber Homosexualität, Geburtenkontrolle, Frauenordination und so weiter und so weiter. Die Institution bietet wahrlich ein verheerendes

Bild, ungefähr das Schlimmste, was ich mir vorstellen kann. Aber neben all dem finde ich doch etwas, was mich anzieht; vielleicht schließt es all das auch ein, so daß Gott nicht jenseits des Menschlichen mit all seiner Korruptheit, Scheinheiligkeit und Gier zu suchen ist, sondern mitten darin.

Ich mag die überladenen Kruzifixe, die Kerzen, die Beschwörungen, das urtümlich Geheimnisvolle der Messe in ihrer dunklen, sinnlichen Tiefe – dieses ganze so gemischte Fest von Leben und Tod. Der Katholizismus ist ähnlich dem Hinduismus eine Welt, in der grelle Geschmacklosigkeit und das Heilige sich untrennbar mischen. Toni ist da mehr wie eine Unitarierin und Wissenschaftlerin. Als sie noch im Zen-Center lehrte, wollte sie, daß auf Englisch rezitiert wurde, damit man die Texte »verstand«, und später ließ sie die Rezitationen ganz weg.

Ich erzähle Felix von meinem Faible für katholischen Monastizismus.

Er sieht mich ratlos an. »Weshalb möchtest du denn deine Kräfte ausgerechnet in eine Institution wie die katholische Kirche stecken?« fragt er.

»Weil der Katholizismus etwas hat, was mich anspricht«, erkläre ich ihm. »Eine bestimmte Wahrheit.«

»Welche?«

»Es hat mit Liebe und Herz zu tun«, sage ich. »Sogar ihr Gehorsamsgelübde hat etwas Wahres, das mir gefällt: loslassen von *meinen* Ideen und *meinen* Überzeugungen.«

»Aber wozu dann katholisch sein?« bohrt er weiter. »Warum nicht einfach die Liebe und das Herz und das Loslassen?«

In der Tat. Warum eigentlich nicht? Wie ich mal vor Jahren in einem Zen-Buch las: Wenn du meinst, daß du mit einem neuen Auto glücklicher wärst, dann laß doch das Auto weg und sei einfach glücklicher. Oder Mels Frage an mich, bei einem Dokusan vor langer, langer Zeit: »Suchen Sie nach etwas *Wirklichem* oder nach einer Substanz?« Ich gestand, daß ich immer noch hoffte, die richtige Substanz zu finden, und wir lachten und lachten über meinen Wahn.

40

> Was Sie im Zazen tun, geschieht
> nicht zu irgendeinem Zweck ...
> Es stillt Ihr innerstes Verlangen.
> Solange Sie aber meinen,
> Sie übten Zazen zu
> irgendeinem Zweck, ist das
> noch nicht wahres Üben.
> *Shunryū Suzuki Rōshi*

Ein kleines geflecktes Hirschkalb läuft im Wald auf mich zu und drückt mir seine Nase ans Bein. Der Gesang des Sumpfhordenvogels erfüllt die Luft. Bienen poltern an die Scheibe, während ich schreibe. Bei allen Mängeln – hier *ist* eine Wahrheit, etwas Offenes und Einfaches, das mir mehr wert ist als alles andere. Wie bin ich nur auf den Gedanken verfallen, Zen-Priesterin oder katholische Nonne werden zu wollen? Ist doch absurd.

Manchmal während der Meditationstage frage ich mich: Wie sind wir alle hierher gekommen? Toni, die das nationalsozialistische Deutschland und seine brennenden Städte verließ, um hier in dieser Stille zu landen. Schrillender Froschgesang. Weiße Nachtfalter im Mondlicht. Jetzt prasseln Hagelkörner, sehr dicke, an die Fensterscheibe. Draußen ist es fast ganz dunkel.

Ich lese Rupert Sheldrake, einen radikalen Biologen, der die Muster der Natur eher als Gewohnheiten denn als Ausdruck zeitloser Gesetze sieht. Einer seiner zentralen Gedanken sieht so aus: Wenn einige Angehörige irgendeiner Spezies etwas Neues lernen, ist aufgrund eines Phänomens, das er morphische Resonanz nennt, zu erwarten, daß die Fähigkeit, dieses Neue zu lernen, bei anderen Angehörigen dieser Art überall auf der Welt zunimmt. Etwas Ähnliches war vor Jahren in einem Buch mit dem Titel *Der hundertste Affe* zu lesen. Es ging da um Forschungen an Affen auf irgendeiner Insel. Wenn man einer bestimmten Anzahl von Affen ein neues Verhalten beigebracht hatte, dann gehörte es plötzlich zum Repertoire *sämtlicher* Affen dieser Art, und nicht nur in dieser einen Population, sondern sogar auf anderen Inseln, zu denen kein Kontakt bestand. Es war, als würde irgendein Bewußtseinsfeld plötzlich geändert, wenn der hundertste Affe begriffen hatte, und sobald das geschehen war, ging die Information auf jedes Exemplar über, das unter den Einfluß dieses Feldes kam.

Solche Theorien, wenn sie denn stimmen, haben natürlich interessante Implikationen, wenn man etwa an Meditation denkt. Es könnte ja sein, daß Meditation für die Frage des sozialen Wandels von Belang ist, denn jeder von uns könnte der »hundertste« Meditierende sein. Wenn immer mehr Menschen wirklich wach werden, könnte es einen Schwellenwert geben, bei dem ein Paradigmenwechsel zu einer neuen, ganzheitlicheren Seinsweise einsetzt, wo die Abläufe des Denkens durchschaut werden und man es nicht mehr mit der Realität verwechselt. Das würde die Lage, in der sich die Welt befindet, völlig verändern.

Solch ein Gedanke gibt einem Meditierenden natürlich großen Auftrieb. Hier in Springwater wird jeder Versuch, das reine, auf nichts festgelegte Lauschen in einen Zweck umzumünzen, sichtbar gemacht und hinterfragt. Radikale Subtraktion habe ich das genannt. Das Auflösen aller Ideen, bis am Ende nichts mehr da ist als das Lauschen selbst.

»Sehen, wie der menschliche Geist funktioniert« – das kann ein gewaltiges Projekt werden und vielleicht eine grandiose Illusion. Ich habe mich in meinem Leben zu oft als Mitglied der Bewußtseins-Avantgarde gesehen, um nicht argwöhnisch zu werden, wenn ich mich wieder mal an solch einem Bild malen sehe. Was das Meditieren angeht, tappe ich manchmal noch in die Falle mir einzubilden, ich sei hier auf einem besseren Weg als andere, und dann überkommt mich eine Art missionarischer Eifer. Das hat mit offenem Lauschen zweifellos nichts zu tun. Das Ich steht immer noch im Zentrum, nur daß es sich jetzt mit einem »spirituellen« Projekt identifiziert, wie ich mich früher mit meinen politischen Ideologien identifiziert habe. Das Anliegen wird eine Art Fortsatz des Ich und ist dann nicht mehr lebendiger Prozeß, sondern Glaubenssystem – und der Glaube wird wichtiger als echte Beziehung und echtes Hinhören. Mir sind all diese ach so drängenden Impulse, die Welt zu retten, verdächtig geworden. Wer weiß denn, wohin es geht und was als nächstes passieren muß? Was für eine Anmaßung: die Welt retten! Andererseits, wer könnte sich achselzuckend abwenden?

Früher oder später wird die Welt brennen, und alle Dinge in ihr werden auch verbrennen – die Bücher und die Einsiedelei zusammen mit dem Bordell ... Früher oder später wird alles ein Raub der Flammen und niemand wird übrig bleiben – denn bis dahin wird der letzte Mensch im Universum die Bombe entdeckt haben, die das Universum zerstören kann, und er wird sich vergeblich gegen die Versuchung gewehrt haben, das Ding zu werfen und ein Ende zu machen.
Und hier sitze ich und schreibe ein Tagebuch.
Doch die Liebe lacht am Ende der Welt ...

THOMAS MERTON

41

Heute kam doch wieder der Gedanke, zum Zen zurückzukehren und die Ordination zur Priesterin anzustreben. Gemeint ist damit: Okay, ich werde mich nicht vom Fleck rühren, ich werde das Ich auf das Ich zurückverweisen, ich werde nicht ausweichen, ich werde aufhören zu träumen und mir ansehen, was genau das hier ist. Das Ende der Reiseträume. Das Gelöbnis standzuhalten, endlich abgelegt. Aber warum auf morgen warten, um das zu tun; warum irgendwo anders? Warum nicht eben jetzt, eben hier, in diesem Augenblick?

All dies Denken und Phantasieren ist Hirngespinst, endloses Aufschieben.

»Intelligentes Üben dreht sich immer nur um dieses eine: die Furcht ganz am Grund menschlicher Existenz, die Furcht, daß *ich nicht bin*«, schreibt Joko in ihrem

Buch *Zen im Alltag*. Und: »Furcht nimmt die Form des ständigen Denkens, Spekulierens, Analysierens, Phantasierens an. Mit all dem schaffen wir eine Nebelwand, hinter der wir uns bei unserer sogenannten Praxis sicher fühlen können.«

Suzuki Rōshi sagt: »Eine Zeit namens ›heute nachmittag‹ oder ›ein Uhr‹ oder ›zwei Uhr‹ – so etwas gibt es nicht. Um ein Uhr werden Sie zu Mittag essen. Zu Mittag essen, das *ist* dann ein Uhr. Sie werden irgendwo sein, aber dieser Ort ist nicht von ein Uhr zu trennen. Für jemanden, der unser Leben wirklich zu schätzen weiß, sind sie ein und dasselbe. Aber wenn unser Leben uns zu mühsam erscheint, sagen wir vielleicht: ›Ich hätte nicht hierher kommen sollen. Es wäre vielleicht viel besser gewesen, irgendwo anders zu essen. Das hier ist nicht so gut.‹ In Ihrem Geist erzeugen Sie so die Vorstellung eines Ortes, der von der aktuellen Zeit getrennt ist.«

Gespräch mit Paul in der dichter werdenden Dunkelheit. Daß Toni so schwer zu verkraften ist, weil sie so gar nichts bietet. Wir sprechen über Selbsttäuschung und Habenwollen – etwas von Toni haben wollen, sie als Lehrerin haben wollen. Ein großer, unfaßbarer Wind rauscht durch die Bäume, und später gehe ich zum Teich hinauf und schaue den Mond und das Wasser und die Dunkelheit.

Ich träume, daß ich eben dabei bin, eine Wohnung in Kalifornien zu mieten, die ich nicht haben will. Es führt eine enge, ziemlich halsbrecherisch wirkende Treppe zu ihr hinauf, die aus irgendeinem Grund besonders schwer zu bewältigen ist, wenn man nur einen Arm hat. Zweierlei fällt mir auf: Die Bude ist nicht besonders erdbebensicher und bietet keine freie Aussicht. Über dem plötzlich deckenlosen Zimmer erkenne ich ein Trapez und Menschen, die durch den leeren Raum fliegen. Die lange Schaukel kommt mir sehr hoch und gefährlich vor und hat für mich etwas Erschreckendes. Auf der möchte ich nicht sein. Sie ist an nichts befestigt.

42

Ich sehne mich nach mehr Disziplin hier. Weniger Schlamperei. Mehr Stille. Manchmal möchte ich buchstäblich weglaufen, mich in ein Flugzeug setzen und abhauen. Was ich hier als Desorganisation und Naivität erlebe, geht mir an die Nieren – wie Toni jeden um seine Meinung zu absolut allem fragt und alles so ernst nimmt; die allgemeine Leugnung dessen, was ich hier als die Parteilinie sehe; dann auch die Hitze, das ewig unfertige Gebäude, das zeitweilige Aneinander-Vorbeileben, das Fehlen wirklicher Nähe und emotionaler Offenheit, wie ich sie im Umgang mit meinen Freunden in Kalifornien erlebt hatte.

Wayu hat mal zu mir gesagt, der Unterschied zwischen einem Kloster und einem anderen sei kein anderer als der zwischen dem Traum der vorigen Nacht und dem der vorvorigen. Eine Zeile aus Dogens *Genjokoan* rüttelt mich wach: »Vortreten und die zehntausend Dinge erleben, das ist Verblendung. Daß die zehntausend Dinge hervortreten und sich selbst erleben, das ist Erleuchtung.«

Es ist wie das Zurechtstopfen des Kissens mitten in

der Nacht. Die Hand, die nach dem Kissen greift, spricht lauter, als Worte oder erklärte Absichten es je könnten. Das Kissen, nach dem ich griff, ist Springwater, aber meine Gedanken sind voll von allen nur erdenklichen anderen Orten.

Überall im Haus erscheinen zarte Blumenarrangements. Felix sammelt im Wald Pfifferlinge und kocht uns daraus etwas zu Mittag. Auf dem Waldboden sieht man orangerote Wassermolche. In der Dämmerung höre ich mir mit Paul eine Aufnahme von Harry Belafonte an und das Zuhören ist wie Beten. Bis in die Nacht hinein unterhalte ich mich in der Küche mit Felix. Alles fühlt sich danach so still an.

In der Stille des frühen Morgens – ein Wind geht und die Krähen krächzen – wache ich auf, weich und froh, daß ich lebe. Es ist eine große Liebe in der Welt, soviel Zärtlichkeit und Schönheit, trotz all der Schrecken, trotz Gier und Haß. Daß wir die Qualen überstehen und weitermachen können. Hier sehen wir uns an, wie all das in unserem eigenen Geist wurzelt, und wenn ich es sehe, muß ich wirklich staunen, daß die Welt sich noch nicht in die Luft gesprengt hat. Aber da sind wir immer noch. Wieder ein Tag Leben!

43

Mit »heiß« wäre auch nicht andeutungsweise beschrieben, wie mir ist. Ich staune, daß ich tatsächlich noch atmen kann. Die Brillengläser beschlagen. Meine Hand klebt am Papier fest, während ich schreibe. Dann plötzlich ein Wolkenbruch und großes Gerenne: Fenster schließen und Pfützen aufwischen. Ich bin völlig durchnäßt. Es blitzt und donnert, und die Erde kann den Regen kaum aufnehmen.

Aus dem Sitzraum werden die Kissen entfernt, aber natürlich kann jeder eins mit hineinnehmen, wenn er möchte; wir möchten nur den Eindruck vermeiden, daß Kissen irgendwie gemäßer oder korrekter sind als Stühle. Toni schlug vor, daß während der Meditationstage auch andere Vorträge halten und daß neben den Vier-Augen-Gesprächen auch Gruppenzusammenkünfte stattfinden sollten. Nächstes Jahr soll es eine Meditationsklausur mit Toni als Teilnehmerin geben. Sie wird dann keine Vorträge halten und keine Gespräche führen. Jeder, der einen Vortrag halten möchte, kann sich in eine Liste eintragen, und jeden Tag wird eine Gruppendiskussion stattfinden. Der Gesprächsraum steht jedem zur Verfügung, der sich mit irgendeinem anderen treffen möchte, und die Sitzzeiten folgen keinem Zeitplan. Außerdem werden zwei Meditationswochen pro Jahr ganz ohne sie stattfinden.

Dunstsäulen ziehen durchs Tal, und dann reißt der Himmel auf und gibt blaßblaues Licht frei. Erst liegt ein rötlicher Schimmer über der Welt, dann tiefrotes Glosen. Flammend wehen die Wolken über den Teich.

Ein eintägiges Sitzen bei Regen. Den ganzen Tag diesen nassen, sauberen Lauten gelauscht. Soviel zarte Feinheit. Was ist eigentlich angesichts des Todes wirklich wichtig im Leben? Freundlichkeit. Liebe. Die Geräusche des Regens genießen.

44

Ich bin die ganze Woche ziemlich außer mir gewesen. Es fing damit an, daß ich von den katholischen Eremiten in Colorado die Tonbandkassetten bekam, die ich bestellt hatte. Ich hatte nämlich wieder Nonnenphantasien gehabt. Als ich mir die Bänder anhörte, bekam ich den Eindruck, daß diese Leute ganz auf der Papst- und Ratzinger-Seite stehen – gegen Abtreibung, gegen Homosexualität, gegen Feminismus, gegen vorehelichen Geschlechtsverkehr. Da kamen die ganzen alten Gefühle wieder hoch, gehaßt und verdammt zu sein, weil ich lesbisch bin – der Schmerz aus der Zeit, als ich zu trinken anfing.

Aus der Traum. In einem schwulenfeindlichen und antifeministischen Umfeld kann ich ganz bestimmt nicht leben. Wieder eine geplatzte Seifenblase. Wieder mal bleibt nichts als das Präsens und der Ort, an dem ich gerade bin.

Toni sagt, dieser Hang zu Systemen, zu einem Pfad wie Katholizismus oder Zen, sei der Versuch, all das vom Denken erzeugte Unbehagen – die Gefühle von Einsamkeit, Traurigkeit, Ungewißheit und Unvollständigkeit – und zugleich die Furcht vor dieser unfaßbaren unkontrollierbaren offenen Weite loszuwerden. Das ganze Verlangen nach Wegen sei nichts als der Wunsch, irgend etwas Dämpfendes oder Betäubendes über den Schmerz zu breiten. Es ist eine Sucht, ein Wahn.

Ich sehe heute viel deutlicher als früher, daß es wirklich so ist. Aber ich *möchte* so gern ein System, einen Weg. Hier in Springwater gibt es wirklich nichts und niemanden und keine Idee, woran man sich festhalten könnte. »Das ist wahre Armut«, sagt Toni. »Klösterliche Armut ist einfach noch mehr Reichtum.«

Es geschieht hier wirklich etwas Besonderes. Was wir tun, fühlt sich so ganz anders an als irgendeine »Praxis« – zumal dann, wenn ich klar sehe, was hier geschieht. Wenn das der Fall ist, kommt es zu einer ganz entscheidenden Verschiebung. Einer Verschiebung zu so etwas wie einem von allem Bemühen freien Sehen – im Unterschied zum vertrauten Auf-etwas-hinaus-Wollen, sei es noch so subtil. Dieses Umschlagen ist ebenso körperlicher wie geistiger Art. Ich habe mich immer davor gefürchtet, denn sobald ich darüber *nachdenke,* kommt es mir so leer vor. Ich möchte etwas, woran ich mich halten kann. Also habe ich mich an Katholizismus oder Zen gehalten – als Praxis, als Phantasie-Zukunft, als mögliche Identität. Wage ich es jedoch, mich in diese Leere hineinzulassen – nein, das klingt zu dualistisch, zu sehr nach Machen, zu mutig; besser also: wenn dieses Sehen plötzlich geschieht und das Denken nachgibt, fällt alles Zen völlig von mir ab, und ich komme mit etwas viel Tieferem in Berührung, einer ganz anderen Weise zu sein.

Die Kunst ist nun, keine Idee und kein System – kein Dogma – aus dieser Offenheit zu machen. Die Wahrheit kann kein Gedanke und kein Bild einfangen. Es läßt sich kein Programm und kein Weltbild aus ihr zimmern.

Bei der Gesprächsrunde am Sonntagvormittag habe ich über all das gesprochen, was in dieser Woche durch das Hören der Bänder in mir hochgekommen war. Wir sahen uns das gemeinsam an, und mir wird jetzt immer klarer, *wie* schnell wir Ideen und Identitäten aus unseren

Erfahrungen destillieren. Die Idee beispielsweise, daß ich »eine Lesbierin« bin. Zunächst einmal geschehen ja tatsächlich bestimmte Dinge, und aus dieser Erfahrung und ihrer Wiederholung ziehen wir einen Schluß, der unsere Identität und zugleich eine projizierte Zukunft wird: »Ich bin lesbisch« oder »Ich bin heterosexuell«. Wir identifizieren uns mit diesem Bild unserer selbst und es verfestigt sich; dann sehen wir uns in Opposition zu anderen, die anders sind und uns möglicherweise ans Leder wollen.

Manchmal verstehe ich nicht, wie jemand sich überhaupt als »heterosexuell« oder »homosexuell« bezeichnen kann. Wer wüßte denn mit Sicherheit zu sagen, wer ihm als nächstes attraktiv erscheinen wird, welches Geschlecht dieser Mensch haben wird? Ist es nicht vielmehr so, daß wir das eine oder das andere sein *möchten,* weil wir bisher so waren und der Meinung sind, es werde immer so bleiben? Sind diese für so sicher gehaltenen Identitäten aufgrund sogenannter sexueller Vorlieben nicht reine Einbildung? Und der Frage, wie weitgehend Gedanken, Erinnerungen, Vorstellungen und Prägungen mitbestimmen, wen wir attraktiv finden, möchte ich gar nicht erst im einzelnen nachgehen. All das ist so windig, so veränderlich. Ich kenne viele Menschen, die irgendwann in ihrem Leben plötzlich »schwul« oder plötzlich »heterosexuell« wurden. Aber es macht uns angst, keine definitive sexuelle Identität zu haben. Unser ganzes Leben ist um eine bestimmte Identität herum gebaut, und wenn wir die ändern, kommt alles durcheinander. Manche möchten auch glauben, das sei alles genetisch festgelegt, felsenfest.

Auf den Bändern der katholischen Eremiten höre ich

all die Schwulenfeindlichkeit, die es schon immer gibt. Ich erinnere mich an Menschen, die ich gekannt habe und die wegen ihrer Homosexualität umgebracht wurden; an meine eigenen Qualen als Teenager, als ich mich in eine Frau verliebte, an mein Abgleiten in Alkohol und Drogen – und schon verteidige ich mein Leben und das Leben derer, die ich liebe und mit denen ich mich identifiziere. Manches trifft ja auch zu: Schwulenfeindlichkeit (vor allem da, wo Macht ist, in Kirche und Regierung, in den Schulen) führt wirklich zu einem Handeln, das tatsächlich Menschen tötet, und zu denen könnte ich auch gehören.

Aber natürlich war mein Leben durch das Abhören der Bänder nicht wirklich bedroht. Verletztheit, Zorn und Abwehrhaltung, alle aus Erinnerungen an die Vergangenheit gespeist, machten es mir schwer, genau zu hören, was da gesagt wurde; und dieser neurochemische Smog, wie Bohm sagt, fördert intelligente Reaktionen nicht gerade. Schwulenfeindlichkeit schadet, zweifellos; aber muß ich sie denn als mutwilliges, bewußtes, auf mich persönlich zielendes Handeln interpretieren? Haß, Bigotterie und Vorurteile kommen nicht aus echtem Zuhören und echter Liebe, sondern aus Prägung, Angst, Unwissenheit und Schmerz, und wenn wir sie mit weitem Herzen betrachten, mit Interesse und Mitgefühl, anstatt mit Haß und Schuldzuweisung, ist damit der Zyklus der Gewalt, das ewige Ineinandergreifen von Angriff und Verteidigung, aufgebrochen. Dann erst entsteht Raum für Veränderungen. Wenn jemand eine aggressive, miese Type in mir sieht, werde ich auch eher dazu neigen, mich entsprechend zu verhalten. Wir machen uns gegenseitig zu dem, was wir sind.

Die »nicht zur Disposition stehende Grundannahme« lautet natürlich, daß ich ein gesondertes Wesen bin, eine Person, die Anspruch auf Achtung und Fortbestand hat. Tatsächlich ist jedoch »alles in alles eingefaltet«, wie Bohm sagt. Die Person ist einem Wasserwirbel ähnlich. Der Wirbel scheint im Wasser etwas Gesondertes und Eigenständiges zu sein, schaut man aber genauer hin, dann ist nicht zu sagen, wo das Wasser aufhört und der Wirbel anfängt – oder wo Joan aufhört und die katholischen Eremiten anfangen. Der Beobachter ist das Beobachtete.

Ich sehe mich als gesondertes Wesen, und das ist ein Bild, eine Projektion – und daß ich den Fortbestand dieses Bildes so ungeheuer wichtig nehme, ist eine Auswirkung des Denkens und der Vorstellungskraft. Was die WIRKLICHKEIT »im Sinn hat«, kann niemand wissen, aber Joan und die katholischen Eremiten sind gleichermaßen in ihr enthalten, als flüchtige Chimären, als vorbeiziehende Gedanken, als Blitze.

Solche wirklich fundamentalen Annahmen zu durchschauen und sie dann loszulassen, das ist, christlich gesprochen, wie eine Kreuzigung: Man liefert sich vollkommen aus und weiß nicht, was daraus werden wird. Vielleicht mußt du sterben. Kann sogar gut sein. Aber die Alternative – so bleiben, wie man ist – hat den nuklearen Weltuntergang als letzte Konsequenz.

Also riskiert man etwas Radikales. Und wacht auf. Und plötzlich gibt es nichts mehr zu kämpfen. Dann kommt die Befürchtung: Es wird alles so sein wie vor der Schwulenbefreiung – passiv, weggesperrt, tot. Aber tatsächlich läuft es ganz anders.

Wir korrigieren einander in einer stetig evolvierenden

Ganzheit, für die notwendig ist, daß wir alle ganz sind. Wenn ich etwas höre, was meine Vorstellung von mir selbst oder sogar meine individuelle Existenz in Frage stellt – vielleicht schreckliche Ideen voller Intoleranz und Bösartigkeit –, kann ich dann trotzdem offen und widerstandslos hören, ohne es persönlich zu nehmen? Anscheinend ist es möglich und anscheinend eröffnet es, wenn es geschieht, eine größere Wahrheit.

Wir reichen weiter als alle diese Meinungen und Zuordnungen, mit denen wir uns identifizieren und die wir so erbittert verteidigen. Im Geräusch des Regens ist nirgendwo eine Trennung, kein Ringen ums Weiterexistieren, kein Nichtexistieren, kein Grund, irgend etwas werden zu wollen.

45

Es gießt in Strömen heute abend. Der Himmel scheint zu knistern vor Elektrizität, und die Erde gehört dem Wasser und dem Wind. Tornadowarnung. Brenda, die über neunzigjährige Freundin meiner Mutter, schreibt mir von ihrer Jugend in diesem Teil der Welt, von schrecklichen Gewittern, von Kühen, die auf der Weide vom Blitz erschlagen wurden, vom nächtlichen Schein brennender Scheunen.

Briefe gehen hin und her zwischen mir und Anne North, der an den Rollstuhl gefesselten Tänzerin in Kalifornien. Sie ist sehr jung und überschwenglich und scheint mich zu vergöttern. Ich fühle mich durchaus geschmeichelt. Sie habe sich in mich verknallt, schreibt sie, und das hatte ich bereits vermutet. Ich fühle mich nicht in dieser Weise zu ihr hingezogen, aber ich mag sie wirklich sehr. Ich schreibe ihr, daß mir keine Liebesbeziehung vorschwebt, aber die Freundschaft mir sehr wertvoll ist.

Das Personal scheint bei uns ein wenig knapp zu werden, vor allem in der Finanzverwaltung. Ich werde gebeten, dort einzuspringen. Das würde bedeuten, daß ich mich über das nächste Frühjahr hinaus für ein weiteres Jahr verpflichten müßte, und ich sage ohne das geringste Zögern ja. Wenn du klar siehst, weißt du genau, was du zu tun hast. Meine Haushalts-Tage sind gezählt, und am Ende dieses Monats beginnt meine Einarbeitung in die Finanzverwaltung.

Im Wald stieß ich auf ein totes Backenhörnchen und betrachtete es gebückt eine Weile – der aufgerissene Rücken, das bloßgelegte dunkelrote Herz, das hervorquellende Auge. Als ich wieder aufstehe, springen neben mir ein paar Hirsche erschrocken weg. Licht dringt durch den Dunst und spielt auf dem Wasser und den Blättern. Winter liegt in der Luft, man spürt ihn schon.

Etwas hat sich an mir verändert, vielleicht im Zusammenhang mit der Verpflichtung auf ein weiteres Jahr: Das Nachdenken über meine Zukunft läßt nach. Ich lasse mich mehr auf mein wirkliches Leben ein, und das hat weniger mit der *Idee* des Sich-Einlassens zu tun als vielmehr mit echter Geistesgegenwart im Augenblick. Ob ich vielleicht doch den ganzen Müll einmal loswerde, nicht nur für Augenblicke hier und da, sondern ein für allemal?

46

Wir veranstalten eine viertägige experimentelle Meditationsklausur ohne Toni: keine festgelegten Sitzzeiten, keine Lehrervorträge, keine persönlichen Lehrergespräche. Einen Teil der Zeit schreibe und lese ich. Ich genieße dieses Zusammenleben mit anderen in vollkommenem Schweigen, ohne Blickkontakt und sonstige Interaktionen, aber doch sehr aufmerksam und fürsorglich. Mir gefällt auch die Atmosphäre im Sitzraum, wo alle ganz unauffällig und in ihrem eigenen Rhythmus kommen und gehen. Und diese herrliche Ruhe bei allem! Ich kann der Natur nahe sein und bei meiner Schreibarbeit sein und völlig zurückgezogen meditieren, alles zugleich. Nirgends etwas von »Toni«, keine Vorgaben, wie die Dinge zu geschehen haben, keine Autorität.

Zu komisch, wie sehr ich anfangs gegen das offene Sitzen war. Ich fürchtete das Schlimmste und kämpfte dagegen an. Ich war mir ganz sicher, daß beliebiges Kommen und Gehen sehr stören würde. Und wer würde denn wohl allein sitzen wollen, wenn mal niemand anderes im Sitzraum war? Die ganze Atmosphäre ernsthafter Meditationstage wäre dahin. So etwas konnte doch nur chaotisch, zerfahren und ohne Biß sein.

Aber jetzt kommt es mir so vor, als wären wir *ein* Körper, der sich in vollendeter Harmonie bewegt. Im Sitzraum kommen und gehen alle höchst rücksichtsvoll und die paar Mal, die ich dort allein war, fand ich sehr interessant, was meine Empfindungen anging; ich bin sogar gern allein dort, wenn es denn mal der Fall ist. Wie durch ein Wunder sind manchmal plötzlich alle gleichzeitig da, und die große gemeinsame Stille, die dann entsteht, ist um so kostbarer, als sie weder geplant noch gefordert und irgendwie vollkommen neu ist.

Die notwendigen Verrichtungen, Kochen und dergleichen, laufen völlig reibungslos. Die Arbeiten sind aufgeteilt, und wir haben auch festgelegte Eßzeiten, aber alles ist so unkompliziert wie möglich eingerichtet. Ich finde es wunderbar, und die Leute sind wirklich still. Sie sitzen. Sie tun, was sie zu tun haben.

Jetzt möchte ich in dieser Richtung immer weiter gehen. Keine festgelegten Sitzzeiten, keine Toni spielende Toni. Tun wir's einfach.

Heute vormittag, ringsum war alles vom Nebel verschluckt, hielt Paul einen Vortrag, der erste nicht von Toni gehaltene Vortrag, den ich in Springwater je gehört habe. Wir hatten vorher eine Liste ausgelegt, in dic jeder sich eintragen konnte, der einen Vortrag halten wollte.

Es war anders als bei Toni, schon weil Paul nicht als Lehrer auftrat. Er nahm sich nur ein wenig Zeit, um ein paar Fragen zu stellen und sich mitzuteilen. Er überlegte laut, ob die Tatsache, daß wir »Toni« zur »Lehrerin« machen, in der Natur der Sache liegt oder die ganze »Problematik« völlig aus den Fingern gesaugt ist, Produkt unserer Gedanken und Vorstellungen. Vielleicht, sagte er, könne man ihre Vorträge künftig so hören wie jetzt seine Worte – ohne eine Vorstellung von Toni als Lehrerin.

Als ihm kein passender Abschluß einfiel, ließ er den Regen statt seiner die Schlußworte sprechen. Das war so wohltuend natürlich, und ich fühlte mich ihm so zugetan.

Für mich ging es in diesen Tagen um so etwas wie Loslösung von Toni. Nein, von der Vorstellung, daß ich Toni brauche, um sehen zu können. Man kommt an den

Punkt, wo man alle Autoritäten und alle Träume beiseite legen und einfach still sein und nach innen lauschen muß. Das ist ziemlich unheimlich, so als könnte man das Alleinsein und die Ungewißheit nicht ertragen. Der Drang, nach einem Buch (Lehrer, Liebhaber ...) zu greifen, ist sehr groß.

Plötzlich liegt mir auch nichts mehr daran, neue Lehrer für Tonis Nachfolge heranzubilden oder diese Nachfolge selbst anzutreten. Mich interessiert jetzt eine ganz neue Art von spiritueller Gemeinschaft, wo niemand Lehrer ist. Das kann sich natürlich wieder ändern. So oft habe ich das schon erlebt.

Am meisten hat mich hier die ganze Zeit geplagt, daß Toni ihre Rolle offenbar nicht sehen will, und ich habe darin immer eine gewisse Unehrlichkeit gesehen; jetzt leuchtet mir plötzlich nicht mehr ein, daß ich meinen ganzen Ärger und meine Kritik nach außen auf Toni richte, anstatt mich einfach gar nicht mehr auf die ganze Sache einzulassen.

Doch ob es uns gefällt oder nicht, einstweilen steht und fällt unser Leben und Arbeiten hier in Springwater mit Toni. Ohne sie kein Einkommen, ohne Einkommen nichts von all dem, was wir hier haben. Außerdem sehe ich auch, wie trostlos und kopflos die Dinge hier während der »Aus-Zeiten« werden können, wenn Toni nicht da ist; schon diese Ausdrucksweise zeigt, wie sehr sie im Mittelpunkt steht. Ich komme mir vor wie in einer Phase des Heranwachsens und Aufwachens.

»Es gibt genug zu tun«, hat Felix neulich zu mir gesagt. »Was soll diese ganze Toni-Fixierung?« Er hat recht, und im Grunde ist es ja auch das, was Toni selbst immer wieder sagt.

47

Keine Bitterkeit kommt der eines
Menschen gleich, der merkt, daß
er an ein Gespenst geglaubt hat.
Salman Rushdie

Thema der November-Meditationstage war Wut. Ich war für die Signale zum Anfang und Ende der Sitzzeiten zuständig, mußte also im Sitzraum anwesend sein. Anberaumte Sitzzeiten erschienen mir jetzt als Gewalt; still sitzen müssen, auch wenn der Körper sich ganz einfach bewegen möchte, das mag einmal gut und nützlich gewesen sein, aber jetzt wollte ich nichts mehr davon wissen. Mir scheint jetzt, bei all dem geht es darum, mich mächtig ins Zeug zu legen und Es Richtig Zu Machen, um Ein Gutes Mädchen zu sein – mich in etwas anderes und Besseres zu verwandeln, als ich bin.

Ich hörte mir keinen von Tonis Vorträgen an und erschien nur einmal zum persönlichen Gespräch bei ihr – und das auch nur um ihr zu sagen, daß ich vorhatte, gar nicht mehr zu kommen. Es gab eine große Auseinandersetzung um die Frage, ob schon die Form hier Autorität beinhalte, ob sie eine Lehrerin sei oder nicht. Ich blieb die ganzen Tage wütend auf sie und wütend, daß ich ein Krüppel war.

All diese Gefühle über körperliche Verunstaltung kommen in letzter Zeit wieder hoch. Ich sitze am Frühstückstisch mit dem Gedanken, ob meine Anwesenheit wohl abstoßend ist für die anderen. Mir ist danach, mich zurückzuziehen, zu verschwinden und unsichtbar zu werden, nicht mehr zu existieren. Dann der Groll, daß ich zu solchen Gefühlen erzogen worden bin, und noch mehr Groll, weil die Leute hier meinen Schmerz offenbar nicht ernstzunehmen bereit sind.

Einmal mitten in der Nacht ein heftiger Sturm. Ich dachte schon, das Dach werde wegfliegen. Bäume splitterten oder wurden entwurzelt. Einige meinen, eine Windhose habe das Haus erwischt, aber Genaues weiß eigentlich niemand.

Das Licht hat etwas Schräges und Fernes bekommen, der Winter ist da. Schnee und Dunkelheit und Schwermut. Der Boden hart gefroren. Schwarze Krähen am kalten Himmel.

Tage in der Finanzverwaltung, ein Budget aufstellen. Hat etwas von Romanschreiben. Zahlen und Wörter – nichts von der so handgreiflich realen Haushaltswelt, wo es saubere und schmutzige Toiletten gibt, fertig. Da toben die Süchte wieder los: Fingerkauen, Kaffee in Strömen, Zukunftsphantasien, sogar Alkoholphantasien. Ich probiere, wie das ist, wenn ich all das nicht »Sucht« nenne. Vielleicht ist dem etwas abzulauschen, wenn ich mich ihm freundlich nähere. Ich erinnere mich, wie Joko einmal sagte, ich sei zu sehr auf Selbstvervollkommnung aus.

Ich weiß nicht, was tun. Da ist etwas so gähnend Weites, ein wenig beängstigend. Keine Namen mehr für irgend etwas. Keine Gewißheit. Und unter all dem eine, wie es scheint, bodenlose Traurigkeit. Selbsthaß und Schichten von selbstmörderischem, selbstzerstörerischem Schmerz, der bis in jede einzelne Zelle reicht. Immer ein Stückchen weiter, von Jahr zu Jahr zu Jahr, lasse ich mich in diesen Schmerz hinab, sehe ihn mir an und merke, daß ich noch atmen kann. Dann Panik und noch mehr Kaffee.

48

Ich habe viel mit Anne North telefoniert. Sie ist der einzige Mensch in meinem Leben, der versteht, wie mir zumute ist. Sie kann meinen Schmerz nachvollziehen und meinen Zorn, denn es ist auch ihrer. Vielleicht kann sie auch mein Gefühl, Opfer zu sein, nachvollziehen, meine Unterdrückten-Identität. Toni und Springwater lassen Selbstrechtfertigungs- oder Selbstbemitleidungsgeschichten über Behinderung, Geschlecht oder was auch immer nicht gelten, wie real die auch sein mögen. Ich möchte Sympathie und Zustimmung und Maßnahmen, und zwar sofort. Ich tobe gegen dieses ganze Gerede vom Durchschauen des Ich-Wahns, denn ich höre da heraus, daß meine Lebenserfahrung und mein Schmerz reine Einbildung sind.

Anne dagegen hört wirklich zu und stimmt mir zu. Wir hetzen über dies und das und lachen ausgiebig, und ganz allmählich kommt etwas von Flirt in unsere Gespräche. Ich rufe sie häufig an. Nach meinem ersten Frühstück bei Anne hatte ich anschließend mit meiner Freundin Esther gesprochen, und sie sagte, es klinge alles ein bißchen verliebt. Nein, nein, sagte ich, sie hat schon jemand. Sie hatte aber nicht, wie ich dann feststellte. Man hatte sich getrennt. Ich bekam Panik. Ich bin nicht verliebt in sie, sagte ich zu Esther. Und als Anne mir sagte, sie sei in mich verknallt, erwiderte ich, das sei bei mir nicht so – und wenn es so sei, würde es nicht funktionieren. Aber wenn ich jetzt ihre Stimme am Telefon hörte, riß mich etwas mit, was nicht geplant war. Oder doch?

Ich will mich nicht in eine Tetraplegikerin verlieben. Ich sehe uns vor mir, zusammen in der Öffentlichkeit, eine Jahrmarktsattraktion. Wenn ich normale Partner haben kann, dann ist damit bewiesen, daß ich auch normal bin; also möchte ich, daß sie so gut wie möglich aussehen. Eine Tetraplegikerin als Geliebte, das hat natürlich auch etwas Aufregendes und Faszinierendes. Wo Angst ist, da ist auch Energie. Aber wie würden wir uns lieben? Die eine einarmig, die andere vom Hals abwärts gelähmt. Die Vorstellung hat was. Wer weiß, was alles passieren würde.

Alles, was Anne so macht, zieht mich ungeheuer an: ihr Tanz, ihre künstlerische Arbeit, das Ausloten des Unvollkommenen und Beschränkten und die grenzenlose Vollkommenheit dessen, was ist. Ich würde sie malen, wenn sie in ihrem Rollstuhl tanzte.

Ich schrieb ihr einen Liebesbrief, aber mit dem Postscriptum: »Das soll kein Antrag sein.« So war es wirklich. Ich möchte gern furchtbar verliebt sein, und dabei weiß ich doch, daß ich es nicht bin. Ich bin mitten in so etwas wie einem pubertären Kampf mit Toni und dabei kommt alles mögliche im Zusammenhang mit körperlicher Behinderung in mir hoch; außerdem habe ich in der Liebe gerade eine Enttäuschung erlebt (Felix) und muß auch noch diesen radikalen Subtraktionsprozeß verkraften in dieser manchmal rasend machenden Welt heterosexueller Männer, die so ganz anders denken als ich. Was könnte da balsamischer wirken als eine leidenschaftliche Liebelei mit einem Menschen, der mich vergöttert – und außerdem in sicherer Entfernung lebt?

Irgendwo weiß ich das alles, und doch verberge ich es mir und tue so, als wüßte ich nicht. Ich empfinde wirklich Zuneigung, aber ich bin in ein Phantasiegebilde verliebt, nicht in einen wirklichen Menschen, nicht in Anne

North. Wir wären keine guten Partner in einer engen, intimen Beziehung. Unsere Verbindung ist von anderer Art. Etwas in mir weiß, daß es so ist, aber ich schiebe es beiseite. Das hat sein ganz eigenes Bewegungsgesetz, dieses blendende, flammende Verliebtsein.

49

Der gelbe Mond steht fast voll über der weich wie ein Frauenkörper daliegenden Landschaft. Die Luft ist warm. Die Samenkapseln der Schwalbenwurz sind aufgesprungen, und in der blauen Abenddämmerung schweben weiße Samenwolken über den Wiesen.

Gestern abend kam Toni zurück, und all mein Zorn verflog, weil ich sie liebe. Was für eine wunderbare Seele – in Männerschuhen, weil sie so große Füße hat, in der Küche ganz allein Walzer tanzend, während wir alle zusehen. Immer rund herum schwebt sie mit einer Leichtigkeit und Anmut, so zart, so voller Herz, daß ich es kaum fassen kann.

Anne schrieb mir zur Antwort einen wunderbaren Brief, und wie ich erwartet hatte: sie hat es auch gepackt (sagt sie jedenfalls), und sie beeilt sich, meine Zweifel zu zerstreuen. Wir verlieben uns per Post und Telefonleitung. Manchmal scheinen ihr Zweifel zu kommen, und dann ist es an mir, ganz überzeugend zu wirken. Wir wechseln uns ab beim Vorpreschen und Zögern.

Wie gut das tut, begehrt zu werden, verführt zu werden, zu wissen, daß man jemanden bezaubern kann! Sich hineinzusteigern in diese Trunkenheit, mit Schauern des

Begehrens, die den Körper durchrieseln, sich gemeinsame Liebesnächte vorstellen, brieflich und telefonisch flirten. Es gibt Augenblicke, in denen ich den ganzen Zauber als faul erkenne, aber diese Gucklöcher schließen sich so schnell wieder, und schon spinnen sich die Phantasien weiter.

In einem Gespräch sagt Toni, solche Phantasien seien Ausflucht, Ablenkung von der Befürchtung, niemand zu sein, von der schieren Lebendigkeit, mit der ich hier in Springwater manchmal in Berührung komme. Vielleicht hat sie recht, aber ich möchte es nicht so sehen.

In der Nacht vor dem Beginn der Meditationswoche träume ich, daß Anne und ich in der Wüste zusammen sind, in einer endlosen Sandweite. Ein Traum voller deutlicher Berührungsempfindungen – Oberflächen, einander streifende Wangen. Ganz allmählich entsteht immer mehr Dichte und Hitze und schließlich Rausch. Wir küssen uns. Dann die Weck-Glocke. Halb fünf.

»Ohne Bewußtsein vom Funktionieren dieses Geistes«, sagt Toni, »ohne Klarheit darüber, kommt es zur Selbsttäuschung. Denn das Denken erscheint einem dann real. Ist das Wünschen und Befürchten, ist das Gefühl des Getrenntseins vom Ganzen unvermeidlich?«

Ich empfinde ein ungeheuer starkes Wünschen. Ich möchte Anne. Ich möchte Wunschlosigkeit und Frieden. Dann möchte ich wieder Anne. Ich wehre mich gegen das Wünschen, und doch möchte ich mich ihm ergeben. Zwei sehr starke Ich-Vorstellungen liegen miteinander im Streit: die nüchterne, keusche Nonne, die auf Erleuchtung aus ist, und das böse, trunkene »Wahre Ich«, das Anne möchte.

Immer wieder sind plötzlich Phantasien da. Das ist alles nur Einbildung, sage ich mir, Blendung. Aber ich halte zäh daran fest. Ich bin berauscht von Gedanken. Diese Gedanken an Sex und Liebesabenteuer machen süchtig, und ich spüre, wie sich alles in mir sträubt gegen die dräuende Möglichkeit, »daß mir all das hier weggenommen wird«.

Stunde für Stunde sitze ich mit diesen erotischen Phantasien, betrachte sie, empfinde sie, mein ganzer Körper ein einziges Begehren. Ich versuche nicht mehr mich anzuhalten, sondern möchte einfach sehen. Und ich sehe, wie sehr ich ekstatischen Erlebnissen, wie sehr ich dem Geliebtsein verfallen bin.

Meine Verzückungsträume folgen mir beim Spaziergang bis in den Wald, und hier erst merke ich, was ich tue. »Laß sie einfach fallen«, sage ich mir. »Ich will sie aber nicht fallen lassen.« – »Das ist doch Verblendung«, ermahne ich mich streng. »Woher willst du Klarheit nehmen, wenn du nicht davon läßt?« – »Ich möchte lieber meine Phantasien behalten«, wehre ich mich verzweifelt. »Wer will denn schon ein Leben, in dem es nichts als Bewußtheit gibt? Das ist trostlos, seien wir doch mal ehrlich. Laß mich doch einfach mal Ruhe finden und mit diesem Erleuchtetwerdenwollen aufhören.« – *»Gedanken, lauter Gedanken«,* schreie ich mich beinahe an. *»Durchschaust du das denn nicht?«* – »Will ich gar nicht«, erwidere ich und lasse das Bild von Anne wieder auftauchen. Gewohnheit schlägt auf Gewohnheit ein.

Dann springen Hirsche aus der sonnendurchfluteten Wiese, und plötzlich rieche ich das feuchte Gras und die Erde und werde endlich wach. Keine Konflikte und

Hirngespinste mehr, kein Verlangen nach Erleuchtung, keine Angst vor Verzicht, keine Sorge um die Belange des Ich. Nur wippende weiße Schwänze, feuchter Duft, wogendes Land, ein einsamer Raubvogel am morgendlichen Himmel. Sonst nichts.

Was bin ich ohne meine Anne-Rhapsodien, ohne die zwanghaften Zukunftsträumereien? Nur diese unglaubliche Lebendigkeit. Das Geräusch des Windes. *Dies.* Und ein unerhörter Drang, *dies* zu fliehen.

Toni spricht davon, wie unser Denken ihre Vorträge so gern schwarzweiß hört und dann so auffaßt, als enthielten sie Dualitäten und Anweisungen. Das Denken ordnet alles, was gesagt wird, gleich seinen Kategorien zu – gut und böse, soll und soll nicht – und macht daraus immer neue Kommandos wie »Laß das Wünschen«, »Gib acht«, »Denk nicht« oder »Du sollst bewußt sein«. Aber das ist ganz und gar nicht das, was Toni sagt.

Können wir, fragt sie, uns Störungen einfach lauschend zuwenden, ohne zu urteilen, ohne Abwehr, ohne etwas ändern zu wollen. Zusehen, was mit der Wahrnehmung passiert, wenn das Denken in Aktion ist, wie aus den Gedanken Emotionen aufsteigen, wie ich ärgerlich werde, sobald ich darüber nachdenke, was Soundso mir angetan hat, oder wie plötzlich dieses Weh da ist, wenn ich an jemanden denke, den ich verloren habe. Wenn also ein Befehl kommt wie »Hör Auf Zu Denken Und Sei Bewußt« – womöglich auch noch mit deutschem Akzent –, können wir ihn dann einfach hören, ohne ihm gleich völlig auf den Leim zu gehen? Können wir die Reaktion betrachten, falls es eine gibt, anstatt die ganze Sache so furchtbar ernst zu nehmen?

Die Tage vergehen, Wolkenberge ziehen wie Mammutkarawanen über den dunklen Himmel. Störungen kommen und gehen, und Toni sagt, es gehe darum, sich sehr genau auf sie einzustimmen, ihnen zu lauschen.

Ihr solltet, während ein Gedanke auf den anderen folgt, einzig darauf aus sein, euch an keinen von ihnen zu heften.

HUANG-PO

Ich sehe, wie ein Augenblick des Erwachens dadurch verdunkelt wird, daß ich mich an einen aufkommenden Gedanken hefte: »Diesen Zustand möchte ich immer haben« oder »Ich möchte noch mehr als das (und Anne möchte ich auch)« oder »Ich hätte schon früher aufwachen können, aber ich habe es verpatzt«.
Der Gedanke hat immer mit Zeit und Unterscheidung zu tun, mit der Vorstellung von einem Ich, das diese Erfahrung »macht«.

In Wirklichkeit ist einfach endlos Wetter. Die Bilder im Teich bewegen sich ständig. Am Abend umspülen Spiegelungen des über dem dunklen Horizont am anderen Ende der Welt lodernden kosmischen Feuers das Bild des vollen Mondes.

50

Jetzt werde ich doch nicht mehr in der Finanzverwaltung gebraucht und übernehme wieder das Saubermachen. Das bedeutet, daß ich nicht unbedingt über den kommenden April hinaus bleiben muß. Mir fällt ein Stein vom Herzen, denn Toni und ich haben es wieder mal schwer miteinander, und ich weiß nicht mehr, ob ich hier überhaupt noch hingehöre. Allerlei primitive Emotionen toben in mir, tagaus, tagein. Ich bin aufbrausend, melodramatisch, beleidigend und beleidigt, ich lasse meinem Zorn in Briefen an Freunde freien Lauf und sehe mich ständig anderswo.

»Warum klammerst du dich an diese Identität der behinderten Frau?« hat Sharon mich gefragt. Ich war maßlos wütend.

Die Jagdsaison beginnt, und das bedeutet nicht nur Kugeln, sondern auch Schrot: Der Wald ist Kriegsgebiet. Mein dritter Tag der Koffeinabstinenz. Mir tut alles weh, und ich bin so müde, daß ich es kaum glauben kann. Aber der Kopfschmerz läßt endlich nach, und das tut gut.

»Warum betrauern wir Verluste so ausdauernd«, fragt Toni, »und wählen die Identität des Leidenden, um uns darin zu suhlen? Und warum stellen wir innerlich die Stacheln auf, wenn das in Frage gestellt wird, und deuten die Frage augenblicklich als gefühllos?«

Der Tod muß unser tagtäglicher Gefährte sein, sagt Krishnamurti in einem seiner Bücher. Wie schwer fällt es mir schon, mich von einer auf dem Dachboden stehenden Schachtel voller alter Andenken zu trennen; oder durch den Wald zu gehen und jeden der kostbaren Augenblicke gleich wieder loszulassen. Kein Wunder, daß der Tod mich so schreckt, der Gedanke der Vergänglichkeit: kein verläßliches, dauerhaftes Ich, nicht einmal eine verläßliche, dauerhafte Welt. Alles vergeht, Sekunde für Sekunde. Der *Gedanke* macht Angst. Es zu *sehen,* wenn es geschieht, ist schöpferisch und befreiend.

Es ist ein so himmelweiter Unterschied zwischen denken und sehen. Mit bloßen Gedanken – »Alles ist eins« oder »Alles ist vergänglich« – können wir unser Verhalten rechtfertigen oder uns ängstigen oder betäuben. Aber diese Realitäten wirklich zu *sehen,* sie zu realisieren, das ist etwas anders.

Ein dunkler, stürmischer Morgen erwartet mich beim Aufwachen. Außer den riesigen Wogen des Windes und dann und wann einem Vogelruf ist nichts zu hören. Der Wind wird immer hemmungsloser, und die Dunkelheit nimmt zu. Ich bemerke an mir, daß ich immer mehr in meinen Körper zurückkehre. Kaffee schubst mich in meinen Kopf und bringt mich sehr schnell in Gang, aber die Räder drehen sich dann vielfach in angstgetriebener Zwanghaftigkeit leer, und wenn ich damit aufhöre, spüre ich, wie ich in den Körper zurücksinke und langsamer werde. Das fühlt sich gut an. Ich dehne und weite mich. Ich sitze in meinem Zimmer und tue überhaupt nichts. Bin einfach nur da. Lauschen, sehen, sein. Einfach nur hier sein – mal ist es so beängstigend und dann wieder so wunderbar, so mühelos.

Anne fällt mir ein, wie sie sagt, ich solle heimkommen zu ihr, und wie diese Worte mich durchrieselten. Ich stelle mir vor, wie wir zusammen leben, ein glückliches Paar. Paul standen die Tränen in den Augen, als ich ihm sagte, daß ich im Frühling vielleicht endgültig weggehe.

51

Alles veränderte sich während dieser Meditationsklausur. Ich versäumte keine Sitzperiode und kein Gespräch mit Toni. Wir begegneten uns sehr direkt. Ich steuerte gleich auf den Kern der Sache zu: wie verletzt ich bin, die Furcht vor der Freiheit, die Furcht vor dem Verlust meiner Identität; daß ich immer die sein möchte, die am meisten gelitten hat und am tiefsten erleuchtet ist – und dann in Abwehrstellung gehe und böse werde, wenn etwas mir zeigt, daß dem nicht so ist oder ich mich möglicherweise irre.

Auch Toni mag ihre Grenzen haben, aber sie versteht es wie kein anderer Mensch, den ich kenne, mich an den Rand der Dinge zu drängen. Sie scheucht mich aus meinen behaglichen Schlupfwinkeln, sie regt mich auf und mobilisiert meine Abwehrstrategien. Ich sehe mich völliger Erlösung oder völligem Ruin entgegengehen. Ich möchte über den Rand springen und bin schreckensstarr. Und Toni sagt einfach immer wieder: »Spring.«

Es kommt mir wirklich so vor, als hätte mein Kōan hier immer darin bestanden, daß ich trotz all der Dinge, mit denen ich nicht übereinstimme, hier sein kann, ohne mich zu verschließen, ohne Abwehr, Wut, panische Lösungssuche und all das. »Man sollte sich nicht vornehmen, schlechte Gerüche zu meiden«, schrieb Wayu mir kürzlich. »Sie sind auch gute Lehrer.« Wahrhaftig. Ich bin also noch hier an diesem wunderlichen Ort, wo Hirsche geschossen werden, wo die Menschen aus irgendeiner sprachlosen Sehnsucht nach Stille zusammenkommen, um schweigend zusammenzusein und zu lauschen und zu staunen.

Nach diesen Meditationstagen rief ich Anne an und sagte ihr, daß ich aufhören wolle mit dem Hineinsteigern in diese erotisch-romantischen Phantasien. Sie stimmte mir zu, und wir tun es jetzt ganz bewußt nicht mehr. Ich fühle mich wie ein Ballon, dem die Luft abgelassen wurde. Einem Impuls *nicht* folgen, damit kann man herausfinden, was er wirklich bedeutet. David Bohm sagt: »Echte Spontaneität kann die Suspendierung dessen sein, was als Spontaneität daherkommt, aber es nicht wirklich ist … Es gibt alle möglichen Tricks, mit denen Programme sich als Nichtprogramm verkleiden.«

Ich gehe zum Teich hinauf und sitze dort allein und traurig, weil die Anne-Träume verflogen sind und mir nur der Geruch von feuchter Erde, Skunk, Wiesenblumen, nasser Baumrinde, alten Federn, Blättern bleibt … und das Ächzen der Bäume im Wind. Und das Denken sagt: Das genügt nicht, das ist zu gewöhnlich, es fehlt etwas. Es sagt: Ich *fühle* mich traurig, also *bin* ich traurig. Und dann, plötzlich, ist das Ganze als Gedankengebäude erkannt. Es ist nur da, solange ich daran denke, und verschwindet, sobald ich das sehe.

Aber dann schreibt Onkel Harold mir einen Brief, in dem er in allen Einzelheiten darzulegen scheint, was für eine Versagerin ich doch bin; das hat er früher schon getan, und obwohl ich mich redlich bemühe, meine Empörung als »bloße Gedanken« und »Haften an meiner Ich-Vorstellung« abzutun – sie bleibt einfach. Tage voller Wut und Haß und der Befürchtung, daß er recht hat und ich wirklich eine Versagerin bin; dann der Wunsch, ihn zu widerlegen, Briefe, die ich im Kopf und am Computer verfasse, worin ich ihn in der Luft zerreiße und unsere Beziehung ein für allemal abbreche. Endlos drehen sich die Mühlräder. Soviel zum Thema Erleuchtung.

Neulich fiel die Traurigkeit von mir ab, und jetzt bleibt meine Verärgerung einfach bestehen – worin unterscheiden sich die beiden Situationen? Krishnamurti sagt: »Wenn das Denken dem Gefühl nicht Kontinuität verleiht, stirbt das Gefühl sehr schnell.«

Dazu bedarf es der Bewußtheit. Wenn wir uns den schnellen Tod des Denkens *wünschen,* kommen wir in Bedrängnis. Wir können uns die Ideologie der Einsicht so oft vorbeten, wie wir wollen, sehnsüchtig der Klarheit harrend oder »Das ist alles bloß Denken« rezitierend – nichts wird sich ändern, solange wir nicht wirklich das Ganze sehen, mitsamt dem Beobachter, der auf Einsicht aus ist. Wie Krishnamurti es ausdrückt: »Solange der Beobachter nicht realisiert hat, daß er und das Beobachtete ein und dasselbe sind, wird er mit jeder Regung nur weitere Serien von Bildern hervorbringen, in die er sich wieder verfängt.«

Wie solch umfassendes, ganzes, ungeteiltes Sehen zustande kommt, ist ein Rätsel. Alle Rezepte und Methoden, die wir ersinnen mögen, werden uns irgendwann im Weg sein. Es ist, als müßten wir alles Gelernte augenblicklich hinter uns lassen.

52

Das Ich ... ist ein
Sprachgebilde ... Es lebt durch
Kommunikation oder Dialog,
es ist aus Bedeutungseinheiten
aufgebaut ... Es ist eine
Geschichte, ein *Text* ...
[Therapie] ist das Übernehmen
beziehungsweise die
Wiederaneignung der
Autorschaft an unserem eigenen
Lebenstext, der Verantwortung
für unser eigenes Ich.
Ken Wilber

Anne sagt, wir müssen das Ich finden, bevor wir es verlieren können. Toni sagt, man braucht das Ich nicht zu finden, denn was ist das Ich? Nichts als Denken. *Wer* könnte es denn finden und was würde man finden? Wenn das Ich ein Text ist, ein Machwerk der Phantasie, der Erinnerung und des Denkens, ist es dann von vornherein unnötig und sinnlos, das Ich zu suchen (oder den Text zu schreiben)? Notwendig oder nicht, es geschieht.

Wenn wir uns selbst oder andere *denkend* betrachten, dann haben wir etwas Festes und Eigenständiges, unser »Ich« scheint durchgängig zu sein, und es sieht auch so aus, als gäbe es da psychische Entwicklung. Ich war Trinkerin und bin jetzt trocken. Es scheint da einen Evolutionsprozeß zu geben, eine Zunahme der Bewußtheit im Laufe der Jahre. Natürlich braucht man das Denken, die Erinnerung und Begriffe, um sich das gesamte Bild zu vergegenwärtigen. »Ich jetzt« und »ich damals«, das gibt es nur im Denken. Es sind Bilder. Daß ich mich im Laufe der Zeit verbessere, ist Einbildung, soviel ist sichtbar. Vergangenheit existiert nur im Denken und in der Erinnerung; dieses Denken und Erinnern findet immer nur jetzt statt, als Ereignis in der Gegenwart. Alles ist genau hier und eben jetzt.

Jeder Grashalm und jede Form ist die ganze Erde … Jeder Augenblick ist alles Sein, ist die gesamte Welt. Bedenke nun, ob auch nur ein Wesen, eine Welt, im gegenwärtigen Augenblick nicht enthalten ist.

DŌGEN

Was wir als unser gesondertes Ich empfinden, ist in Wirklichkeit permeabel, ein Energiefeld, mit anderen Energiefeldern innig vernetzt. Und auf einer noch subtileren Ebene finden wir nichts als Raum. Die Texte und Figuren sind imaginär. Dennoch habe ich das Gefühl, daß man eine gewisse Unterscheidungskraft und eine gewisse »Geschlossenheit« braucht, um das wirklich ganz realisieren und so radikal zur Sache gehen zu können, wie Toni es tut. Man muß sich seiner Gefühle bewußt sein. Man muß sich bis zu einem gewissen Grade eigenverantwortlich, im Vollbesitz seiner selbst und als Individuum fühlen. Kurz, man muß sich als eine Person mit Grenzen empfinden, bevor man diese Grenzen auflösen kann, denn es geht ja nicht darum, daß man am Ende seinen eigenen Namen nicht mehr weiß und keine Grenzen ziehen und nicht nein sagen kann.

Ich bezweifle, daß man in der Verfassung, in der ich 1973 nach der Überwindung von Alkohol- und Drogensucht war, gleich in der Weise vorgehen kann, wie es bei Toni geschieht. Ich vermute, daß es für mich absolut notwendig war, erst einmal meine Identität als Frau, als

Lesbierin und als Behinderte zu finden, bevor ich zu Toni gehen konnte, um all das aufzulösen. So konnte ich meine Prägungen auf eine Weise kennenlernen, wie es, glaube ich, durch Meditation allein niemals möglich gewesen wäre. Und Tonis Ausrichtung auf Ganzheit und Nichtgetrenntheit hätte meine eigenen Wahrnehmungen und Erfahrungen vielleicht nur noch weiter verdunkelt und erstickt. Meditation kann den psychischen Verdrängungsmechanismen, der Selbstunterdrückung, geradezu in die Hände spielen. Ich habe jedenfalls erlebt, wie die Leute eine subtil zurechtgedeutete Auffassung von Meditation dazu benutzen, alles unter Verschluß zu halten, damit sie sich bestimmten zwischenmenschlichen oder Beziehungsproblemen gar nicht erst aussetzen müssen.

Soweit ich sehen kann, sind Therapeuten bei den Menschen, die zu Tonis Meditationsklausuren kommen, besonders stark vertreten. Auch in meinem Freundeskreis in Kalifornien sind viele Therapeuten. Etliche spirituelle Lehrer im Westen sind gleichzeitig praktizierende Psychotherapeuten. Mir hat die Therapie buchstäblich das Leben gerettet. Ich halte sie für eine großartige Ergänzung der Meditation. Ohne sie würden viele den ganzen Wust aus Prägungen und Gedanken und Persönlichkeitsproblemen gar nicht erst deutlich genug zu Gesicht bekommen, um ihn zu überwinden; und dieser Wust – also das, was wir als »Ich« erfahren – ist ja gerade das, was verhindert, daß die Wahrheit sich uns erschließt. Nur muß dieses psychologische Bild dann irgendwann durchschaut werden, denn jeder Ansatz, der die Fiktion (und das Drama) eines im Laufe der Zeit sich zum Besseren (oder Schlechteren) entwickelnden Ich aufrecht erhält und fortsetzt, wird schließlich zum Hindernis für die volle Realisation der Wahrheit.

Viele Lehrer zielen von vornherein mehr oder weniger ausschließlich auf die absolute Wahrheit ab, während andere sich auch konkret mit den Denkfehlern abgeben, die zum Hindernis werden. Bei Lehrern wie Nisargadatta oder Krishnamurti hat die Person überhaupt nichts zu melden. Sie sprechen stets aus der Perspektive des Absoluten. In der verwirklichten Bewußtheit, wo alle Konstruktionen zunichte werden, gibt es keinen Leidenden. *Nichts* gibt es da. Das ist die Wahrheit in ihrer radikalsten Form. Wenn sie einmal *realisiert* ist, gibt es keine Probleme mehr. Aber wenn man lediglich *meint,* man habe sie realisiert, wird man sich höchstwahrscheinlich hinter ihr verstecken, um nicht Farbe bekennen oder sich gar nasse Füße holen zu müssen.

Toni strebt wie Joko einen Ausgleich an zwischen psychologischem Vorgehen und der Ausrichtung auf die absolute Wahrheit. Sicherlich haben beide die absolute Wahrheit realisiert, aber sie möchten verhindern, daß man sich mit bloßen *Vorstellungen* von dieser Wahrheit um die eigentliche Arbeit drückt. Ich selbst erlebe manchmal, wenn das Denken völlig aus dem Ruder läuft und nicht mehr durchschaut wird, wenn in der Körperchemie und den äußeren Umständen alles drunter und drüber geht, daß der absolute Ansatz dann nicht unbedingt der sinnvollste ist: Wenn ich in solchen Situationen ein Buch zur Hand nehme, dann ist es eher eins von Joko Beck und keins von Nisargadatta.

Wie alles organisch Wachsende läßt sich Einsicht nicht erzwingen oder mit dem Willen herbeiführen, aber man kann sie hegen und pflegen und sanft nachhelfen, wie es in einem Garten geschieht. Toni kritisiert an Methoden, daß sie etwas Abgestandenes haben und immer auf etwas aus sind, während *dieser* Augenblick doch lebendig und immer neu ist und überhaupt nichts bedarf, wenn wir nicht meinen, wir kennten ihn schon. Ich liebe dieses Frische und Freie an Tonis Ansatz, und doch empfinde ich einige »Zusätze« als große Hilfe: jeden Tag sitzen, an Meditationsklausuren teilnehmen, Austausch mit guten Lehrern, Therapie, Körperarbeit. Toni selbst leitete ein Meditationszentrum und lehrt, und das heißt ja wohl, daß sie darin einen Nutzen sieht. Alle »Praxis« mag künstlich sein, aber das ist unsere gewohnte Art zu leben auch, und durch undifferenziertes Ablehnen aller Methoden, ohne daß wir wirklich ganz verstanden haben, was das bedeutet, prägen wir uns vielleicht nur auf andere, unsichtbare Weise. Ohne Bewußtheit »praktizieren« wir unweigerlich irgend etwas, ob es nun Meditation ist oder bloß alte Gewohnheiten. Wo schon genügend Wachheit ist, da ist Praxis nicht mehr Praxis – sondern mühelos, bedenkenlos, frei. Hier gibt es keine Dualität mehr, kein »Ich«, das »es« tut. Wie das Erreichen dieses Zustands gefördert werden kann, ist nicht ohne weiteres eindeutig zu sagen.

Nach meiner Erfahrung sind zu verschiedenen Zeiten unterschiedliche Lehrstile und Lehrerpersönlichkeiten hilfreich. Es gibt immer wieder Bestrebungen, so etwas wie eine allgemeingültige Rangordnung der Ansätze festzulegen, und da gibt es dann unweigerlich einen, der »richtig« oder »der beste«, »wahrste«, »am höchsten entwickelte« sein soll. Aber das ist Gedankenspielerei. Ein und dasselbe Tonband oder Buch kann zu verschiedenen Gelegenheiten ganz unterschiedliche Eindrücke hinterlassen und ganz unterschiedlich wirken. (Das könnte daran liegen, daß es nur scheinbar immer dieselbe Person und immer dasselbe Buch ist.)

Müssen wir diesem Text, den wir Ich nennen, konzentrierte Aufmerksamkeit zuwenden, bevor er transparent werden kann? Verträgt sich Therapie (oder irgendeine andere Art der intensiven Auseinandersetzung mit dem Text) mit dem Ziel der unmittelbaren Einsicht, daß es kein Ich gibt und unsere persönliche Geschichte ein Bilderbogen ist? Die für einen Augenblick gültige Antwort taugt vielleicht im nächsten nichts. Die Schwierigkeit besteht darin, bei der Frage zu bleiben und sie offen zu halten, denn vielfach sind wir ganz mit unseren Ideen identifiziert – für oder gegen Therapie, für oder gegen Methode – und meinen, die Antwort stehe bereits fest. Vielleicht hängt sogar unser Lebensunterhalt oder unser Selbstwertgefühl daran oder wir glauben zumindest, es sei so. Jedenfalls können wir dann nicht mehr unbefangen hinsehen.

Und vielleicht hat Hinsehen überhaupt nichts mit Antworten zu tun. »Ja, wir brauchen das Ich«, »Nein, wir brauchen es nicht«. »Therapie ist gut«, »Nein, Therapie ist Augenwischerei«. »Alle Übungsformen sind Hindernisse«, »Nein, wir müssen üben«. Vielleicht ist echtes Hinsehen und Hinhören viel weniger ausschließend, viel subtiler und sensibler. Wie Toni fragt: »Kann es mitten in all dem schlichtes Gewahrsein geben, das von keiner Antwort weiß?«

53

Ich habe eben einen anrührenden Artikel über Issan Dorsey gelesen, den schwulen Zen-Priester von San Francisco, der kürzlich an AIDS gestorben ist. Issan hatte im Castro District ein Zen-Zentrum und ein Hospiz aufgebaut. Seine Lebensbahn – durch Alkohol und Drogen und die schwule Unterwelt und weiter zur Meditation – wies einige Ähnlichkeiten mit meiner auf, nur war seine noch um einiges wilder als meine. Issan war Frauendarsteller und Prostituierter gewesen, hatte für die Mafia gearbeitet und im Gefängnis gesessen, bevor er zum Zen kam.

Ich hatte Issan in mein Herz geschlossen, obwohl ich ihn nicht sehr gut kannte; daß einer sogar in einem Zen-Zentrum unverhohlen als Homosexueller auftrat, bedeutete mir damals sehr viel. Sein Humor und seine Leichtigkeit waren zum Verlieben. Er tat, was ein Zen-Priester zu tun hat, als wäre er in einer Drag-Show. Er nahm das Zen ernst, aber nicht bierernst. Er war immer komisch und immer tief.

Mit großem Vergnügen lese ich, daß bei seiner Beerdigung ein Bild von ihm auf dem Altar stand, das ihn als Drag Queen in langem Kleid und Stöckelschuhen und mit einem Glas Champagner in der Hand zeigt; und daß Cosmic Lady, eine bekannte Straßenerscheinung der Bay Area, die ich persönlich kenne, eine Ansprache hielt. Ich weiß noch, wie liebevoll und ohne alles Getue Issan mit den Verwirrten von der Straße umging, die manchmal im Zen-Zentrum auftauchten. Er hatte keine Angst und fand offensichtlich auch nichts Abstoßendes an ihnen. Er sah sich nicht über ihnen stehen. Er behandelte sie als vollwertige Menschen.

Das letzte Mal habe ich ihn an jenem Morgen auf der Green Gulch Zen Farm gesehen, an dem er bekannt gab, daß er AIDS hatte. Er sagte: »AIDS ist nicht der Zorn Gottes. AIDS *ist* Gott.«

54

Der Schnee fällt lautlos heute morgen, geheimnisvoll, alle Geräusche verschluckend. Krähen segeln im Schneewind, und Roger in seinem dicken Mantel schaufelt Schnee.

Was da auch vorgehen mag zwischen mir und Anne, es will offenbar weitergehen. Gegen alle Absicht blüht sie wieder auf, diese sonderbare Anziehung, und wird von Tag zu Tag größer. Plötzlich gefällt es mir, daß Anne Tetraplegikerin ist. Das ist ein Teil ihrer Magie, ihres Tanzes. Ich liebe sie nicht trotz der Tatsache, daß sie Tetraplegikerin ist, sondern (zumindest teilweise) weil sie es ist. Ich bin glücklich, wenn die Leute mich einfach als die sehen, die ich bin. Es verletzt mich, wenn sie das Gegenteil tun, wenn sie etwa sagen: »Ich empfinde dich nicht als einarmig.« In Anne verliebt sein, das ist ein Kopfsprung in allerlei Tabuisiertes und bedeutet das Aufbrechen von Prägungen. Da entstehen Möglichkeiten. Da werden Grenzen aufgehoben.

Ich frage mich, ob das Verlangen nach Sex je aus der Stille kommt, aus echter Liebe. Oder ob es immer auf Gedanken, Vorstellungen, mechanische Reflexe zurückzuführen ist. Benutzen wir einander immer nur und versuchen ein Vakuum mit einem Vakuum zu füllen? Viele spirituelle Meister verlieren alles Interesse am Sex (während andere völlig verrückt danach sind).

In dem Verlangen nach sexuellem Austausch scheint der Drang nach wirklich tiefer Verbindung zu stecken: ganz auf den Grund der Dinge zu gehen, durch alle Worte und alles Sozialgebaren hindurch in das Reich von Geruch und Geschmack und Berührung und animalischem Empfinden – und von da aus weiter in einen Prozeß des Aufdeckens und Bloßlegens, der nur in der Spiegelsituation der Beziehung möglich ist und etwas von Meditation hat. Zu einer wirklich intimen Beziehung gehört offenbar, daß man immer wieder durch Gefühle von Haß, Hoffnungslosigkeit und Fremdheit geht, dabei aber auch lernt, daß sie alle wieder vergehen können.

Was ich früher durch den Alkohol bekommen habe, ist dem sehr ähnlich, was ich mir von erotischen Begegnungen wünsche – und bekomme: äußerste Hingabe und vollständiges Loslassen, ein Gefühl von, im besten Sinne des Wortes, absoluter Macht und zugleich absoluter Machtlosigkeit, so ungeheuer lebendig und gelöst. Keine Urteile, keine Hemmungen, keine Masken. Sehr ähnlich sind hier auch die Möglichkeiten der Selbsttäuschung und Illusion, die in der Abhängigkeit von einer Substanz oder einer Person liegen. Das ist gefährliches Gelände, das Erotische, gefährlich, aber auch fruchtbar.

Sich zu verlieben heißt, daß man bereit ist, die Kontrolle abzugeben und auch töricht und vollkommen schutzlos zu sein. Erotische Energie ist ein Feuer, in das ich mich mit allem, was ich bin, stürzen möchte, um zu verbrennen. Plötzlich stürme ich mit aller Macht einer Vision nach und blicke nicht mehr nach links oder rechts. Es ist ein freier Fall, teils schöpferisch, teils alte Gewohnheit. Aber wer wüßte zu sagen, was für Kräfte letztlich dahinterstehen? Es ist wie ein Gewitter. Es geschieht.

55

Ich sehe immer deutlicher, wie zählebig Gefühle von Scham und Schande sind: der Gedanke, daß etwas eben Gesagtes oder Getanes nicht gut ist (manchmal auch die Erinnerung an etwas Ungutes, das ich vor zehn oder zwanzig Jahren gesagt oder getan habe), und gleich folgt der Gedanke, daß ich ein grundsätzlich unguter Mensch bin. Ich bin so unsensibel, dumm und kalt, daß es mich eigentlich gar nicht geben dürfte. Und ein körperliches Gefühl von kaltem Grausen.

Ich kann mich mit solchen Gedanken geradezu vollschlagen und Stunde um Stunde in abgrundtiefem Selbsthaß zubringen, wobei mir in endloser Folge all die Peinlichkeiten einfallen, die ich jetzt bedaure. Dann kommt dieses zwanghafte, nicht abzustellende Fingerkauen, und ich sitze nur noch wie eingefroren in Furcht und Selbsthaß da.

Jetzt *sehe* ich das immerhin und begreife auch allmählich, daß es sich bei all dem um *nichts weiter* als Gedanken und begleitende Körperempfindungen handelt – völlig automatisch aus alten Prägungen folgend. Ich glaube, das ist schon mein ganzes Leben lang unerkannt im Gange, und ich habe das alles für bare Münze genommen und mein Leben darauf abgestellt. Es tut weh, das zu sehen. All den Schmerz bewußt zu sehen.

Wir stehen im Nahen Osten offenbar vor dem Ausbruch eines Krieges mit allen Mitteln. In der Zeitung sehe ich Bilder von kleinen arabischen Kindern, die hinter ihren Gasmasken tapfer dreinzublicken versuchen.

Am Abend flüsterndes Gespräch mit Anne am Telefon, der Abend vor meinem Abflug nach Chicago. Irgendwo schnappt die Telefonleitung noch eine Radiostation auf, die gerade vom bevorstehenden Krieg berichtet. Am Morgen fällt ein wütender Wind heulend und brüllend über das Land her. Roger bringt mich zum Flughafen, und unterwegs in der Morgendämmerung sehen wir ein altes Pferd allein auf einer Weide, das sich an einem Baum reibt. Roger lächelt übers ganze Gesicht.

56

Dann daheim in Chicago, wo alles aus Beton ist außer dem See, der sehr organisch wirkt. Auf der Michigan Avenue sind die Folgen der weihnachtlichen Konsumorgie zu bewundern, ein grotesker Rummel, in dem Pelze das Bild bestimmen, die ein Vermögen gekostet haben müssen. Meine alt werdende Mutter und am Telefon Anne. Und in der Fußgängerunterführung unter dem Outer Drive, in diesem dumpfigen, nach Urin riechenden Halbdunkel, hat sich ein Obdachloser aus Pappkarton eine Art Wohnzimmer gebaut; so etwas wie ein Bett hat er auch und einen Tisch mit zwei überquellenden Aschenbechern.

Ich habe mir eine faszinierende Ausstellung von zehn zeitgenössischen japanischen Bildhauern angesehen. Das

Ganze war eine Huldigung an Vergänglichkeit, Verfall, Gebrochenheit und Armut. An einem großen fächerartigen Objekt aus Holzstücken entdeckte ich ein so sinnlich weich gebogenes Formteil, daß ich ganz nah herantrat, um zu sehen, was es war – ein altes, zerfallendes Telefonbuch.

»Mir ist es gleich, ob eins meiner Werke vom Wind zerfleddert wird oder im Regen vergammelt«, sagte einer der Künstler.

Das Fertige oder Vollendete ist ihrer Auffassung völlig entgegengesetzt. Die Ähnlichkeit des Verfalls bei Materialien und Körpern springt mir hier überdeutlich ins Auge. Die Schönheit der Unvollkommenheit und des Zerfalls. Das Physische daran spricht mich an – und das Vorläufige.

Ich schlendere durch die riesigen verkohlten Skulpturen, deren Teile sich aus sich selbst vervielfältigen und aus den Wänden wachsen wie Parasiten, und mein Körper brennt vor Verlangen nach Anne, ihre Worte hallen in mir wider, und es zieht mich zu ihr hin, ins Dunkel, ins primitive Herz der Schöpfung.

Wir werden am Telefon und mitten in der Nacht ein Liebespaar. Seltsame Art eine Beziehung zu knüpfen – in verschiedenen Zeitzonen. Ich werde sie Ende Januar treffen. Und dann im Frühjahr, stelle ich mir vor, werde ich wohl nach Kalifornien zurückkehren und mit ihr zusammen leben. Ich sage meiner Mutter, daß ich verliebt bin. Ich erzähle jedem, daß ich verliebt bin.

Meine Mutter und ich feiern Neujahr zusammen, und jetzt bin ich wieder in Springwater, Schnee und Stille, tiefster Winter. Der kleine Wasserfall ist völlig überfroren, und die Felder sind wie Diamanten, alles so ganz und gar entblößt, so unerbittlich reduziert und zum Staunen. Die Luft ist so klar, wie sie nur sein kann, und mein Herz ist voll von Anne. Die Zerbrechlichkeit und Empfindlichkeit des Lebens ist plötzlich so überdeutlich sichtbar. Und die Welt steht am Abgrund des Krieges.

57

Die Bombardierung Bagdads hat begonnen. Roger kam in mein Zimmer und weinte an meiner Schulter.

Ich rief Anne an, und mir wurde klar, daß der Krieg sich auf meinen Besuch in Kalifornien auswirken wird. Er verändert unsere ganze innere Verfassung, und Anne beteiligt sich bis zur Erschöpfung an den Protestaktionen. Ich nehme es dem Krieg übel, daß er mir mein Liebesleben ruiniert. Desert Storm – kein sehr stimmungsvoller Hintergrund. Ich weiß wohl, daß das angesichts der Wirklichkeit dieses Wüstensturms ein obszöner Gedanke ist, aber er fliegt mich immer wieder an wie eine dicke, hungrige Mücke.

Zwei Desperados, Bush und Hussein – und keiner will nachgeben. Jetzt sitze ich doch wieder zu den Nachrichten vor dem Fernseher: der Wüstensturm im Vormarsch, Schlag um Schlag. So lange ich lebe und während der gesamten Menschheitsgeschichte befinden wir uns im Krieg, und irgendwie lieben wir unsere Dramen, unsere schaurigen, tödlich ausgehenden Geschichten. Wir tun zwar so, als wäre dem nicht so, aber wir produzieren sie immer wieder neu, fasziniert vom Grauen. Wir werfen uns in die Schlacht für oder gegen, voller Haß auf Hussein oder Bush, und der Krieg, die Saat des Krieges, ist in uns, aber wir merken es nicht.

Wir haben das Bild gern schwarzweiß, damit wir auf einen Schuldigen zeigen können: George Bush oder Saddam Hussein, Schwarze oder Weiße, Kapitalismus oder Kommunismus, die Linke oder die Rechte oder überhaupt die menschliche Natur – aber die Wirklichkeit ist etwas ganz anderes. Ich könnte irgendeine der Beteiligten sein. In ihrem Tun ist nichts, was ich nicht selbst auf die eine oder andere Art schon getan hätte. Wenn man das sieht – und jede echte Meditationsform wird es einem unweigerlich offenbaren –, dann wird man sich wohl nicht mehr einbilden, daß Schuldzuweisungen so etwas wie eine Lösung begründen können.

Mitten in all dem kommt wie ein alter, willkommener Freund die Meditationsklausur. Ein Gefühl wie vom Ende der Welt. Und doch erscheint hier alles möglich, soviel liebevolles Wohlwollen liegt in der Luft. Auch Toni hat etwas so tief Verwundertes im Gesicht. »Amazing Grace«, erzählt sie mir, stammt von einem Sklavenhändler, der eines Nachts auf See das Licht erblickte.

Springwater wird mir fehlen, wenn ich wieder nach Kalifornien ziehe. Die Zuneigung hier und jedes Glas im Küchenregal, der Herd, der Flur, die Tür zu meinem Zimmer – alles tönt in mir. Die Stille des Sitzraums am späten Abend oder vor der Morgendämmerung in der ganz kahlen Zeit des Winters, wenn es draußen friert.

Meine Kritik an Toni ist ohne Substanz und Bedeutung, nichts als Neid, der sich als Zerpflücken Luft macht. Toni ist aufrecht und aufrichtig, nicht fehlerlos, aber empfänglich, aufgeschlossen und wach. Was könnte mich aufbrechen, wenn nicht die Stille, die Sensibilität, die Einfachheit, die hier herrschen? Ich gehe durch den Wald und weine beim Gedanken an den Abschied. So nackt, so heilig, so seltsam vereint sind wir in diesem unsichtbaren Flechtwerk, in dem unsere Leben sich kreuzen und wieder entmischen.

Auf meinem Schreibtisch steht ein Bild von Anne, wie sie in ihrem Rollstuhl tanzt, ein so eingeschränktes Leben, daß viele Menschen es schlimmer als der Tod finden würden. Aber sie strahlt auf diesem Bild.

Liebe ist wie Schwerkraft, sie zieht dich zur Mitte hin.

Ich rief Anne an. Sie sagte: »Was, wenn ich nur Worte mache und nichts dahinter ist?«

Ich schob das gleich beiseite: »Du machst nicht nur Worte.«

Sie versuchte mir etwas mitzuteilen. Ich machte zuviel Tempo. Ich sehe uns schon verheiratet und in unserem gemeinsamen Leben. Wir sind beide nervös und aufgeregt. Und das Land ist im Krieg.

58

Nachdem wir nun drei Monate lang Liebesbriefe und Liebestelefonate ausgetauscht hatten, nahm ich mir gegen Ende Januar für zwei Wochen frei und flog nach Kalifornien. Ich hatte mich tagtäglich auf dem Hometrainer und beim Gewichtheben fit gemacht, ich hatte Kaffee und Zucker weggelassen und nicht an meinen Fingern gekaut, und zum Abschluß gab es einen Siebzig-Dollar-Haarschnitt und neue Kleider – ich war in bester

Form. Ich stellte mir zwei Wochen innigster Nähe und romantischer Seligkeit vor, Beginn einer langdauernden Primärbeziehung.

Doch Anne hatte, was uns beide anging, einige Bedenken, die sie nicht hatte äußern können, und das war bei mir nicht anders. Sie war erschöpft von den vielen Demonstrationen gegen den Golfkrieg und konnte mich nicht vom Flughafen abholen, weil sie schier in Arbeit ertrank. Sie schickte Esther.

In ihrem Haus fiel mir gleich auf, daß das Foto von mir, das ihren Worten zufolge auf ihrem Schreibtisch stand, nicht da war. Aber sie schien sich zu freuen, daß ich kam, und wir verbrachten einen herzlichen, liebevollen erotischen Nachmittag und Abend miteinander. Eine etwas seltsame Situation war das: In gewisser Hinsicht waren wir schon seit Monaten ein Liebespaar, aber andererseits war es eigentlich unser erstes Date. Ich war eine Mail-Order-Braut.

Im Schlafzimmer keine Kerzen, als wäre der Gedanke an eine romantische Nacht ihr gar nicht erst gekommen, aber wir gingen doch zusammen ins Bett, wo ich auch gleich zur Sache zu kommen versuchte. Anne bekam Beinkrämpfe und ich das Gefühl, daß körperliche Liebe ihr überhaupt nicht vorschwebte. Nein, so hatte ich mir unsere erste gemeinsame Nacht nicht vorgestellt.

Mitten in der Nacht erzählte Anne von ihrer Klinikzeit nach dem Unfall. Sie war damals siebzehn. Bei einer sehr hohen Querschnittsläsion kommt man in ein Bett, das einen ständig dreht. Die Schmerzen sind unvorstellbar und dabei stellt die Schwester Fragen wie: »Haut das so hin?« Ihre Mutter erschien jeden Tag sturzbetrunken.

Am Morgen wollte ich sie küssen, aber sie wandte sich

ab. Sie sagte, bei ihr »funke« es nicht. Sie fühle sich nicht zu mir hingezogen. Keine Chemie zwischen uns. Ihr sei klar geworden, daß sie doch keine Beziehung wolle. Und darüber sprechen, nein, das wolle sie auch nicht. Wie eine Fata Morgana hatte sich die ganze Sache in nichts aufgelöst. Mir war übel vor Schmerz. Ich fühlte mich gedemütigt; überall hatte ich herumerzählt, daß ich verliebt sei, und jetzt wollte Anne mich nicht.

In der nächsten Nacht, wieder neben Anne im Bett und von Herzeleid überwältigt, *sah* ich plötzlich, daß die ganze Qual dem Denken entsprang. Was ich mir monatelang und fast ununterbrochen ausgemalt hatte, würde also nicht stattfinden. Die ganze aufgebauschte Sache war in sich zusammengefallen. Wie unglaublich stark dieses Habenwollen doch ist. Wir versteifen uns auf das, wovon wir uns das Glück versprechen. Das ist der ganze Kummer. All die Energie, die ich aus dem Bild von mir als »der Verliebten« bezogen hatte, zerrann urplötzlich und führte in ihrem Sog einen Schwall von Gedanken heran: Ich Bin Allein Und Verlassen; Wer Weiß, Wann Ich Je Wieder Liebe Finde; Und So Heißen Sex Bestimmt Nicht Mehr; Die Totale Ekstase Hätte Das Werden Sollen, Und Was Ist Jetzt? Nix!

Das war alles ziemlich komisch, und ich fing an zu lachen.

»Kein Beinbruch«, sagte ich lachend.

»Spinnst du jetzt?« wollte Anne wissen.

»Nein, mir wird nur eben klar, daß eigentlich gar nichts ist.«

Ich lag einfach da und lachte.

Das ganze Luftschloß verschwand einfach, nachdem ich es so deutlich gesehen hatte. Kein verzweifelter Kummer mehr. Ich sah, daß da außer einem Image niemand war, der gedemütigt werden konnte, und damit verschwand auch dieses Gefühl augenblicklich.

Aber am nächsten Tag hatte mich die Geschichte natürlich wieder, und dann war auch gleich diese quälende Übelkeit wieder da und all die Körperempfindungen, die mit Gedanken an Verlust und Zurückweisung einhergehen, und dann die Tränen – all das, was man Kummer nennt. Erstaunlich, es zum ersten Mal so genau zu *sehen*.

Keine achtundvierzig Stunden später war ich bei Anne ausgezogen und wohnte bei meiner Freundin Ginny, wo ich Welle um Welle der unerfreulichsten Empfindungen über mich ergehen ließ, die ich körperlich spürte und dabei den Gedanken lauschte, die all das hervorbringen und in Gang halten.

Aber ich gab die Hoffnung doch nicht ganz auf. Vielleicht hatte Anne nur Angst. Vielleicht änderten sich ihre Gefühle noch. Wir waren die folgende Woche öfters zusammen, manchmal flirtend und wie Verliebte, und ich dachte, es wird schon noch, aber dann wich sie zurück.

Es kamen Augenblicke des Übelnehmens, aber ich sah Annes Schmerz und ihre Angst; ich sah zu deutlich, wie aufrichtig sie mit sich rang und was ich selbst zu dieser verfahrenen Lage beigetragen hatte. Niemandem war ein Vorwurf zu machen, niemand mußte verteidigt werden. Da war nur Schmerz – physisches Empfinden und die Gedanken, die es erzeugen. Zwei Muster, ineinander verfangen. Durch das Sehen löste sich etwas und ließ Raum für echte Liebe entstehen. Es war eine große

Zärtlichkeit zwischen uns. Mein Herz ging immer weiter auf. Ich fühlte mich so erstaunlich ungeschützt.

Ich konnte mir zusehen, wie ich anfing, mich an dem Gedanken hochzuziehen, daß ich da Ein Tiefes, Erleuchtendes Aufmachen erlebte, und indem ich es sah, ließ ich es los und schlug knallhart wieder auf dem Boden auf – nicht ohne auch daraus gleich wieder einen Gedanken zu machen, an dem ich mich hochziehen konnte. Zusehen, wie wir aus allem irgend etwas machen und uns daran hochziehen.

Einmal nahm ich am frühen Morgen eine Anhalterin mit, eine Frau, die im Schlafanzug und darüber einem Mantel im dichten Nebel am Highway stand. Sie sah verheerend aus, zerzaust und aufgelöst und offenbar krank. Ihr Mann, sagte sie, sei für einen Mord, den er nicht begangen hatte, ins Gefängnis gekommen, und sic suche jetzt das Berkeley Women's Health Collective, und dann werde sie nach Hause zu ihrer Mutter gehen.

»Je nun«, sagte sie schließlich, »es gibt auch Frauen, deren Männer im Krieg sind. Es könnte schlimmer sein. Ich sollte mich nicht so anstellen ...«

Und ich hatte gedacht, mir ginge es schlecht.

Schließlich ließ ich alle Hoffnung fahren, daß es mit Anne noch etwas werden würde. Ich sagte mir, ich wolle keine Beziehung zu einer Frau, der ich nicht recht lag oder die sich nicht mit dem Anstehenden auseinandersetzen wollte – oder beides. Ich rief die Fluggesellschaft an und buchte auf einen früheren Rückflug nach New York um.

All das sagte ich Anne, und sie weinte und versuchte zu erklären, wie leid es ihr tat und daß sie versuchen würde, sich mit der Angst auseinanderzusetzen, um doch noch mit mir zusammenzukommen, aber sie wisse nicht, ob es ihr gelingen würde und was dabei herauskommen würde.

Auf dem Heimweg empfand ich, daß alles recht ist, Leben oder Tod. Das Universum hält uns, welch ein Wunder, und wir haben soviel Angst fallen gelassen zu werden. Wir fürchten den Verlust, wo doch dahinter etwas ganz anderes ist, weit jenseits unserer Vorstellungen, die nie sehr weit reichen können, so verklebt mit unseren alten Bildern und den immer gleichen Gedankengebilden, gespeist durch so dünne Kanäle.

59

Es ist sehr hohe Kunst,
mit der Stille zu leben und
sie nicht zu berühren,
nicht mit dem schon Bekannten,
der Erinnerung, zu manipulieren.
Jean Klein

Ich bin wieder in Springwater mit seiner verschneiten winterlichen Stille. Noch sechs Wochen, zwei Meditationsklausuren, dann endgültig zurück nach Kalifornien. So der Plan. Anne und ich werden ein Liebespaar sein. Ich weiß, daß das eine Story ist, während ich hier sitze und sie mir erzähle. Etwas, woran ich mich festhalten, womit ich mich trösten kann.

Es gibt keine Worte mehr. Ich berühre den Topf, den

Anne gemacht und mir geschenkt hat, ich folge seinen Linien mit den Augen, betaste die kühlen roten Mulden mit den Fingern und dann mit dem Ende meines Arms, die so feinsinnig integrierten Fehler und heimlichen Schrunden, die erstaunlichen asymmetrischen Formen, die hinreißende Unregelmäßigkeit des Randes. Derb und filigran, voller Überraschungen.

Bei unseren Telefonaten tritt immer wieder langes Schweigen ein. Nichts zu sagen. Wer bist du? Wer bin ich? In diesem Schweigen weiß ich es nicht mehr. Nur daß wir geheimnisvoll verbunden sind.

Während der Februar-Meditationswoche lasse ich mich in diesen Abgrund des Kummers hinab. Hier in Springwater kam ich doch endlich mal »zu etwas«, und trotzdem, als wäre ich nicht ganz richtig im Kopf, war ich drauf und dran, mich wieder den Verführungen sexueller Begierde zu überlassen und in das Schreiben über mich und wieder mich zurückzufallen – und ins Zen (denn ich hatte wieder mal Priesterin-Phantasien). Der Teufel versuchte mich und hatte schon fast gewonnen. Da raffte ich mich auf. Ich war drauf und dran, meine Papiere und das halbfertige Rakusu ins Feuer zu werfen und Anne zu sagen, daß es vorbei sei. Mir war elend. Ich kämpfte mit Gedankenstürmen. Ich ging zu Toni, ganz früh am Morgen, als es noch dunkel war. Die Worte stürzten nur so aus mir heraus. Ich sagte ihr, wie zerrissen ich mich fühlte. Ich wollte nicht weg von Springwater. Ich wollte nicht in all die Verführungen zurück, die ich im Innersten längst als Sackgassen erkannt hatte. Nur daß ich eben doch wollte. Ich hatte Angst. Was, wenn … Was, wenn … Was, wenn? Ich sagte, ich sei fast (aber noch nicht ganz) so weit, meine Aufzeichnungen und mein Rakusu zu verbrennen und hier zu bleiben und ein Nicht-Ich zu sein. Sie lachte. Ich meinte es ernst. Ich redete und redete und redete, bis ich schließlich verstummte. Stille trat ein. ich bemerkte, daß ich von Toni eine Antwort erwartete, die Lösung. Sie sagte nichts. Atmen. Wind. Tröpfelnder Regen. Sonst nichts. Minuten vergingen. Atem, Wind, Tröpfeln. Sonst nichts.

Schließlich sah ich es und lächelte und alles klärte sich. Es gibt keine Lösung, kein Problem. Da ist nur Nichtwissen, Hiersein, Staunen, von Augenblick zu Augenblick leben. Sonst nichts.

Während dieser Tage kam der Frühling mit einem gewaltigen Energiewechsel. Der Schnee schmilzt. Überall auf den Wiesen und Feldern läuft das Wasser, und abends hocken dort schwarz die Krähen. Im Wald eine Hirschfamilie. Manchmal ein Tröpfeln, ein kaum hörbares Rascheln. Und die Hirsche selbst – ein bläulichgrünes Grau. Hat diese Farbe einen Namen? Ich suche schon immer danach. In der Nacht dichter Schneefall, die Flocken wehen hin und her und auf und ab an meinem Fenster vorbei.

Joko Beck sagt: »Eine Beziehung ist ein großes Geschenk, und nicht weil sie uns glücklich macht – das tut sie ja häufig nicht –, sondern weil eine innige Beziehung, wenn wir sie als Gelegenheit zum Lernen sehen, der klarste Spiegel ist, den wir finden können.«

Bei Anne, ganz im Innern, sehe ich so viel Licht. Ihre Tür ist offen. Die Kinder aus der Nachbarschaft schauen auf dem Heimweg von der Schule bei ihr vorbei. Die

Briefträgerin ißt mit ihr zu Mittag. Ihr Lebensraum ist voller Altäre und sinnlicher Arrangements aus Steinen und Blüten; überall Körbe mit Potpourris aus selbstgetrockneten Blüten und dann die Töpferarbeiten mit ihren Schwüngen und Kerben.

Einmal beim Yachthafen ließ sie mich all die schon halb vertrocknet auf dem Asphalt liegenden Regenwürmer aufsammeln. Ich mußte sie ihr in die Hände legen und sie trug sie dann zurück ins Gras.

»Ich habe mir die ganze Nacht Sorgen um die Regenwürmer gemacht«, sagte sie. »Wenn es regnet, kommen sie nach oben, damit sie nicht ertrinken, aber für Asphalt sind sie nicht gemacht, und da werden sie dann gebacken.« Wir hatten lange zu tun, um sie alle zu retten.

In meiner Vorstellung sehe ich sie, wie sie vor mir her tanzt in ihrem Rollstuhl, dann kehrt macht und in steilen Bögen wie ein Vogel auf mich zukommt und mir zulächelt. Dann macht sie wieder kehrt und hält Ausschau nach Milan und Mond.

Ehrlich zu sein, wirklich ehrlich zu sein, ist keine leichte Sache, vor allem, wenn man etwas glauben möchte. Die Macht des Möchtens ist sehr groß.

60

Im Morgengrauen wurde ich vom Geräusch fallender Bäume geweckt. Ich wußte nicht, was ich da hörte. Totenstille und dann dieses unheimliche Krachen. Ich stand auf und sah aus dem Fenster. Alles unter Eispanzern. Vollkommene Stille. Der Strom war ausgefallen, wie ich bald merkte. Es war überhaupt nichts zu hören, dann plötzlich ein splitterndes Krachen, als Äste und Bäume zu Boden stürzten.

Ein schwerer Eissturm, wie er nur alle Menschenleben einmal vorkommt. Die Bäume brachen unter dem Gewicht des Eises. Ich ging zum Teich hinauf. Jeder einzelne Grashalm wie unter Glas. Funkelnde Pracht. Etwas so Gespenstisches und zugleich Wunderbares hatte ich noch nie gesehen.

Über unsere etwa eine halbe Meile lange Zufahrt lagen kreuz und quer Bäume und Strommasten. Wir mußten uns mit der Kettensäge einen Weg nach draußen bahnen. Eine Woche lang gab es keinen Strom. Keine Heizung, kein Wasser aus der Leitung, keine Toilettenspülung, kein Licht.

Am Abend sitzen wir bei Kerzenschein um den Küchentisch und singen alte Beatles-Songs. Ansonsten bewegen wir uns mit Taschenlampen durchs Haus. Anne ruft an. Ich bin traurig, weil ich in der Tiefe weiß, daß es vorbei ist. Wir haben es nur noch nicht gesagt. Aber ich spüre es. Später sitze ich mit Felix in seinem Zimmer und rede mit ihm. Es ist so dunkel, daß wir einander nicht sehen. Der Nachthimmel draußen ist voller Sterne.

Du magst das, was kommt, zu steuern versuchen, doch es ist nicht zu steuern.

DŌGEN

Es sieht aus wie nach einem Hurrikan. Wohl die Hälfte der Bäume sind umgestürzt oder zersplittert. Hier und da sind ganze Waldstücke vernichtet, die Pfade einfach verschwunden.

Ich fühle mich von Anne verletzt und gekränkt und köchele in selbstmitleidigen Gedanken. Ich bin auch wütend. Ich würde sie auch gern kränken. Sie abservieren, bevor sie mich abserviert. Erstschlagmentalität.

Ich habe beschlossen, mir im Frühjahr frei zu nehmen und nach Oakland zu gehen; für den Rest des Sommers dann zurück nach Springwater und einfach schauen, was sich ergibt.

Heute habe ich einen roten Fuchs gesehen und dann ein Rudel Hirsche, die nicht wegliefen, sondern still stehen blieben und mich forschend beobachteten, als ich vorbeiging. So verwundbare, neugierige Lebewesen. Harzgeruch von den zerbrochenen Bäumen hängt in der Luft. Überall hört man Wasser tröpfeln. Der Winter taut.

Wayu hat im Berkeley Zen Center ein Frauensitzen organisiert und meine Reaktion, als Anne mir davon erzählte, verblüffte mich selbst, denn sie war so ganz anders als früher. Der Gedanke reizte mich nicht und ich spürte auch keinen Drang mitzumachen. Ich war eher traurig, als werde durch den Ausschluß der Männer etwas verletzt.

Solche Sonderfreiräume habe ich mir früher gewünscht, und wo es sie gab, habe ich sie genossen und auch Nutzen daraus gezogen. Heute sehe ich eher, wie sehr solche Separation schadet. Ich frage mich, ob man das, was man beim Frauensitzen findet, nicht auch auf andere Weise finden könnte. Vielleicht nicht. Ich weiß es nicht.

Wie schnell wir Menschen doch in Opposition geraten. Ich sehe das an mir selbst ständig. Plötzlich verteidige ich irgendeinen Standpunkt, als hinge mein Leben daran, und nachher weiß ich nicht einmal mehr, was mein Standpunkt war und ob ich überhaupt an ihn glaube. Wir fühlen uns so leicht bedroht und von anderen in Frage gestellt und sehen den Verteidigungsfall gegeben. Auch hier: Soweit ich höre, macht diese Sache viel böses Blut im Zen-Zentrum.

»Meine Güte«, sage ich zu Toni, »ausgerechnet ich mit meinem Hitzkopf muß da hingehen, wo sie sich über Feminismus in den Haaren liegen. Dann wohne ich auch noch bei Mike, einem der Hauptgegner des Frauensitzens, der keine blasse Ahnung hat, weshalb es vielleicht notwendig sein könnte – aber mit Wayus Auffassung kann ich mich auch nicht mehr identifizieren. Das kann ja nur eine Katastrophe werden. Ich werde in die Luft gehen und irgendwas ganz Fürchterliches tun.«

Toni schließt die Augen. »Wie wäre es, wenn Sie einfach hingingen und all die Vorstellungen von sich selbst und dem, was da passieren wird, hierließen? Ohne den Gedanken, daß Sie ›hitzköpfig‹ sind und ›ganz bestimmt explodieren‹ werden. Was, wenn Sie einfach hingingen, offen, ohne zu wissen?«

Oha!

Meine Freundin Ellen Chatwick in Kalifornien erzählte mir am Telefon von einer Frauenaktion am CIA-Gebäude, an der sie teilgenommen hatte. Sie setzten sich alle vor den Eingang, um ihn zu blockieren. Ellen war ganz am einen Ende, und dann setzt sich da dieser bärtige Mann neben sie und nimmt sie bei der Hand, und sie weiß nicht, wie sie ihm beibringen soll, daß hier eine

Frauenaktion läuft. Schließlich sagt sie: »Em ... ich glaube, das hier ist eine Frauenaktion.« Darauf er: »Ich weiß nicht, was ich bin.« Also werden sie gemeinsam festgenommen. Und Anne und ich gehen auseinander, brieflich und telefonisch.

61

Ich sitze auf meinem Kissen in meinem Zimmer und meditiere. Nach und nach kommen Bilder in mir hoch, wie ich nach Oakland fliege und dort feststellen muß, daß Anne einfach nicht mit mir reden will. Das erbost mich zunehmend. Ich sehe mich mitten in der Nacht zu ihrem Haus gehen. Ich schlage an die Tür, daß es dröhnt. Anne rührt sich nicht. Dann stehe ich im Vorgarten auf dem Rasen und schreie zu ihr hin. Es erbittert mich so, daß sie mich nicht zur Kenntnis nimmt oder einläßt, daß sie mich ausschließt. Schließlich schlage ich das Schlafzimmerfenster ein. Ein Nachbar schießt auf mich. Ich verblute auf Annes Rasen, schäumend vor Wut. Plötzlich wird mir bewußt, daß ich auf meinem Kissen in Springwater sitze und Mordgelüste habe. Alles nur Bilder, aber das Herz rast, und Adrenalin fließt in Strömen.

Große Vogelzüge in der Morgen- und Abenddämmerung. Dichter Nebel zieht auf und verschluckt alles, um dann ebenso plötzlich wieder abzuziehen. Regen, dann Schnee, dann wieder Regen. Die Rufe der Gänse am Himmel auf ihrem Zug nordwärts in die Nacht.

»Wie wissen die, wo sie hinmüssen?« fragt jemand.

»Genauso wie wir wissen, wo wir hinmüssen«, sagt Roger.

Wir *glauben* nur, wir wüßten es nicht und müßten es erst noch festlegen.

Dann kamen die Meditationstage. Einmal nickte ich abends auf dem Kissen ein. Als ich aufwachte – es war nur schwaches Licht im Raum und ich hatte meine Brille nicht auf –, fiel mein Blick auf etwas, das für mich wie Katze Heather aussah. O Himmel, dachte ich, Heather im Sitzraum! Als ich eben zugreifen wollte, bemerkte ich gerade noch rechtzeitig, daß ich Tonis Füße vor mir hatte. Sie trug ihre puscheligen Hausschuhe und machte gerade, wie sie es manchmal tut, ihre Runde durch den Sitzraum, bei der sie vor jedem für einen Augenblick des stillen Zusammenseins stehenbleibt. Wenn ich nach ihren Füßen gelangt hätte, das hätte wohl sogar sie überrascht.

Am sechsten Tag dieser Meditationswoche warf ich meinen Rakusu-Torso ins Feuer und war mir sicher, daß ich mit dem Zen endgültig fertig sei. Den größten Teil meiner Schriften warf ich ebenfalls ins Feuer. Es war ein Entrümpeln, ein Großreinemachen. Ich wollte alles los sein – nur noch still sein, nichts tun, niemand sein.

62

Kalifornien ist das Ende der Welt. Ich komme hierher zurück wie nach Babylon. Ganz sicher ist kaum eine andere Gegend der Welt kosmopolitischer als die Bay Area, wo immer sehr hochentwickeltes und fortschrittliches Bewußtsein zu finden war. So manches hat hier seinen Ursprung gehabt: die Bewegung für Redefreiheit, die Kriegsgegner-Bewegung, die Blumenkinder, die Schwulenbefreiungsbewegung, die Beatniks; auch Buddhismus und Vedānta haben sich vor allem von hier aus in Amerika verbreitet. Es ist eine Gegend der Anfänge.

Zugleich aber auch Sammelpunkt der Dekadenz und des Niedergangs – schwindelerregender Gipfel des New-Age-Kapitalismus, der billigen Pop-Kultur, der Inflation von einfach allem. Der Niedergang des Imperiums liegt in der Luft. Das Verkehrschaos wird von Stunde zu Stunde schlimmer. Wachsende Zahlen von Obdachlosen entlang der Straßen, bettelnd; Verwirrte in durchgelaufenen Schuhen, die in den Wind schreien und Einkaufswagen voller Lumpen vor sich herschieben. An allen Freeway-Unterführungen in der Stadt sieht man Männer mit Pappschildern, auf denen steht: Arbeite für Essen. Und alle Nichtobdachlosen leben in einem haarsträubenden Tempo. Immer mehr Leute tragen wegen der Luftverschmutzung Gesichtsmasken. Lärm ohne Pause, und alles wird immer noch größer und noch lauter.

Alles ist im Ausverkauf, sogar die sogenannten holistischen Alternativen zu diesem Alptraum. Wohlstandsworkshops, Pyramidensysteme. Als wären wir ein Haufen hypnotisierter Lemminge, die dem Abgrund entgegenhasten.

Immer wieder flüchte ich und kehre doch zurück, vertrieben und angezogen vom wirbelnden Strom der Widersprüche, der jederzeit außer Kontrolle geraten kann. Selbst der Boden unter den Füßen ist unsicher.

Schon im nächsten Augenblick und ohne jede Vorwarnung könnte das Inferno uns alle verschlingen.

Kalifornien ist schon immer eine Art Metapher oder Exempel jenes Versagens menschlichen Denkens, aufgrund dessen wir nach dem immer Größeren und Besseren suchen. Die Pioniere kamen hierher und dann der Goldrausch und dann die Pandits des New Age – nur weiter, weiter, schneller, mehr. Kalifornien ist *»the last frontier«* – der Golden State am Rande der Zeit, am Ende Amerikas.

Am späten Nachmittag komme ich in Berkeley an und richte mich wieder mal in Mike Harrymans Appartement im Zen-Zentrum ein. Die Luft ist warm und das Licht so golden, wie man es nur in Kalifornien am späten Nachmittag antrifft. Die Häuser in Kalifornien scheinen direkt aus diesem Licht herauszuwachsen. Sie sind pastellfarben und wirken so durchlässig und vergänglich – ganz anders als die finsteren und so soliden Häuser in Rochester oder Chicago. Jeder Ort der Welt hat seine unverwechselbare Eigenart. Die Menschen in Berkeley und Oakland sehen anders aus und haben eine andere Ausstrahlung als die in Rochester. Wenn ich in die Bay Area komme, empfinde ich immer eine Resonanz. Ich bin zu Hause.

Ich habe zum Abend-Zazen meine bequeme Sitzkleidung angezogen, als ich unten Annes Rollstuhl surren höre. Ich blicke aus dem Fenster und sehe sie auf das Haus zukommen, schöner, als ich sie in Erinnerung habe. Ich laufe nach unten, und wir freuen uns beide – und wieder möchte ich an die Zukunft unserer Liebe glauben.

Es ist wie eine Fata Morgana, die immer wieder erscheint, sich dann aber beim Näherkommen vor mir auflöst. Ich möchte als die Gerechte dastehen, die hier zum Opfer wurde. Ich beobachte mich bei dem Versuch, ihr kleine Streicheleinheiten abzuluchsen, Anne erneut zu umgarnen.

Dieses Ich kann nur in Situationen existieren, und deshalb sorgen wir für immer wieder neue Situationen, nicht wahr? Ich muß mich als ein Etwas denken, um überhaupt an mich denken zu können, sagt Toni. Das Nichtvorhandensein eines Etwas fürchten wir mehr als alles andere, und das Drama sogar einer scheiternden Liebe ist uns weitaus lieber, als der Furcht standzuhalten – der Furcht vor einem Leben ohne Richtung.

63

Naomi und Geri haben ein HIV-positives Baby adoptiert. Es war cracksüchtig geboren worden. Mich berührte das sehr. So viele meiner Freunde haben sich im Laufe der Jahre gegenteilig entschieden – sie haben abgetrieben oder die Adoption von nicht völlig gesunden Kindern abgelehnt, weil sie das perfekte Baby wollten (und nicht eins wie mich). Aber diese beiden hier haben ein kleines Mädchen zu sich genommen, das möglicherweise bald sterben oder es sehr schwer haben wird.

»Das hier ist Avria«, machen sie mich mit dem Baby bekannt. »Die Leute finden uns heroisch, aber so fühlen wir uns gar nicht. Wir lieben einfach dieses Kind.« Avria lächelt.

Später sprechen wir über AIDS, und Avria macht ein

säuerliches Gesicht. Naomi sagt zu ihr: »Du magst das nicht, wenn wir über AIDS reden, stimmt's? Weil, was du bist, ist ja eigentlich was ganz anderes, nicht?«

Ich bin sehr betroffen – daß Menschen bereit sind, nicht die Unvollkommenheit, sondern das Vollkommene in diesem Kind zu sehen; sie vermögen zu realisieren, daß nicht AIDS das Wesen dieses Kindes ausmacht, und sie scheuen sich nicht, es bedingungslos zu lieben, obwohl ihnen dazu vielleicht nicht viel Zeit gegeben ist.

Eine einzige Tat kann von enormer Heil- und Verwandlungskraft sein. Eine Entscheidung, sich eines bestimmten Lebewesens anzunehmen, kann weit über dieses eine Wesen hinausreichen. Naomis und Geris Entscheidung heilt auch mich. Und durch ihre Liebe zu Avria lieben sie die ganze Welt.

Ich finde es schön, im Zen-Zentrum zu wohnen und zu sitzen. Obwohl ich mein Rakusu weggeworfen und meine Zugehörigkeit zum Zen wieder mal endgültig verneint habe, sehe ich mich insgeheim doch schon wieder beim Rakusu-Nähen und als Zen-Priesterin.

Ich liebe das Himmelsgeschenk Mels nackter Füße auf dem Holzboden, die Schlichtheit und Würde des Zendō, die Atmosphäre, den Duft der Räucherstäbchen, die Ästhetik, das Gespür für Schönheit. Mein Nervensystem fühlt sich gut in diesem Raum, der für mich Sauberkeit, Wärme und Geborgenheit ausstrahlt.

Es liegt etwas Tröstliches in der Kontinuität und Gleichheit der traditionellen Form. Jahr für Jahr laufen die Rezitationen und Zeremonien ab, endlos sich wiederholend und doch immer wieder vollkommen neu – wie Mutter Natur selbst.

Ich mag auch die Regelmäßigkeit, mit der die Menschen hier jeden Morgen und jeden Abend zum Üben zusammenkommen. Diese Stetigkeit scheint in mancher Hinsicht unterstützend zu wirken. Sie erinnert mich daran, daß es größere Rhythmen gibt als meine eigenen, daß da jenseits meines kleinen Lebensdramas noch eine Welt ist.

Irgend etwas zieht mich immer wieder zum Zen zurück, und es sind wohl Dinge, die sich nicht recht erklären lassen: die Schönheit von Mels rasiertem Kopf und seinen Ohren, die unaufdringliche Eleganz der Dinge, der Raum selbst, der Duft, die Laute und Klänge. Wer könnte das erklären?

Wo man hinblickt, sieht man die liebevolle Sorgfalt, die hier waltet. David Steindl-Rast sagt irgendwo: »Schönheit ist nutzlos und überflüssig – wie alle großen Dinge im Leben.« Und daher unbezahlbar. In Tonis Art ist etwas von utilitaristischem Neorationalismus, dem vielleicht ein wenig vom Duft des Überflüssigen gut täte.

Aber das ist wieder mein altes Spiel, nicht wahr? Vergleichen, beurteilen, bewerten, mögen und nicht mögen, gutheißen und mißbilligen. Ich ahne, daß jeder Weg notwendig Stärken und Schwächen hat und es letztlich darauf ankommt, einfach zu gehen.

Ganz, ganz allmählich komme ich wohl doch dahinter, daß ich all das gar nicht analysieren, bewerten und einordnen muß. Alles ist einfach vorhanden, jedes mit seiner eigenen Schönheit und Schwäche – und vor allem kommt es darauf an, sie schlicht und einfach zu erleben.

64

Nach ein paar Wochen im Zen-Zentrum, räucherduftbeflügelt, sage ich wahrhaftig zu Mel, ich wolle ein neues Rakusu nähen. Ich erzählte ihm sogar, mein Wunsch sei es, eines Tages Priesterin zu werden, und das hätte ich eigentlich schon immer gewußt. Gegen das Rakusu hatte er nichts einzuwenden. Es war das dritte Mal, daß er mir die Erlaubnis gab. Er sagte, ich solle es diesmal fertigstellen, was ich auch empfinden, was sich auch inzwischen ergeben mochte. Und was die Priesterin anging, sagte er: Sobald ich innerlich eine geworden sei, würden wir beide wissen, daß die Zeit reif sei, auch offiziell Priesterin zu sein.

Also fing ich wieder ganz von vorn an mit dem Zusammenstückeln der winzigen Stoffstückchen. Da kamen auch schon die Zweifel. Ich bedauerte meine Worte. Was machte ich da eigentlich? Ich bin keine Priesterin des Sōtō-Zen; ich lebe in Springwater. Was läßt mich immer wieder glauben, ich wolle Priesterin sein? Oder überhaupt ordinierte Zen-Buddhistin?

Habe ich etwa Angst, ohne Anker, ohne Rahmen, ohne Identität zu leben? Weigere ich mich zu sein, was ich wirklich bin, und dann damit weiterzumachen? Oder ist immer nur das Gras genau da am grünsten, wo ich gerade nicht bin?

Wenn ich allein im Garten hinter dem Haus sitze und nichts tue, wenn ich einfach nur da unter den Bäumen bin und lausche – dem Tosen des Verkehrs, den Vögeln, dem Hundegebell, dem Rauschen des Bluts, den Flugzeugen über mir –, erlebe ich eine Weite und Freiheit, die mich mehr lockt als alles andere.

Dieser Gedanke, was »ich« tun sollte, ist eine ziemlich abgedrehte Endlosschleife. Ich bleibe bei den Körperempfindungen des Augenblicks, den Geräuschen der Straße. Nur das ist real. Denken ist das Aufschieben dessen, was nur jetzt geschehen kann, ob ich ein Rakusu habe oder nicht, ob ich Priesterin werde oder nicht.

65

Tante Winifred stirbt. Sie hat gestern nachmittag einen schweren Schlaganfall gehabt und liegt seitdem im Koma. Ich sprach am Telefon mit Onkel Harold. Er weinte. Er sagte mir, daß er mich lieb hat. Bei all den Millionen Menschen, die tagtäglich sterben und geboren werden, sagte er, müsse man sich schon fragen, was das soll. Aber irgend etwas zwinge uns weiterzumachen.

Cocteau wurde einmal gefragt: Angenommen, Ihr Haus brennt, was würden Sie retten? Er sagte: Das Feuer.

Was heißt das: Feuer?

Was würde passieren, wenn ich nicht mehr glaubte, daß etwas mit mir nicht stimmt? Daß ich unzulänglich oder unerleuchtet oder verbesserungsbedürftig bin? Was, wenn ich nicht mehr glaubte, daß ich verblendet bin? Wenn ich aufhörte mit dieser verzweifelten Suche nach Wahrheit? Wenn ich mir nicht mehr das Hirn zermarterte, wohin ich als nächstes gehen soll?

Worüber würden wir reden? Was würden wir tun?

Ich begegnete einem außergewöhnlich stillen Mann namens Jean Klein, der Advaita-Vedānta (die uralte indische Lehre der Nicht-Zweiheit) und Yoga lehrt. Mehr als alles, was er sagte, berührte mich seine Präsenz, diese lauschende Stille. Jean ist ein europäischer Arzt und Musikwissenschaftler, der jahrelang in Indien war und seither, dem Auftrag seines Lehrers folgend, im Westen als Lehrer wirkt. Ein weißhaariger Mann, sicher über siebzig, vielleicht sogar achtzig Jahre alt, betrat den Raum und saß eine Weile schweigend mit uns, um dann Fragen zu beantworten.

Achten Sie genau darauf, weshalb Sie herkommen, sagt er. Ist da ein Gefühl des Mangels? Des Habenwollens? Wenn Sie sich sehr tief darauf einlassen, vielleicht können Sie sich dann das nächste Mal das Geld für die Fahrt sparen.

Ich kam am nächsten Abend wieder, um seine Präsenz noch einmal zu erleben. Ich bleibe stumm, denn ich sehe, daß alle meine Fragen von anderen gestellt werden. Da ist der Mann mit dem ratternden Gehirn, der nicht zuhören und nicht den Mund halten kann. Er schüttet die Stille mit intellektuellem Lärm aller Art zu. Ich erkenne mich in ihm wieder. Er wird mir eine Metapher für dieses Rastlose, Hektische, Selbstbezogene, das alle Offenheit und Weite zunichte macht. Da ist die Frau, die sagt, sie liebe dualistische Spannung, Opposition, das Aneinandergeraten mit den Dingen, Reibung. Sie macht sich Sorgen, daß Nicht-Zweiheit vielleicht nur langweilig und eintönig wäre. Da ist der Mann, der sich über die Lage der Welt Gedanken macht. Alle meine Fragen werden gestellt, wenn ich schweigend abwarte.

»Es ist schon zuviel über Meditation gesagt worden«, sagte Jean. »Ich glaube, Sie müssen die Meditation entdecken, die nicht Meditation ist. Sie sind ja schon hier. Wo denn hingehen?«

Da spüre ich wieder dieses somatische Umschlagen, ein Loslassen und Aufmachen an Geist und Körper. Ich will keine Zen-Buddhistin mehr sein. Mich schaudert bei dem Gedanken an Stunden und Tage des Sitzens in Schmerz und Verknotung, an die Starre und Künstlichkeit der Formen. Mein Körper und meine Seele möchten draußen im Freien und an der Luft sein, möchten frei sein. Meine Hand will die Mudrā nicht mehr formen.

Mir wird klar, daß ich nicht an diesem Rakusu weiternähen und nicht Zen-Priesterin werden kann. Vielleicht kommt dafür noch die Zeit, wer will das wissen, aber jetzt scheint es unnötig, Zierrat, Ablenkung. Das ist dieser subtile Unterschied zwischen Üben und Sein, zwischen Beabsichtigtem und jener Mühelosigkeit, die alle Richtung aufhebt.

Ich sagte Mel, ich werde nun doch nicht mein Rakusu fertigstellen und Priesterin werden. Er war enttäuscht. »Sie sind noch nicht so weit«, sagte er.

Das schmeckte mir gar nicht.

Hinterher ging ich die University Avenue hinunter und kam an einem völlig verwahrlosten Drogensüchtigen vorbei, der wie tot auf einer Bank lag. Es war einer meiner Liebhaber aus früheren Zeiten. Ich weckte ihn nicht.

Unsere Zivilisation steht am Abgrund. Viele Wissenschaftler und Ökologen sagen, daß uns keine zehn Jahre mehr für einen grundsätzlichen Richtungswechsel bleiben, der die vollständige und irreversible Vernichtung alles komplexen Lebens auf diesem Planeten vielleicht noch verhindern könnte. Es heißt, daß innerhalb der nächsten zehn oder zwanzig Jahre große Teile Nordamerikas versteppen werden und es hier dann zu Hungersnöten kommt, wie wir sie heute in Afrika haben. Wenn die Umweltzerstörung im gegenwärtigen Tempo weitergeht, so Mostafa Tolba, der Generaldirektor des UN-Umweltprogramms, »stehen wir am Ende dieses Jahrhunderts einer Umweltkatastrophe gegenüber, die so vollständig und unumkehrbar sein wird wie ein nuklearer Holocaust.« Wir sind am Ende oder am Anfang der Welt.

Der Tiefenökologe John Seed sagt, daß im Moment nur noch ein Wunder helfen kann. Nicht sehr wahrscheinlich? Kann sein, sagt er, aber denken wir mal an das Wunder, daß wir von einem Fisch abstammen, der das Wasser verließ, um an Land zu leben.

Wir brauchen offenbar einen Bewußtseinswandel von der Größenordnung dieses Quantensprungs der biologischen Evolution. Und es liegt auf der Hand, daß wir diesen Wandel nicht herbeiführen oder auch nur planen können. Er kommt, falls er kommt, als Gnade. Wir wissen nicht, ob oder wann er kommen wird oder worauf wir überhaupt aus sind. Expansive Technik, die Verstädterung der Welt, sogar der nukleare oder ökologische Weltuntergang sind vielleicht so natürlich wie Donner und Blitz. Der Tod ist schließlich ein Teil des Lebens, genauso wie Chaos, Vergänglichkeit und unaufhörlicher Wandel. Wir meinen nur, wir wüßten etwas.

Ich glaube nicht mehr an einfache Lösungen. Die Welt ist mir heute viel verwickelter, als ich sie früher gesehen habe; damals konnte ich die Welt in Gute und Böse einteilen und mich auf der *richtigen* Seite sehen. Heute weiß ich es nicht mehr. Ich glaube, es gibt die richtige Seite gar nicht; jedenfalls sind die Bösen genauso ich wie die Guten, und das Licht von der Dunkelheit zu scheiden, ist gar nicht so einfach.

Manchmal frage ich mich, ob es überhaupt sinnvoll ist, über die Lösung unserer globalen Probleme nachzudenken. Die Erde wird irgendwann sterben wie jedes andere Lebewesen. Die Sonne wird explodieren. Die Schlacht ist nicht zu gewinnen, und was jenseits unserer beschränkten menschlichen Sicht ist, wissen wir nicht. Vielleicht sollten wir uns einfach gar nicht mehr abgeben mit Recycling, sozialer Gerechtigkeit und meditativer Selbsterforschung.

Aber dann denke ich an Avria, dieses HIV-positiv und cracksüchtig geborene winzige Wesen, und an Geri und Naomi, die dieses Kind adoptiert haben und sich so liebevoll und begeistert um es kümmern, obwohl sich vielleicht herausstellen wird, daß es Gehirnschäden oder wer weiß was davongetragen hat. Lösungen zu suchen hat wenig Sinn, solange wir damit meinen, daß wir den Lauf der Dinge so steuern müssen, wie er unserer Meinung nach zu sein hat. Aber Liebe hat durchaus Sinn. Und offenbar ist Liebe das, was sich einstellt und geschieht, wenn wir klar sehen. Wenn man eine Fliege wirklich sieht, klatscht man sie nicht tot. Wenn man eine Blume wirklich sieht, tritt man nicht auf sie. Wenn man Avria wirklich sieht, wird man sie nicht ihrem Schicksal überlassen. Wenn man die Welt wirklich sieht, wird man für sie sorgen – auch wenn sie vielleicht untergeht und obwohl sie irgendwann ganz sicher untergeht.

66

Am Samstag besuchte ich meine alte Karate-Schule um zuzusehen, wie eine alte Freundin ihre Prüfung für den schwarzen Dan zweiten Grades ablegte. Sie war, als sie anfing eine ziemliche Niete. Sie war dünn und schwächlich und knickte unter jeder noch so kleinen Belastung ein. Sie machte sich klein, wenn sie angegriffen wurde, und bei einer früheren Prüfung lief sie sogar heulend von der Matte. Nicht im Traum hätte jemand gedacht, daß diese Frau es bis zum schwarzen Gürtel bringen würde. Aber da stand sie nun, völlig verwandelt. Sie hatte diese weiche, entspannte Selbstsicherheit, an der so überhaupt nichts Auftrumpfendes ist – einfach unbefangen und frei von Selbstunterschätzung. Sie war so natürlich, so stark. Das machte mir Mut. Wenn Bonnie Price es bis zum schwarzen Dan zweiten Grades bringt, vielleicht ist das Herz der Welt dann doch zu retten.

Der fünfzigste Geburtstag meiner Freundin Ginny wurde mit einem Ritual gefeiert. An die dreißig Frauen waren da. Wir saßen im Kreis und erzählten eine nach der anderen, als was für einen Menschen wir Ginny kannten und was sie uns bedeutete. Ein großes Bild entrollte sich da ganz langsam. Dann hoben wir sie auf den Fingerspitzen hoch und wiegten sie in der Luft und sangen ihr ein Lied. Es war ein Ritual der Einführung in eine neue Lebensphase. Mir fiel bei dieser Gelegenheit auf, wieviel sich im Laufe meines Lebens bei »Frauen-Themen« geändert hat, zum Beispiel bei Homosexualität, Altwerden und den Wechseljahren. Als ich aufwuchs, waren das Tabuthemen, die, wenn überhaupt, nur tuschelnd erörtert wurden. Heute spricht man frei über diese Dinge, man feiert sie sogar und findet Freude an ihnen. Dann sprang mir auch der Unterschied zwischen diesem Ritual und denen im Zen-Zentrum ins Auge. Hier war es spontanes, ungeplantes Improvisationstheater, etwas Einmaliges wie ein indianisches Sandbild. Es war lebendig und wirkte offenbar als Vehikel des Sehens und Hörens – ganz anders als eine Routineübung, die aus Tradition oder Gewohnheit einfach sein muß.

Im Traum befinde ich mich in einer gewaltigen Kathedrale und gehe als eine Art Ministrantin die Stationen des Kreuzweges, wobei der Priester an jedem Altar einen liturgischen Ritus ausführt und ich aus irgendeinem Grund eine Rolle Toilettenpapier zu tragen habe. Das muß ein Irrtum sein, denke ich. Ich müßte irgend etwas anderes tragen. Reb besteigt die Hauptkanzel und gibt eine entschiedene Stellungnahme gegen die Sexualität ab. Die Frauen stehen eine nach der anderen auf und verlassen unter höhnischen Äußerungen die Kirche. Ich bleibe. Was er sagt, leuchtet mir ein. Auch von Toni kommt in diesem Traum etwas vor: die Einsicht, daß sie genau wie wir ist, mit dem gleichen Oberflächenbewußtsein – nur daß sie sich nicht damit identifiziert.

Unter der Dusche fällt mir ein berühmtes Zen-Kōan ein:

Ummon wurde gefragt: »Was ist Buddha?«
Ummon sagte: »Getrockneter Arschabputzer.«

Bei einer Diskussion über die Göttlichkeit Christi sagte ein Freund einmal zu mir, er könne niemanden akzeptieren, der ein Arschloch als Gott habe. Ich sagte ihm, im Zen *sei* Gott ein Arschloch und ein Arschloch Gott.

Meine Freundin Elaine macht jetzt Hospiz-Arbeit auf der AIDS-Station einer Pflegeeinrichtung für Arme. Sie massiert Beine, die so dünn sind wir ihre Arme und dazu voller Geschwüre – nicht offen zwar und daher ungefährlich, aber Elaine wäscht sich doch viele Male die Hände, wenn sie heimkommt. Sie sitzt bei einem sterbenden schwarzen Drogensüchtigen, während er ißt und sich dabei immer wieder in einen Eimer erbricht.

Interessanterweise bin ich, was die schwelenden Konflikte über das Frauensitzen im Zen-Zentrum angeht, nicht »explodiert« und habe auch nichts »Fürchterliches getan«. Ich habe sogar eine Art Vermittlerrolle gespielt und war in der Lage, beide Seiten wirklich anzuhören und zu verstehen.

Blütenblätter des Obstbaums hinter dem Haus fliegen zum Fenster herein und tüpfeln den Boden meines Zimmers. Auch Bienen sehen sich bei mir um. Ich liege im Bett und lausche Bachs Cellosuiten und pflege Müßiggang.

Einmal am Nachmittag meditiere ich oder *meine,* ich meditiere, als ein Gefühl von äußerst gesammelter Präsenz sich einstellt und gleich darauf der Gedanke: »Ich stehe unmittelbar vor der totalen Klarheit« – ein Gefühl ungefähr wie im letzten Augenblick vor dem Orgasmus – und dann: »Was, wenn jetzt das Telefon klingelt?« Angstvoll zieht sich etwas in mir zusammen, um gegen die mögliche Störung und den damit doch sicherlich verbundenen Verlust der Klarheit gewappnet zu sein. Dann bin ich plötzlich wach und sehe, daß ein Telefon nur dann zum Problem werden kann, wenn das Denken »mich« auf dem Weg zu irgendeinem großen spirituellen Durchbruch sieht, zu dem ich in der Zukunft (in der Zeit – noch eine Einbildung) kommen werde, wenn ich nur lange genug ungestört sitzen kann. Das Ganze ist wieder mal eine Geschichte! Daß ich »unmittelbar vor der totalen Klarheit« stehe, ist ein Gedanke; daß »ich nicht erleuchtet bin«, ist ein Gedanke; daß ich »Erleuchtung finden« könnte, dies aber »Zeit brauchen« wird, ist ein Gedanke; daß es da ein vom Rest des Lebens gesondertes Ich gibt, dem das hier geschieht, ist ein Gedanke; daß das Telefon klingeln könnte, ist ein Gedanke. Manchmal bekomme ich einen Lachanfall: Da zerbröselt *alles* und *nichts* bleibt übrig!

Die von großer Einsicht in die Verblendung sind, sind Buddhas. Die höchst verblendet sind, was die Einsicht angeht, sind die Lebewesen.

DŌGEN

Läßt sich Bewußtheit aufrecht erhalten? Oder muß sie immer wieder verschwinden, manchmal auf lange Zeit? Woher kommt diese Frage? Ist es wieder das Denken, das Zeit herbeiredet und etwas haben möchte, etwas Dauerhaftes, etwas für mich?

67

Ich habe einen Artikel über Behinderung und Buddhismus geschrieben, der in einer buddhistischen Zeitschrift erschienen ist. Viele Buddhisten haben mir geschrieben. Der Tenor: »Danke, daß Sie es so darstellen, wie es ist.«

Mel rief mich in sein Arbeitszimmer. Er war verärgert, weil ich über das Zen-Zentrum und den Widerstand gegen die Ausstattung des Zendō mit Rampen geschrieben hatte. Seiner Ansicht nach hatte ich die Dinge überzogen und seine Motive schief dargestellt.

»Glauben Sie etwa, daß hier wirklich jemand Vorurteile gegen Behinderte hat?« fragte er mich.

»Ja«, sagte ich. »Es gibt hier eindeutig Diskriminierung und Vorurteile.«

»Nein, die gibt es nicht«, versicherte er mir. »Hier ist eine Bereitschaft, alles nur Erdenkliche zu tun, um Menschen, die in solch einer Situation sind, zu helfen.«

Ich fiel aus allen Wolken.

»Ich fühle mich in die Pfanne gehauen«, sagte er. »Sie suchen die Schwachstellen bei den Menschen und hacken dann darauf herum. Und Sie gehen ziemlich sorglos mit Ihren Worten um.«

Ich sah, daß er wirklich verletzt war. Plötzlich sah ich, daß er ein Mensch wie ich war, sehr betroffen von dem, was ich über ihn gesagt hatte.

Er fuhr fort: »Sie schreiben in Ihrem Artikel, daß im Zen zuviel Wert auf die Haltung gelegt wird. Man kann überhaupt nicht zuviel Wert auf die Haltung legen.«

»Bewußtheit hängt nicht von der Haltung ab«, beharrte ich. »Sehen Sie doch nur Anne zum Beispiel. Sie sackt zusammen. Ihr fehlen die Muskeln zum Geradesitzen. Heißt das etwa, sie kann die Wahrheit nicht realisieren?«

»Natürlich nicht«, erwiderte Mel. »Zusammengesackt ist für sie die perfekte Haltung. Man muß die Dinge immer den eigenen Möglichkeiten anpassen.«

»Aber wie fühlt sie sich wohl, wenn es in fast jedem Ihrer Vorträge um die Haltung geht und ihr immer wieder das Ideal vor Augen geführt wird, das für sie unerreichbar ist?«

»Woher nehmen Sie das Recht, so zu sprechen?« fragte Mel.

»Das Recht?« Ich traute meinen Ohren nicht.

»Ja. Sie marschieren so selbstgerecht mit Ihrer Fahne daher. Auch wenn Sie schon eine Menge Erfahrung haben, es bleibt vieles, was Sie erst noch kennenlernen und annehmen müssen. Und Sie sind bereit, die gesamte buddhistische Tradition, die in Jahrhunderten gewonnene Weisheit, in den Wind zu schlagen. Schwierigkeiten sind ein Teil der Praxis, ein Teil dessen, was man durchmachen muß, um zu reifen. Ihre Praxis ist noch nicht reif genug, um über solche Dinge zu sprechen. Vieles haben Sie noch nicht begriffen. Sie laufen immer noch Idealen nach.«

Ich fühlte mich geschurigelt und herabgesetzt. Meine Erfahrungen wurden offenbar nicht ernst genommen, mein Standpunkt galt nichts und wurde gar nicht erst betrachtet. Das Bild von mir als einer Frau, die ganz hübsch vorankommt, wurde einfach zerknüllt. Ich erlebte ein Wechselbad der Gefühle. Schon sah ich in mir eine Geschichte Gestalt annehmen, und sie handelte davon, was für ein Blödmann Mel doch war und daß ich recht hatte, während er blind war wie ein Grubengaul.

Wer war gekränkt?

Ich war wütend und in Abwehrhaltung, weil es nicht

stimmte, was er sagte, weil es himmelschreiend arrogant war; und mir war mulmig, weil es eben doch stimmte. Ich wollte Rache, ich wollte ihn auch kränken. Aber das hatte ich wohl schon. Mir war schrecklich zumute. Mel wirkte auch nicht sehr glücklich.

Er hat mich dreimal wieder angenommen, und dreimal habe ich ihn zurückgewiesen. Mir ging durch den Kopf, daß ich ihn nie wieder als Lehrer aufsuchen würde. Aber ich sehe, daß auch das wieder nur ein Bild ist und das Kaleidoskop irgendwann mit einer kleinen Drehung wieder ein ganz anderes Bild ergeben wird, das mich vielleicht beim Nähen eines neuen Rakusu zeigt.

Wir unterhielten uns noch eine Weile, bis ich schließlich aufstand, um mich zu verabschieden. Der Schmerz war noch zwischen uns, aber auch das Liebevolle, das uns immer verband. Ich war bewegt, verletzt, ärgerlich, traurig, beschämt und fühlte mich im Recht – alles zusammen in einem einzigen verworrenen Augenblick. Nein, Mel hat recht. Ich war überheblich und gedankenlos. Ich habe weder ihn noch das Leben richtig gesehen. Ich habe mich von Ideen und Meinungen leiten lassen. Ich habe Menschen weh getan. Und wenn es mir etwas ausmacht, daß man mir sagt, meine Praxis sei noch nicht reif – dann ist es wohl so.

68

Ein Mann namens Albert wohnt für ein paar Tage bei Anne North, und dort lerne ich ihn kennen. Albert ist an die sechzig Jahre alt und hat mal einen sehr gut bezahlten

Job bei Kodak gehabt, aber vor etwa dreißig Jahren hat er plötzlich alles hingeworfen. Er ist Christ, und er wollte Jesus ernst nehmen und die von ihm empfohlene Lebensweise im richtigen Leben ausprobieren. Nichts besitzen. Verkaufe, was du besitzt, gib den Armen, nimm nichts mit dir, hilf den Geringsten, habe Vertrauen, sei wie die Lilien auf dem Felde. Das Evangelium als wirklich radikale Botschaft. Albert kündigte und verschenkte all sein Geld und seinen Besitz.

Er engagiert sich für den gewaltlosen Widerstand gegen Atomkrieg und Unrecht; dann sitzt er wieder mal im Gefängnis, manchmal für ein volles Jahr und meist unter Umständen, die ihm keinerlei Privatsphäre lassen – Enge und Lärm. Wenn er nicht eingesperrt ist, lebt er meistens in einem Benediktinerkloster, wo sie ihn wohl als zur Familie gehörig betrachten, obwohl er kein Katholik ist. Er besitzt nichts.

Er ist von stiller, sanfter Art. Am meisten erstaunt mich an ihm, daß es in seinem Leben so gar nicht um ihn selbst geht. Er hat anscheinend wenig Sinn für die Dinge, die mich die meiste Zeit in Atem halten – etwa was »ich« tun soll, um glücklich zu sein oder Erleuchtung zu finden. Das ist bei Toni und Joko und Mel wohl auch so – sie sind nicht Gefangene ihrer eigenen Belange. Ja, müde bin ich dieses Lebens in endloser Selbstbezogenheit wohl auch, das nirgendwohin führt und so erbärmlich wirkt angesichts all dessen, was auf diesem Planeten vor sich geht – angesichts des unfaßbar Wunderbaren, das sich in jeder Minute bekundet, und angesichts des unfaßbar Grauenvollen, das sich in jeder Minute deutlicher abzeichnet.

Als Albert bei Kodak aufhörte und sich aller Besitztümer »entledigt« hatte, beschloß er die Probe aufs Exempel zu machen, um zu sehen, ob die Schrift die Wahrheit sagte mit den Worten »so wird euch solches alles zufallen«. Wenn du es wirklich wissen willst, sagte er, mußt du dein Leben dafür einsetzen. Einen anderen Weg gibt es nicht.

Es tat ihm auch weh, zusehen zu müssen, wie hier in der Bay Area mit Geld umgegangen wird, wie schnell und wie leicht sogar Erkenntnisse einer wirklich radikalen Art vereinnahmt und in den Konsumkreislauf eingeschleust werden. Er hatte einen Aufkleber mit dem Text »Stürzt das herrschende Paradigma« gesehen – »und das hinten auf einem neuen Volvo«, schnaubte er.

»Nicht daß Armut so wünschenswert wäre«, sagte er zu mir. »Nein, Armut ist scheußlich. Aber wenn dein Herz wirklich offen ist, bist du mehr oder weniger zwangsläufig arm.«

Ich fühle mich wie eine Touristin, den herzlosen Gaffern in den Nationalparks nicht unähnlich – nur daß ich innerlich auf Tour bin. Meine Besichtigungsfahrten führen mich ins Reich der Meditationspraktiken und spirituellen Trips, wo es um die immer noch tollere Erfahrung und die immer noch bessere Lebensweise als Errungenschaften des Ich geht, wo man im Vorbeigehen Schnappschüsse mitnimmt und Geschichten austauscht, aber eigentlich immer an der Tiefe des unmittelbar Vorliegenden vorbeihastet. Und schon denkt sich mein Kopf wieder ein nächstes Ziel aus.

Aber ich werde nie irgendwo anders sein als eben da, wo ich gerade bin. Es gibt keine anderen Orte und Umstände – außer im Denken.

69

»O Mist. Wie ich das hasse, Tetraplegikerin zu sein«, sagte Anne, als ich heute Vormittag in ihrem Haus war. Sie hatte eben das Telefon fallen gelassen. »Ich gebe mir wirklich Mühe in diesem Leben, damit ich es nicht nochmal machen muß.« Sie kommt den Flur herunter auf mich zu, das Telefon hinter sich herziehend, dessen Schnur sich in einem der Räder verfangen hat, und lächelt mich strahlend an.

Wir gingen in einen japanischen Tea Shop und tranken rauchigen grünen Tee. Danach machten wir einen langen Spaziergang am Hafen und sahen den Pelikanen zu. Als wir wieder aufbrachen, fuhr Anne den Van plötzlich an den Straßenrand und sagte: »Schau.« Im Schlick stand ein weißer Reiher auf seinen langen dünnen Beinen und fischte. Wir saßen lange schweigend da und schauten ihm zu.

Wieder bei ihr daheim, machte ich ihr noch einmal einen Antrag.

»Das meinst du nicht ernst«, sagte sie.

»Vielleicht doch«, erwiderte ich.

»Aber Joan, es würde doch keine vierundzwanzig Stunden dauern, bis wir die Sache wieder annullieren lassen.«

Immer noch bilde ich mir ein, daß körperliche Liebe zwischen Anne und mir eine immense Heilkraft für mich birgt. Ich ertrage den Gedanken nicht, daß es nie dazu kam, nicht ein einziges Mal. Ausgeschlossen und ungewollt zu sein, damit komme ich überhaupt nicht zurecht.

Ich erzählte ihr, daß ich mit dem Gedanken spiele, aus meinen Tagebuchaufzeichnungen ein Buch zu machen.

»O Gott«, sagte sie.

»Ich werde Pseudonyme verwenden«, beruhigte ich sie. »Jane Doe, querschnittsgelähmte Tänzerin. Niemand wird dich erkennen.«

»Kann ich sicherheitshalber noch eine Sonnenbrille aufhaben?«

Wir landeten schließlich in der Küche und küßten einander leidenschaftlich. Oder vielleicht eher unleidenschaftlich. Es war keine Liebe darin, keine Innigkeit. Nur eine Art Verlangen nach Nähe oder so etwas.

»Das ändert alles«, sagte ich.

»Ich glaube, ich sehe es lieber so, daß es gar nichts ändert«, erwiderte Anne.

Aber ich hörte nicht zu.

Kenny beobachtete gerade mit dem Fernglas Schmetterlinge im Garten, als ich kam. Meine Zeit in Kalifornien war fast um. Kenny betätigt sich als eine Art Stadtgärtner und versorgt etliche größere Anlagen in ganz Berkeley. Er ist homosexuell, und in seiner Praxis als Arzt und Akupunkteur kümmert er sich vor allem um AIDS-Patienten. Sein eigener Partner ist vor ein paar Jahren an AIDS gestorben.

Ich sagte zu ihm: »Als ich mit dem Meditieren anfing, war meine schlimmste Befürchtung, daß ich dann nur noch eine Art Zuschauerin sein würde; jetzt kommt es mir so vor, als wäre alles, was so passiert, nur ein Spiel von Phänomenen, ohne Sinn und Zweck. Wir gehen davon aus, daß Unrecht schlecht ist, aber am Ende läßt sich kaum noch unterscheiden, was gut und was böse ist. Irgendwie haben diese Worte keine Bedeutung mehr. Dieses geradlinige politische Denken, dem ich lange verfallen war, kommt mir heute so verfehlt und unwirklich vor. Du kurierst ein Problem, und die Kur erzeugt eine gänzlich neue Krankheit.«

»Mm.« Kenny wiegt genießerisch den Kopf und lächelt. Er liebt unbequeme Widersprüche.

»Hätte das vor ein paar Jahren jemand zu mir gesagt, ich wäre außer mir gewesen vor Empörung«, sagte ich. »Jetzt sehe ich es selbst so.«

Kenny sagt, ihm sei der Gedanke gekommen, daß AIDS vielleicht einer der größten Segen unserer Zeit ist, denn die Krankheit befällt Menschen im zeugungsfähigen Alter und das in einer Zeit, wo eine Dezimierung der Weltbevölkerung überlebensnotwendig geworden ist. Zur Zeit wächst die Weltbevölkerung um eine Viertelmillion pro Tag, und bei dieser Rate hätten wir in sechzig Jahren doppelt so viele Menschen wie heute. Kenny schweigt nachdenklich. Schließlich sagt er: »Aber die Leute wollen das nicht so sehen. Wir möchten alle immer weiter leben.« Er setzt sein abgründiges Grinsen auf, das sich an allen Möglichkeiten delektiert.

Oftmals scheint es so zu sein, daß wir einen auf Konditionierung beruhenden Gedanken (zum Beispiel, daß Frauen den Männern unterlegen sind) zwar durchschauen, aber gleich einen anderen (zum Beispiel, daß Frauen gleichwertig oder sogar überlegen sind) an seine Stelle setzen. Dann identifizieren wir uns mit ihm und können ihn nicht mehr hinterfragen. Mir gibt immer mehr zu denken, daß die »Progressiven« unter uns häufig in ihrem Denken genauso starr sind wie die auf die Bibel pochende rechte Opposition. Unsere Ideen gefallen mir besser, aber gerade das erschwert die Einsicht, daß sie auch nur lauter über die Wirklichkeit gebreitete

Vorstellungen sind – »nicht zur Disposition stehende Grundannahmen«. Wirklich heilend ist nur die Freiheit von *allen* Gewohnheitsmustern und feststehenden Überzeugungen – nicht die Suche nach neuen und besseren Ideen, an denen man doch nur wieder kleben bleibt.

Kenny singt mir einen alten Shaker-Song. Seine Stimme ist schlicht und klar – wie Shaker-Möbel. Danach sitzen wir schweigend zusammen. Das Telefon klingelt. Einer seiner Patienten stirbt. Er muß in die Klinik. Er packte mir eine braune Papiertüte mit selbstgezogenem Gemüse voll und stopft sich das Stethoskop in die Tasche, und weg ist er.

Beim Abend-Zazen lief mir eine Freundin von früher über den Weg und erzählte, meine ehemalige Therapeutin, Sophie Cardarelli, habe einen inoperablen Hirntumor und werde bald sterben. Sie gibt mir Sophies Telefonnummer in San Anselmo, und ich rufe sie am späten Abend an. Mehr als zehn Jahre habe ich nicht mehr mit ihr gesprochen.

»Ist das Joan mit dem einen Arm?« fragt Sophie. Sie spricht langsam und ein wenig undeutlich.

Wir verabreden, daß ich sie am nächsten Tag besuche. Sie begrüßt mich an der Tür. Durch die Steroid-Therapie hat sie stark zugenommen, und sie geht langsam und mühevoll, aber sie freut sich, mich zu sehen, und reißt immer noch Witze.

Ihre Mutter und Schwester sind aus New Jersey gekommen, um sie zu versorgen, und ihre Mutter spricht über sie, als wäre sie nicht im Zimmer. »Sophie ist jetzt inkontinent«, flüstert sie mir laut zu. »Nach den Prognosen sollte sie seit einem Jahr tot sein, aber sie ist noch da.«

Sophie zeigt mir die auf dem Kühlschrank stehenden Familienfotos, aber sie wirft die Leute durcheinander und Mama korrigiert sie. Sophie schluckt ungefähr zehn Pillen, und dann ziehen wir uns in den Garten zurück, um miteinander zu reden. Sie hält meinen Arm und streichelt ihn und sieht ihn an.

»Sie müssen ihn nicht mehr verstecken«, sagt sie.

Ihr Gehirn scheint in alten Bahnen zu laufen, von denen offenbar auch mein Arm eine ist. Jetzt hat mein Arm auch etwas beinahe Metaphorisches, er verkörpert Unvollkommenheit und Verlust und ist so auch ein Symbol für Sophies Lage. Seltsam fremd, dieser komische Arm, wie er so daliegt in ihrer Hand, unter ihrem Blick. Er gehört nicht zu mir, aber da ist er nun mal, immer noch Aufmerksamkeit erregend, Sinn heischend, ein Kōan, das mich nicht loslassen will.

Sophie wirkt ganz leicht geistig behindert, aber sie schildert ihre Situation mit vollkommener Klarheit. Einmal fragt sie sich laut, ob es unter solchen Umständen überhaupt einen Sinn hat, ums Überleben zu kämpfen, und nennt sich selbst »eine Frau von einst glänzender Begabung, die jetzt geistig behindert ist«.

Unsere Rollen sind seltsam vertauscht. Was ich an ihr liebe, hat nichts mit Verstand oder Erinnerung oder dem Körper zu tun, nichts mit dem, was untergehen oder beschädigt werden kann. Es ist etwas, das kein Tumor berühren kann. Als ich mich verabschiede, weiß ich, daß ich sie nicht wiedersehen werde.

»Ich liebe dich«, sage ich.

Sie hält meinen Arm in ihren Händen und sagt: »Ich liebe dich.«

70

Ich habe mich entschlossen, meinen klapprigen Toyota nach Springwater zurückzusteuern. Jeden Tag rufe ich Anne von unterwegs an. Ich stelle mir schon vor, wie ich im Herbst nach Hause komme zu ihr.

Ich unterbrach die Fahrt in Chicago, um meine Mutter zu besuchen, und einmal war ich einen Nachmittag allein bei Onkel Harold. Er geht jetzt mit einem Stock und verliert leicht das Gleichgewicht. Ich hatte ihm Tonis Buch geschickt, und er hatte es gelesen.

»Hättest du nicht gedacht, hm?« fragt er. »Ja, ich hab's gelesen. Klingt für meinen Geschmack ein bißchen zu sehr nach Mary Baker Eddy.«

Er hatte eine Schule der von dieser Dame gegründeten Christian Science Church besucht.

Er lud mich zum Essen in ein vegetarisches Restaurant in der Nähe des Altenheims ein, und später saßen wir im Garten hinter dem Altenheim bei dem Baum, den er nach Winifreds Tod für sie gepflanzt hatte.

»Ihre Asche ist unter dem Baum«, erzählte er leise. »Niemand weiß das, aber sie ist da.«

Wir saßen neben diesem Baum und sprachen über Politik, Religion, Homosexualität, Henry Kissinger, Außenpolitik, Abtreibung, Frauenrechte. Ich konnte es kaum glauben. Wir erörterten jedes nur erdenkliche belastete Thema, und es gab keinen Streit und keine Verärgerung. Kaum daß man auch nur von Meinungsverschiedenheiten hätte sprechen können. Ich höre anders zu, ohne Abwehr und allzu feste Standpunkte, und bei ihm ist es auch so. Wenn Onkel Harold und ich so miteinander sprechen können, ist die Welt noch nicht verloren.

71

Jetzt bin ich also wieder in Springwater. Ich beobachte, wie im Teich der Mond aufgeht. Könntest du das nicht noch ein bißchen besser machen? fragt der Kopf. Die Farben könnten noch ein bißchen klarer sein, oder? Ist das hier wirklich Klarheit? Bist du sicher, daß du es richtig machst?

»Was ist das mit dieser Klarheit?« frage ich Toni. »Wer braucht das? Ich bin sowas von deprimiert. Wen interessiert es, ob ich die Vögel piepsen hören kann? Was soll dieses ganze Klarheits-Zeug?«

»Haben Sie also doch aufgehört danach zu suchen?«

Es ist eine so winzige innere Verschiebung zwischen Habenwollen und Erleuchtung. Den Traum loslassen und *nichts* mehr erreichen müssen. Welche Erleichterung! Welche Unermeßlichkeit! Und wie sehr wir es fürchten!

»Kann das Habenwollen einfach vorhanden sein wie der Herzschlag?« fragt Toni. »Es nur hören, nur fühlen.« Möchte, möchte, möchte – der Puls der menschlichen Seele. Aber sich nicht von den Inhalten aufsaugen lassen, den jeweiligen Dingen, von denen wir uns das Glück versprechen.

Möchte aufwachen
Möchte geliebt sein
Möchte wissen, was ich tun soll
Möchte, daß das Urteilen für immer aufhört
Möchte Erleuchtung als unentwegtes Gut-drauf-Sein
Möchte Weltfrieden und das Ende allen Leidens
Möchte einen stillen Geist

Möchte Anne
Möchte Klarheit
Möchte fertig sein mit Möchten
Möchte
Möchte
Möchte

Wieder fällt mir der letzte Besuch bei Erik Hummingbird ein, bevor er an AIDS starb. Er war im Krankenhaus und unter der Sauerstoffmaske. Wir waren eine Handvoll Leute, die einander viele Jahre kannten. Erik, für sagenhafte Parties bekannt, spielte vom Bett aus immer noch Gastgeber und zelebrierte das Ausschenken von Heidelbeersaftcocktails auf Eis in Pappbechern, jedem einen. Diese Heidelbeersaftparty war für mich ein Augenblick des Erwachens, in dem mir aufging, daß es nur das hier gab. Keine Zukunft, nichts, was man noch werden müßte oder was noch auszugraben oder zu finden wäre, kein nächstes Ziel. Der Traum war zu Ende, und es gab über den Augenblick hinaus nichts, gar nichts. Nur dieser Saft in diesen Pappbechern und diese Leute. Wir benahmen uns wie immer, aber mit dem winzigen Unterschied, daß uns die Kostbarkeit jedes einzelnen und des Heidelbeersafts bewußt war. Es war eine Heilige Kommunion.

Jean Klein rät, beim Aufwachen am Morgen genau achtzugeben. Also habe ich das getan. Es ist sehr aufschlußreich, wenn man beobachtet, wie unser Geist das Ich und die Welt jeden Morgen wieder neu aufbaut. Die Erinnerung wacht auf, und schon stellt sich der Identitätsgedanke wieder ein. Ich bin Joan Tollifson. Ach ja, die!

Ich muß wieder in meine Rolle einsteigen. Joan, die sich so abrackert, um Erleuchtung zu finden. Plötzlich steht riesenhaft die Aufgabe vor mir: all das auf die Reihe zu bringen, was nach menschlichem Ermessen nicht auf die Reihe zu bringen ist, etwas erreichen, jemand werden, etwas tun. Wie ein Felsbrocken, den ich wieder aufnehmen und schleppen muß.

Diese Welt hier ist voller Begehren. Die Gräser, summend und schnarrend von Grillen und Grashüpfern, Tausende winzig kleiner Schmetterlinge über den Blüten, Libellen in genüßlicher Ruhe auf den warmen Steinen. Frösche treiben im Wasser, die langen Beine entspannt hinter sich herziehend und manchmal den gelben Kehlsack blähend. Ihr dissonantes Quarren und Trillern erfüllt die Luft. Abends blitzen Glühwürmchen aus dem Dunkel. Dann wieder Gewitter mit geradezu erschreckend lautem Donner. Blitzkaskaden erleuchten die Landschaft und lassen sie in die Finsternis zurückfallen.

Ich wählte Annes Nummer und bekam nur ihren Anrufbeantworter; sie rief tagelang nicht zurück. Endlich rief sie doch an. Sie hat eine neue Geliebte. Noch mehr Kummer und Wut, noch mehr Enttäuschung, die ich durchstehen muß.

Ich wache deprimiert auf. Ich sehe, daß ich mich dem hingeben möchte: »Ach, ich Arme, wieder mal angeschmiert.« Ich mag nicht recht davon lassen, denn das würde ja bedeuten, daß ich mich über nichts und wieder nichts aufrege. Ich will die Story ernst nehmen, weil es schließlich *meine* Story ist, und wenn die Story nichts als heiße Luft wäre, dann wäre *ich* ja nichts als heiße Luft. Es kommt die Klammerpanik und der Gedanke, daß es unmöglich alles nichts sein kann. Ich habe ungeheuer viel Zeit und Energie in dieses Drama meines Leidens gesteckt. Ich habe es analysiert und gefühlt, ich habe darüber geschrieben, nachgedacht und geredet, und daß jetzt so gar nichts dran sein soll, hat etwas von einem verheerenden Spekulationsverlust. Wir mögen von unserem Leiden nicht lassen, von der Identität des Opfers, von dem Gewicht, daß sie uns zu geben scheint. Was täte (oder wäre) ich ohne sie?

Die nächste Meditationsklausur. Ich war für die Koordination und Tonis tägliche Massage zuständig. Jetzt also zu den Knochen unter dem Bild; der weiche, alternde Körper, die blauen Venen an den Beinen, die rosige Kopfhaut. Der Körper ist so verletzlich, so flüchtig.

Mir wird jetzt erst richtig bewußt, wie vergänglich, wie sterblich wir sind und wie zerbrechlich auch unser ganzer sexueller Traum ist. Am Ende zerfällt er buchstäblich zu Staub. Ich glaube, ich habe dieser Realität noch nie so gerade ins Auge geblickt, ohne mich abzuwenden, ohne Trost zu suchen.

Im Augenblick möchte ich gar keinen Trost. Ich möchte die Wahrheit sehen. Den Dingen zuzugestehen, daß sie nicht in Ordnung sind, darin liegt für mich heute eine sehr viel tiefere Kraft. Mein Leben lang habe ich fröhlich und komisch und nicht traurig und kein Krüppel zu sein versucht, und plötzlich finde ich etwas Befreiendes in dem Eingeständnis, daß ich eben jetzt nicht glücklich bin und vielleicht auch nicht attraktiv.

Natürlich weiß ich, daß Schönheit im Auge des Betrachters liegt, daß ich schon als begehrenswert empfunden wurde und es wohl auch wieder mal so sein wird. Aber ich möchte auch deprimiert sein dürfen, ich möchte die Häßlichkeit und den Schmerz *sehen* dürfen, den Kummer, der darin liegt, daß ich auch als nicht attraktiv gesehen werde (von Anne, von der Gesellschaft, von mir selbst). Dieses eine Mal in meinem Leben möchte ich mich häßlich, deprimiert und ein Krüppel sein lassen. Ist es wirklich so schrecklich, häßlich, deprimiert und ein Krüppel zu sein?

Faszinierend, wie die Leute um einen herum sich winden, wenn man das versucht. Nein, nein … du bist nicht häßlich … du bist kein Krüppel … Kopf hoch … laß doch das.

Diese Gespenster, die wir fürchten wie den Tod, erweisen sich am Ende als Strohpuppen. Was wir *sind*, erleidet keine Verletzung, keine Zurückweisung, keinen Tod.

Ich hatte es schwer in diesen Tagen. Depressiv bis zur allerletzten Stunde, in der ich wohl endlich aufhörte mir zu wünschen oder vorzustellen, daß es lichter wird. Im gleichen Augenblick schlug etwas um, und dann war wieder diese erlösende Weite des Gar-nichts-Wollens. Nur dies, und genau so, wie es ist.

Nach dem Abschluß der Meditationstage lag Toni zur letzten Massage nackt auf der Massageliege, und Kyle war gekommen und saß auf der Couch, und wir unterhielten uns zu dritt sehr angeregt. Es hatte etwas so Intimes und Besonderes und machte mich froh.

72

Werde ich im Herbst bleiben oder nach Kalifornien zurückkehren? Ich überlege hin und her. Ein Wind geht und das Licht spielt im Laub. Ich sehe dem Denken zu, wie es sich alles zurechtzulegen versucht.

Toni fragte mich, ob ich wohl einfach bei der Energie des Niemandseins bleiben könne, ohne irgend etwas damit zu machen: ohne gegen jemanden anzukämpfen, jemandem zu helfen, mich in jemanden zu verlieben, Bücher zu schreiben oder sonst irgend etwas. Ist es möglich, das Niemandsein einfach so zu lassen?

Es kommen Augenblicke der Präsenz vor, des Lauschens ohne Ideen und Handlungsstränge, ohne ein Zentrum namens Ich. Doch dann saugt es mich zurück in den Mahlstrom des Denkens, und ich suche wieder nach Antworten und schwelge in Konfusion.

Manchmal stört mich das Ganze nicht mehr. Es ist wie Gezeiten, auflaufend und ablaufend, und nichts bedarf es darüber hinaus, keiner Verbesserung. Alles wird durchsichtig.

Beim Einbruch der Nacht und bis tief in die Dunkelheit sitze ich am Teich, und das Wasser spiegelt den Fledermaustanz. Der neue Mond hängt als schmale Sichel am Himmel. Am Teichrand heben sich undeutlich die massigen Rohrkolben ab. Diese Nacht hat etwas Unermeßliches. Raum um alle Dinge und in allen Dingen. Nichts Festes, keine Grenzen. Ich blicke zu mir hin, und da ist niemand. Wir sind alle ein einziges Geschehen. Das Denken beschwört Erscheinungen und Dichte herauf, aber in dieser weiten Nacht ist davon nichts zu sehen. Da ist *nichts.*

Den nächsten Tag suche ich nach meiner Erfahrung, meiner Erleuchtung. War es vielleicht das? Nein, nicht ganz. Habe ich sie noch? Wo ist sie? Wie bekomme ich sie wieder? Bin ich erleuchtet oder nicht?

Wenn du eine Erleuchtung willst, die wie das Sehen eines klaren Sterns am Himmel ist, dann wird das vielleicht sehr schön und du denkst: »Ah, das ist Erleuchtung«, aber dem ist nicht so. So eine Vorstellung wäre gänzlich verfehlt. Was du nicht weißt: Es ist eine gänzlich materielle Betrachtungsweise. Dutzende deiner Erleuchtungserfahrungen sind so oder so ähnlich, manche bloß materiell, manche Objekte des Geistes – als hättest du durch gute Praxis diesen hellen Stern gefunden. Das ist die Vorstellung von Ich und Objekt. So sucht man nicht nach Erleuchtung.

SUZUKI RŌSHI

Menschen kommen und gehen. War es nicht Thoreau, der sagte, man müsse nur an einer Stelle bleiben, und die ganze Welt werde an einem vorbeiziehen? So fühlt es sich hier an. Menschen kommen an und reisen wieder ab. Nette Menschen. Sie treten in dein Leben ein und verschwinden dann wieder – für einen Monat, für ein Jahr, für immer. Bei irgendeinem Menschen, den du besonders lieb gewonnen hast, bildest du dir ein, du würdest sein Weggehen nicht überleben, aber dann geht er oder sie und jemand anderes, den du ins Herz schließt, stellt sich ein. Wenn ich mich einfach darauf einlasse, ist es eine wunderbare Lektion. Was ich brauche, ist immer präsent. Ist die Präsenz selbst.

Der Gesang der Walddrossel am Abend kann einem

das Herz brechen, so rein ist er. Die Walddrossel führt ein sehr heimliches Leben, stets unsichtbar. Man hört nur das strömende Auf und Ab ihres flötenartigen Gesangs, jeder Ton von köstlicher Vollkommenheit. Ich laufe im Zwielicht nach draußen wie zu einer Geliebten.

Im Wald schwebt zwischen den Bäumen eine Eule heran und landet auf einem Ast über mir. Ich blicke hinauf in ihr Federgesicht und die großen dunklen Augen, und sie schaut zu mir herunter. So betrachten wir einander lange, bis sie sich mit ihrem Urzeitenruf aufschwingt und wieder zwischen den Bäumen verschwindet.

73

Ich bemerke eine Verschiebung in mir. Ich fühle mich nicht mehr verletzt oder beleidigt, wenn ich das Wort »Krüppel« höre, wenn mir eine rückständige Haltung gegenüber der Homosexualität oder sonst irgendein sexistisches Verhalten begegnet. Ich sehe es als das, was es ist, aber ohne persönlich davon betroffen zu sein. Ich habe mehr Mitgefühl und Einfühlungsvermögen für andere. Ich lasse mich nicht mehr auf jeden Kampf ein und fechte ihn weniger hitzig aus, das heißt ohne all die Übertreibungen und Gegenschläge und Feind-Seligkeiten, die den anderen eher noch mehr an seine Position binden, anstatt ihm den Raum zu geben, in dem er hören und vielleicht selbst herausfinden kann, was eigentlich vorgeht, um dann seine Position möglicherweise zu überdenken und zu ändern.

Mir fällt jetzt auch mehr auf, wie gut die Menschen

eigentlich sind. Ich muß nur bedenken, wie oft ich einfühlsam und achtungsvoll behandelt worden bin: Die meisten Menschen halten mich offenbar trotz meiner Behinderung für durchaus fähig; es gibt genug Männer, die sich aufrichtig dafür einsetzen, daß Frauen stärker und selbstbewußter werden können; und so viele heterosexuelle Menschen in meinem Leben, meine Eltern eingeschlossen, haben meine Homosexualität oder Bisexualität akzeptiert – meine Mutter hat sich sogar am Kampf für die Schwulenrechte beteiligt. Es ist durchaus nicht so, daß mein ganzes Dasein aus Unterdrückung bestünde. Der weit überwiegende Teil meiner Erlebnisse mit anderen Menschen ist positiv.

Freilich, es *gibt* ganz reale und scheußliche Arten der Unterdrückung. Sofern politische Arbeit darin besteht, die Mechanismen und Feinheiten solcher Unterdrückung bewußt zu machen und auf Veränderungen hinzuwirken, mag sie als konstruktiv gelten. Wenn es aber am Ende darum geht, die Opferrolle möglichst dramatisch zu spielen und sich als die allerunterdrückteste Person oder Gruppe hinzustellen, wird die Sache schief. Dann will man nämlich immer nur die alte Story erzählen – wie schwer es doch ist, Frau oder behindert oder schwul zu sein –, um sich damit so etwas wie bedingungslose Sympathie oder Achtung zu verschaffen. Und man fängt an, Unrecht zu sehen, wo gar keines ist. Du kämpfst nur noch und bist wütend und ganz sicher, daß du recht hast.

Wo Einsicht herrscht, versteifen wir uns nicht mehr auf bestimmte Vorhaben und Ergebnisse – und eben das ist es ja, was unser Sehen und intelligentes Handeln behindert. Und das ist kein mystisches Wischiwaschi, denn hier geht es ja um die Fähigkeit, sich der Wirklichkeit nicht zu verweigern, wenn sie uns enttäuscht – sei es im kleinen, etwa wenn keine Milch für den Frühstückskaffee da ist, oder im großen, etwa wenn man unter Diskriminierung oder Vorurteilen zu leiden hat, oder im Extrem, wenn man beispielsweise hungern muß oder gefoltert oder getötet wird. Wenn wir nicht bekommen, was wir wollen, wenn das Leben nicht so läuft, wie wir es gern hätten, was geschieht dann innerlich mit uns? Sind wir – letzten Endes – auf diesen Körper angewiesen? Oder darauf, daß die Wirklichkeit unseren Vorstellungen entspricht? In dem Maße, wie diese Abhängigkeit besteht, wird unser Leben voller Verwirrung und Enttäuschung sein. Tiefgreifender Wandel und echte Heilung liegen darin, daß wir die Wirklichkeit sehen, wie sie tatsächlich ist, ohne uns abzuwenden.

Nicht wünschen oder nicht identifiziert sein, das ist kein passives Hinnehmen von Unrecht; man löst sich nicht in formlose Glückseligkeit auf und kümmert sich dann nicht mehr um die Umwelt oder soziale Ungerechtigkeit. Denn wenn du klar siehst, stehst du nicht einfach da und läßt dich oder jemand anderen überfahren (im wörtlichen oder übertragenen Sinne).

Zu persönlicher Aufrichtigkeit und Echtheit, zu der Bereitschaft, sich zu exponieren und Risiken auf sich zu nehmen, muß man sich erst durchringen. Ich habe für mich entdeckt, daß noch mehr Ringen und Risikobereitschaft dazu gehören, nicht mehr zwanghaft meine Geschichte zu erzählen und Bestätigung zu heischen – all diese so real erscheinenden Denkgebilde hinter mir zu lassen, das Mordsdrama von mir und meinen schrecklichen Leiden. Ein tibetischer Rinpoche, der selbst viel

Schweres erlebt hatte, sagte einmal: »Alle Leben sind gleich.«

Sträubt sich in uns etwas gegen diese Aussage?

Mir hat vor einiger Zeit mal jemand gesagt: »Du bist gar nicht so anders, wie du meinst.« Alles in mir rebellierte dagegen. Doch, bin ich. Ich bin anders. Ich passe nicht ins Bild. Ich bin besser (oder schlechter). Ich bin ich. Wir identifizieren uns mit dem, was wir denken und sagen, mit unserer Geschichte, unserem Körper, unseren Aufklebern, unseren Schmerzen. Wir sehen alles, was uns kränkt, als absichtliches Verhalten, als gezielten Angriff auf unsere Person (oder andere, mit denen wir uns identifizieren), aber nicht als im Grunde unpersönlichen Ausdruck einer Prägung – und das sind ja häufig verbreitete gesellschaftliche Prägungs- und Vorstellungsmuster, die niemand sich aufgrund einer Entscheidung zu eigen macht. Entspringt das Verhalten eines Mörders wirklich mehr einer persönlichen Wahl als das Verhalten des Mordopfers?

74

Onkel Harold hatte einen schweren Herzinfarkt. Sie haben ihn von den Toten auferweckt, und er lebt noch. »Während meiner geräuschvollen Fahrt ins Krankenhaus«, schreibt er, »sagte einer der Sanitäter: ›Da geht er hin, er verdreht schon die Augen.‹ Für mich wurde alles schwarz, und es hätte friedlicher nicht sein können. Vielleicht habe ich meine Chance verpaßt – keine Himmelspforte oder so was. Sie waren alle wunderbar. Hörte später, daß deine Mutter und eine Schwester bis drei Uhr früh bei mir gewacht haben. Am wunderbarsten waren die Schwestern. Von oben bis unten wirst du gewaschen und gehätschelt. Junge, Junge. Die Decke, das typische Schallschluckmuster; die Wände rosa mit Fernseher und Uhr. Irgendwie waren Fernseher und Uhr dann auf dem Boden, und die Decke war eine Wand. Nachher war alles wieder normal, und ich habe immer hingestarrt, um den Wechsel mitzukriegen. Ging nicht. Immer wenn die Decke Wand war, erschienen zwei reizende kleine Damen in der Frühlingsmode der zwanziger Jahre, wirklich süß und so charmant. Sie blieben eine Weile und verschwanden dann in die Wand-Decke. Der Doktor drückte mir ein liniertes gelbes Papier in die Hand und wollte was geschrieben haben. Harold Osborne habe ich dann stolz geschrieben, ein ziemliches Gekritzel, aber stolz war ich trotzdem. Alles Liebe und Küßchen, Harold.

Der Brief ist mit Schreibmaschine geschrieben, ausgenommen die sehr wacklige Unterschrift. Ein Foto lag auch dabei. Ich stelle es auf meinen Schreibtisch.

Beim Packen vor meinem Umzug nach Springwater war ich auf alte Fotos von Onkel Harold gestoßen. Sie zeigten einen gutaussehenden jungen Mann unter einem Zehn-Gallonen-Cowboyhut neben seiner Braut, Winifred, um die er sieben Jahre lang geworben hatte – eine reizende junge Schauspielerin, die ein Diplom in Mathematik besaß und außerdem eine talentierte Sportlerin war. Ihre Flitterwochen hatten sie im Westen verbracht. Das war vor meiner Geburt. Winifred ist jetzt schon tot und Onkel Harold ein alter Mann mit Hörgerät und Herzschrittmacher.

In derselben Schachtel fand ich ein Bild von meiner Mutter, aufrecht im Bett sitzend. Sie sieht sehr jung aus, und sie stillt dieses so unglaublich kleine Baby.

75

Wir hatten ein Belegschaftstreffen, und Felix, der immer mit so ruhiger, sanfter Stimme spricht, ging auf Paul los und schrie ihn an. Das wurde so weitherzig aufgenommen wie früher, als ich es war, die hier explodierte. Hier löst sich alles so schnell und so spurlos, und mir ist bewußt, wie selten und kostbar das ist. Hier achtet jeder auf seine Reaktionen und schießt nicht einfach los, um dem anderen zu beweisen, wie unrecht er hat. Das gefällt mir hier so sehr.

Andererseits bin ich in Sorge, daß es vielleicht nicht genügt. In Springwater ist alles so ungewiß, mehr so ein Treibenlassen, eigentlich gar nichts. Was, wenn es sich als die falsche Wahl erweist und ich nach dreißig Jahren aufwache und merke, daß ich mein Leben vertan habe. Ich habe Angst, hier (oder irgendwo) hängenzubleiben, selbstverständliches Zubehör zu werden, jemand, auf den man sich verläßt und dem mehr und mehr Verantwortung zuwächst.

Viele Stunden jedes einzelnen Tages verbringe ich mit Überlegungen, an welchem anderen Ort ich vielleicht glücklicher wäre. Das geht schon all die Jahre so, und ich sehe es auch, aber es hat etwas so Zwingendes und Zwanghaftes, daß es einfach immer wieder geschieht. Ich möchte nicht aufhören damit.

Der Gedanke, in New York zu bleiben und irgendwann meinen kalifornischen Führerschein abzugeben, ist beinahe unerträglich. Wirklich erstaunlich, wie sehr ich an diesem Führerschein hänge, wie sehr ich mich mit »Kalifornien« identifiziere. Ich muß nur an diesen Führerschein denken, schon geraten meine Gefühle in Wallung.

Bleiben oder gehen. Bleiben oder gehen. Ich erlebe Augenblicke völliger Klarheit, in denen es überhaupt keine Frage ist, was ich tun werde; aber keine vierundzwanzig Stunden später ist das alles ins genaue Gegenteil umgeschlagen. Lauter geistige Blähungen.

Und dieser Wunsch, zur Ruhe zu kommen, irgendwo – an einem Ort oder in einer Lebensweise – zu *sein* und nicht wieder wegzugehen. Am Morgen jenes Tages, an dem ich zum ersten Mal nach Springwater aufbrach, ging ich zu Mel zum Dokusan. Es war noch vor der Morgendämmerung, und ich verbeugte mich und setzte mich in den kleinen kerzenerhellten Raum ihm gegenüber, wie ich es schon so oft getan hatte. Er schenkte mir eine Figur vom Altar, die mich auf meiner Reise begleiten sollte.

Ich fragte: »Was ist zur Ruhe kommen?«

Er sagte: »Zur Ruhe kommen heißt aufwachen von Augenblick zu Augenblick.«

76

Ich fragte Paul, ob er das Gefühl habe, hier noch wachsen zu können; er wirkt manchmal unglücklich und spricht vom Weggehen. Er sagt, er denke so nicht, auf all dieses Erfüllungs- und Entwicklungs-Zeug komme es nicht an, sondern einzig und allein auf Freundlichkeit. Werden wir hier freundlicher? Der Wind ging durch die Bäume, als er das sagte. Der Abend dämmerte, und ich schwieg betroffen.

Tja, ich bin leider immer noch auf Wachstum aus.

Die Menschen, die hier ein und aus gehen, erzählen von ihren Studienprogrammen, die sie zu Therapeuten Rolfern, Naturheilkundigen, Krankenschwestern oder was auch immer machen sollen. Mein Programm hat offenbar zum Ziel, niemand zu werden. Am Ende hast du nichts. Du bist nirgendwo. Du hast keine Zukunft. »Du selbst«, das gibt es auch nicht mehr. Es wirft überhaupt nichts ab.

»Ein sehr schwieriger Studiengang«, witzelt Felix. »Die meisten, die sich einschreiben, steigen wieder aus.«

Sharon hat mir einen richtig dekadenten Schokoladenkuchen zum Geburtstag gebacken, und alle sangen wunderbar falsch beim Geburtstagsständchen. Ich fühlte mich geliebt und aß zuviel und wurde dreiundvierzig. Es hat heute ein bißchen geregnet; abends habe ich in Pauls Zimmer Musik gehört und bin dann in der Dämmerung über die Felder spaziert. Alles roch so süß nach dem Regen. Die Frösche sangen im Chor, und die Mücken bissen nach Kräften.

Anne schickte mir zum Geburtstag ein Körbchen mit selbstgetrockneten Blüten, und nun hängt der Duft zusammen mit den vom Fenster kommenden Regengerüchen in meinem Zimmer. Heute mußte ich denken, daß Anne eigentlich die perfekte Partnerin war für das, was *tatsächlich* zwischen uns geschah: all das, was im Zusammenhang mit dem zentralen Problem der körperlichen Behinderung sichtbar werden und heilen konnte, so daß ich jetzt das Wort »Krüppel« und die Tatsache, daß ich einer bin, nicht mehr fürchte; all das, was hier offenbar wurde über Phantasien und Zurückweisung und Verletzung. Aber für das, was wir uns als Inhalt unserer Beziehung *einbildeten*, war sie ganz und gar nicht die Richtige. Nur geht mir heute auf, und das ist der wirklich merkwürdige Teil der Geschichte, daß wir das Echte und Wertvolle nicht zuwege gebracht hätten ohne den Teil, der bloße Einbildung war. Im nachhinein könnte ich jetzt sagen, es sei alles ein Irrtum und eine Riesenverblendung gewesen, aber in Wirklichkeit war es das, was es war. Unsere Gedanken sind eben nur das: Gedanken. Aber die Hand, die mitten in der Nacht nach dem Kopfkissen greift, orientiert sich nicht an unserem Denken. Über dergleichen läßt sich nicht unter dem Gesichtspunkt von Richtig und Falsch reden. Das säuberliche Sondern und Werten der Dinge gibt es nur im Denken.

So sauber und aufgeräumt, wie das vielleicht klingt, ist meine Wirklichkeit allerdings wieder mal nicht. Ich gehe deprimiert schlafen. Ich wache deprimiert auf. Ich bin traurig, weil ich nicht weiß, wo Daheim ist, weil ich in einen Menschen verliebt bin, der mich nicht lieben kann, und weil ich weiß, daß ich sie abgewiesen hätte, wenn sie mich gewollt hätte.

Die Leute haben seltsame Vorstellungen von Meditationszentren und dem Leben in ihnen. Sie meinen, das müßte doch ein friedliches, idyllisches Leben sein. Kaum Streß, viel eitel Sonnenschein. In Wirklichkeit sieht das vielfach ganz anders aus. Einen Großteil der Zeit für sich allein und in der Stille zu sein, ohne die gewohnten Ausweichmöglichkeiten und trostreichen Vorstellungen, nur Auge in Auge mit dem, was gerade tatsächlich gegeben ist – das kann alles andere als sonnig und idyllisch sein.

Man lebt und arbeitet in der Gemeinschaft mit immer den gleichen Leuten, die man sich nicht aussuchen kann, man hat mit dem endlosen Strom der Gäste umzugehen und lebt an einem Ort, den man nicht unbedingt als sein Zuhause empfindet, weil es nun mal ein Meditationszentrum ist. All das, zusammen mit der intensiven inneren Arbeit, die einen entblößt und ständig fordert, ist nicht immer einfach. Manch einer lernt hier tiefe Depression, Einsamkeit, Verzweiflung und Kummer kennen.

Für mich ist es so, als würde ich auf etwas gestoßen, das immer schon da war und dem ich jetzt nicht mehr ausweichen kann. Die Traurigkeit, die im Lebendigsein selbst liegt. Im Grunde hat das nichts mit Anne oder irgendwelchen äußeren Umständen zu tun. Es ist der Urschmerz des Verkörpertseins – getrennt, mißverstanden und von Natur aus unvollständig. Es ist jener tiefe Kummer im Innersten, von dem so viele spirituelle Meister sprechen, die Wunde, die sich der Gnade öffnet.

Aber manchmal öffnet sie sich einfach nicht, und wir liegen dann nur im Bett und fühlen uns grauenhaft. All die Vorstellungen – wie wir sein könnten oder sollten – helfen dann überhaupt nicht. Als ich klein war, sah ich mich so eine Art Albert Schweitzer werden. Ärztin in Afrika oder Sozialarbeiterin in den Slums, das wollte ich sein. Menschen retten. Daß ich mit dreiundvierzig eine Art Klofrau sein und mir in der Freizeit die Finger blutig beißen würde, hätte ich mir nicht träumen lassen. Und wenn ich mich früher einmal als Kontemplative gesehen habe, dann abgeklärt und still, aber nicht zerrissen und neurotisch. Ganz sicher würde ich mich dann nicht der Selbstverstümmelung hingeben oder unentwegt zwanghaften Grübeleien über meinen nächsten Aufenthaltsort nachhängen. Nein, ich würde erleuchtet sein und in Frieden und anderen eine Hilfe. Ich weiß, wie komisch das ist, aber irgendwie kann ich manchmal nicht darüber lachen, sondern würde gern weinen.

77

Ein schweres Gewitter rollt heran, der Himmel wird immer dunkler, der Wind immer wilder. Der ferne Donner kommt näher, und es fängt an zu regnen. Jetzt wird es sehr dunkel, und die Blitze schießen über den ganzen Himmel, gefolgt von ohrenbetäubendem Donner. Der Regen fällt in schrägen Vorhängen, und die Bäume biegen sich im Wind. Dem Regen folgt Hagel. Ich sehe Felix nach draußen gehen und beobachte von meinem Fenster aus, wie die weißen Hagelkörner in seinem schwarzen Haar landen.

Meine Mutter kam zu Besuch. Oben auf der Bank über den Feldern und Wiesen saßen wir oft nur still da, einfach um zusammen zu sein und den Wolken nachzusehen.

Als sie wieder fort war, nahm Felix mich zu einer abendlichen Kanufahrt auf dem Hemlock Lake mit. Lautlos gleitet das Boot durchs Wasser. Ich sehe die Gestaltungen des Lichts vorbeiziehen, einfach nur so, ohne jede Absicht oder Zielvorstellung. Alles ist hier so mühelos, sanft schwankend unter dem neuen Mond und den roten Wolken. Drüben am anderen Ufer fischen Reiher. Wir fahren näher heran und lassen uns dicht am Ufer entlangtreiben, durch die im leichten Wellengang sanft wogenden Spiegelungen der vom Eissturm gefällten Bäume. Manchmal das silbrige Aufblitzen eines springenden Fisches. Vom Wald her schwebt das melodische Lied der Walddrossel über den See. Felix entdeckt einen Weißkopfadler oben in einem abgebrochenen Baum. Wir lassen uns ein wenig näher herantreiben und betrachten ihn durchs Fernglas. Er scheint verletzt zu sein. Schließlich machen wir kehrt. Ich schaue zu Felix hin. Unsere Blicke treffen sich. Lichtuniversen. Als wir später in der Dunkelheit wieder zu Hause waren, massierte Felix mich. Seine warmen Hände auf meinem schläfrigen Körper.

Am nächsten Morgen rief meine Freundin Ginny mich aus Berkeley an und sagte, ich solle unbedingt nach Kalifornien kommen und bei ihr einziehen, da gerade etwas frei geworden sei – und ich sagte augenblicklich zu.

Später erfinden wir dann Gründe für derartige Entscheidungen. Tatsache ist aber, daß solch eine »Entscheidung« gar nicht »gefällt« wird. Sie geschieht. Plötzlich, ohne Ankündigung, zeigt sich der Weg. So war ich nach Springwater gekommen. Und so kehre ich jetzt nach Kalifornien zurück.

Ich unterrichtete alle von meiner bevorstehenden Abreise. In meiner Vorstellung war ich schon Zen-Priesterin mit kahlgeschorenem Kopf, langem schwarzem Gewand und ein Räucherstäbchen in den Händen. Ich kehrte zurück zu Anne. In meiner Phantasie hatte sie es sich anders überlegt und würde doch noch meine Geliebte werden. Ich würde wieder da sein, wo es Schwule und Krüppel und Kommunisten und Makrobiotiker zu Hauf gab, wo ich »hingehörte«, wo das Meer und dieses goldene Licht war. In meiner Phantasie war ich auch nicht mehr ruhelos, nicht mehr auf der Suche.

In Zukunftsphantasien kommen Mücken, Kopfschmerzen, galletreibende Menschen oder Grübeleien über einen vielleicht doch noch besseren Aufenthaltsort nicht vor. Da steht felsenfest eine Gegenwart, von Suchen und Wünschen keine Rede. Und das ist es ja eigentlich, was sich das Herz so sehnlich wünscht. In Tagträumen von künftigem Glück, der Erfüllung eines Wunsches, kommt das Suchen zur Ruhe. Wir atmen auf. Für einen Augenblick sind wir einfach nur hier, wunschlos glücklich. Was das Begehrte oder die erträumte Zukunft so begehrenswert macht, ist die Tatsache, daß dann kein Begehren mehr da ist. Nur halten wir leider den Gegenstand unseres Begehrens für die Quelle unseres Glücks und denken: »Ich muß nur das und das haben, damit ich mich so fühlen kann.« Warum lassen wir nicht einfach von den Gegenständen? Warum schieben wir das immer wieder auf?

Wenn ich erst in Berkeley bin, *dann* …

78

Die September-Meditationstage waren so licht. Weiße Blüten, an denen die Bienen im orangeroten Morgenlicht Stille trinken, und vor mir in der Luft schwebt ein rotbrüstiger Kolibri. Eine fast mikroskopisch kleine rote Spinne krabbelt über ein weißes Blütenblatt. Auf der unteren Wiese riecht es nach Skunk, und eine Frau aus New York City, die bei der Ankunft so hektisch und steif wirkte, liegt dort jetzt eingerollt in der Morgensonne.

Augenblicke reiner Bewußtheit, und immer wieder zurück ins Denken, aber ohne Urteil, ohne Identifikation, ohne einen Erzählungsfaden. Einfach Übergang. Kann Aufwachen wirklich so simpel sein?

Diesmal waren zwei schwangere Frauen mit dabei, also kamen sogar ungeborene Teilnehmer in den Genuß der Stille; und eine Frau hatte ihre achtjährige Tochter mitgebracht. Die übrige Familie hielt sich irgendwo in der Nähe auf, so daß die Mutter an der Meditationsklausur teilnehmen konnte, während der Vater sich um die Kinder kümmerte – es waren etliche. Die achtjährige Tochter hatte offenbar Geschmack an der Atmosphäre des Hauses gefunden und sagte ihrer Mutter, sie würde gern einmal mit uns sitzen. So saß also dieses Kind immer wieder mal neben der Mutter im Sitzraum und ging sogar aus eigenem Antrieb zu Toni. Sie lauschten zusammen dem Regen, erzählte Toni, das kleine Mädchen mit großen staunenden Augen. Toni auch, da bin ich mir ganz sicher. Eine Begegnung unter Erleuchteten, nichts im Wege.

Mich hat das Sitzen mit diesem kleinen Persönchen sehr berührt. Kinder sind in diesem Alter so ganz und gar echt. Wenn sie mit uns saß, empfand ich große Verantwortung. Der Verantwortung für diese Erde und für mein Leben – anstelle der Rastlosigkeit und des Selbstmitleids, von denen ich mich so oft habe mitreißen lassen.

Erste Zeichen von Herbst. Blutrote Schnitte im Laub. Rauhreif am Morgen. Die Wiesen werden braun und sind noch voller Blumen und Disteln, manche in Blüte, andere schon trocken und spröde. Die Walddrosseln haben ihre Winterquartiere aufgesucht, und die Hirsche legen ihr dunkles Winterfell an. Die Samenkapseln der Schwalbenwurz färben sich purpurn und können jeden Augenblick aufspringen. Neben mir auf der Bank sitzt noch jemand in der Abenddämmerung, und wir blicken über die Hügel und in die Wolken. Heather kommt und setzt sich zur Katzenmeditation zwischen uns.

Lassen Sie sich tief auf das Lauschen selbst ein, sagt Toni. Nur lauschen. Halten Sie an nichts von dem fest, was Sie hören oder sehen, sondern lassen Sie gleich die nächste Wahrnehmung ein. Analysieren Sie nichts, rekapitulieren Sie nichts, machen Sie sich auf nichts einen Reim, versuchen Sie nichts zu klären. *Einfach weiter.* Lauschen, bei nichts verweilen. Lassen Sie dem Lauschen seinen eigenen Gang, ohne jede Einmischung.

79

Meine letzte Nacht in Springwater. Die Sonne ist eben untergegangen. Mein Zimmer ist ausgeräumt, mein Wagen bepackt. Ich gehe zur Nordwiese hoch, um mich zu verabschieden. Es ist ein dunkler, stürmischer Abend. Von Norden her drängen schwarze und dunkelrote Wolken heran und bringen den Winter mit. Aus dem Wald dringt der Ruf eines Tiers. Der Wind steht mir ins Gesicht.

Mich überwältigt eine große Dankbarkeit für diese

zwei Jahre hier. Was zählt, ist Liebe, die Liebe, die ich an jedem hier spüre und die so offen zutage liegt, sobald die Gedanken und Bilder sich auflösen. Tränen steigen mir in die Augen – soviel Schönheit, soviel davon nicht gesehen.

Am Morgen stürmt es immer noch und scheint regnen zu wollen, die Bäume wogen. Eine Hirschkuh läuft mit ihrem Kälbchen über die Wiese, und die Krähen schlagen ihre Kapriolen im Wind.

Dann die Landstraße. Ein Truck-Stop in Pennsylvania. Ein Thunfischsandwich in Ohio. Der neue Mond über dem Highway. Dunkelheit. Roter Himmel. Mistgeruch.

80

Ein Mensch ist im Grunde
ein Auge des Geistes.
Haut und Knochen
sind nicht im Wege.
Was auch immer du wahrhaft
siehst, das bist du.
Rūmī

Kalifornien. Anne und ich wurden gute Freundinnen. Ich arbeitete an diesem Buch. Ich saß wieder bei Joko und bei Mel. Ich ging zu Einzelklausuren in ein Vedānta-Kloster in Olema. Wie ich das genoß, so ganz allein und ohne Stundenplan. Keine Bücher, keine Vorträge, keine Lehrer.

Ich saß auch bei Toni, als sie nach Kalifornien kam. Sie wohnte in dem Haus, in dem auch ich lebte, und zum ersten Mal empfand ich wirklich, daß wir uns als

Freundinnen begegneten, auf einem völlig neuen Terrain. Eine herrliche Entdeckung.

Bei Jean Klein war ich zu einer Meditationsklausur in der Wüste, dann noch mehrmals in der Bay Area. Einige Zeit verbrachte ich in der Camaldoleser-Einsiedelei in Big Sur. Ich hörte mir Bänder von Gangaji an, las Nisargadatta, telefonierte mit Joko. Ich sah mich in New Mexico um und stellte mir schon vor, daß ich dort leben würde. Dann zurück nach Kalifornien, um wieder bei Toni zu sitzen.

Ich möchte so dringend irgend etwas tun, um zu einer großen Erfahrung, um zu Etwas zu kommen: Wie mache ich mich? Hab ich's? Ist das hier »Bewußtheit«? Oder gar »BEWUSSTSEIN«? Ist es »Leere«? Hab ich's? Nein, in meinem linken Schulterblatt ist so ein Spannungsgefühl. Das sollte nicht sein. Denken sollte ich auch nicht. Muß unbedingt mit dem Denken aufhören. Statt dessen die Spannung erleben. Erlebe ich sie? Erkenne ich sie »nicht-erkennend«? Hab ich's? Nein, sieht nicht so aus. Ich bin noch nicht wirklich bis zum Grund vorgedrungen. Was tun?

So rattert es weiter und weiter.

Wir unterliegen alle so sehr diesem Druck, »produktiv« zu sein. Einmal machte ich während dieser Meditationstage mit Toni in Kalifornien einen Morgenspaziergang. Irgendwo sah ich einen Busch mit roten Beeren, an denen Tautropfen hingen. Ich blieb stehen und spielte wie ein Kind mit diesen Tautropfen. Dann hörte ich jemanden kommen und erstarrte. Es war, als hätte man mich beim Onanieren mitten auf der Straße erwischt. Was jetzt, aufhören oder weiter mit den Tautropfen spielen? Da liegt ganz offensichtlich eine sehr starke Programmierung gegen das Spielen vor. Man spielt nicht!

Toni verkörpert die Erlaubnis, einfach gar nichts zu tun. Mit Tautropfen zu spielen.

Ich muß immer genauer hinsehen, was es mit dem Habenwollen auf sich hat. Möchte Erfahrungen. Möchte etwas erreichen. Möchte endgültige, permanente Erleuchtung. Möchte wissen, verstehen, möchte alles zurechtgelegt und in der Tasche haben. Möchte Sicherheit – diese ewige Angst, daß alles zerstieben könnte. Möchte mein Leben beherrschen, managen, in der Hand haben. Und muß zusehen, wie der Verstand doch immer wieder neue und noch subtilere Wege für diese alte Leier findet.

Toni sagt: »Diese ganze Erfahrungsduselei – möchte Erleuchtung und so weiter – ist eine Form des Widerstands. In widerstandslosem Fließen brauchen Sie nicht zu wissen, wie Sie ›sich machen‹. Es ist so lebendig. Es ist das Flugzeug. Der Wind. Es ist eine solche Erleichterung zu wissen, daß wir gar nichts sein müssen.«

Wieder mal geht mir die Frage meiner Abhängigkeit von Toni im Kopf herum. In einem Gespräch während dieser Meditationstage stelle ich sie ihr ganz unumwunden: Was wäre mit mir, wenn Toni morgen einfach wegginge mit den Worten, sie hätte jetzt was anderes und die ganze Sache sei ein riesiger Irrtum gewesen? Wäre ich dann am Boden zerstört?

»Was ist die ganze Sache?« möchte Toni wissen.

Plötzlich muß ich lachen und kann nicht mehr aufhören.

Denn genau das ist es ja: Ich habe da ein tonnenschweres »Ding« in meinem Kopf, das ich mit mir herumschleppe und zu bugsieren versuche, mit dem ich mal hadere und dem ich ein andermal wieder nachjage. Ein riesiges totes Ding, das redet und aus nichts als Denken besteht.

»Da kann doch nicht einfach nichts sein!« sagte ich, immer noch lachend, aber ich meinte es ernst. Das ist zu einfach! Ich zitierte P'ei-hsiu in einem Dialog mit Huang-po, den Toni uns am Ende einer Meditationsklausur vorliest:

Frage: Was ist der Weg und wie muß man ihm folgen?
Antwort: Was für ein Ding, glaubst du, ist der Weg, daß du ihm folgen möchtest?
…
F: Sollen wir nach gar nichts suchen?
A: Dies einzuräumen würde dir eine Menge geistiger Anstrengung ersparen.
F: Aber das hieße ja, alles zu tilgen. Da kann doch nicht einfach nichts sein.
A: Wer nennt es nichts? … Wer sagt dir, du solltest etwas tilgen? Sieh doch die Leere vor deinen Augen. Wie könntest du die hervorbringen oder tilgen?

Später noch einmal im Gesprächsraum – dieses Gefühl, daß ich etwas haben möchte, von Toni, von diesem Gespräch; irgendeine endgültige, dauerhafte Einsicht, die mich für immer befreit. Dem Habenwollen lauschen, dem Flugzeug über uns. Plötzlich der Gedanke: Das Flugzeug genügt nicht.

»Das Flugzeug genügt nicht«, sagt Toni. »Aber das Lauschen. Es kann so still werden.«

Am nächsten Morgen, ganz vom Himmel gefangen, während ich zwischen zwei Gebäuden hindurchging, lief ich gegen einen Betonpfeiler. Die ganze Woche hatte ich eine mächtige Beule an der Stirn. Es war überhaupt nichts zwischen mir und dem Himmel, erzählte ich Toni, aber dann plötzlich auch nichts zwischen mir und dem Betonpfeiler.

An einem Nachmittag regnete es, und ich war mit meiner Beule bei Toni im Gesprächsraum. Wir saßen schweigend zusammen und lauschten dem Regen, und dann stiegen Gedankenblasen auf. Ich stellte Toni Fragen und hoffte Antworten zu bekommen, die mich zu einer Erleuchteten machen würden, damit ich dann einfach dasein und dem Regen lauschen konnte. Wirklich witzig, diese Gedankenblasen: »Ich bin noch nicht erleuchtet«, »Ich brauche noch etwas«, »Vielleicht kann Toni es mir geben«, »Das hier kann es noch nicht sein«. Es ist *alles* nichts als Denken.

»Sie bräuchten einen Quantensprung«, sagt Toni.

Einen Quantensprung.

Was ist es?

Es ist so einfach. Und wir lassen es so selten zu. Für zehn Minuten vielleicht, aber dann hängt das Denken schon wieder Programme und Praktiken und Ideologien darüber. Über Tonis Ansatz höre ich die Leute immer wieder sagen: Oh, das ist Dzogchen, das ist Advaita, das ist Zen, das ist Vipassanā. Aber ich denke: Ist es das? Je tiefer ich eindringe, desto mehr scheint mir, daß Toni etwas viel Schlichteres vertritt. Wenn wir all das Gepäck ablegen und ganz neu ansetzen – offenes Lauschen ohne *irgendeine* Vorstellung –, wo sind wir dann? Tonis Ansatz ist das radikalste Garnichtstun, das mir bisher begegnet ist.

Was natürlich nichts mit Faulheit, Trägheit, Nicht-aus-dem-Bett-Kommen oder hemmungslosem Suchtverhalten zu tun hat. Das wäre ja gerade nicht *gar nichts,* sondern *etwas,* Resultat des Denkens und vom Denken konstruierter Ich-Vorstellungen. Und das Denken oder das Ich loswerden zu wollen ist einfach noch mehr Denken. Die Aufgabe besteht demnach in vollkommenem Absehen von *jeglicher* Verdinglichung. Und wie Sehen geschieht, ohne daß man ein Programm dazu erfindet, ist ein Experiment ohne Ende – von Augenblick zu Augenblick.

Es ist nichts, was je fertig wäre. Und in gewissem Sinne ist es ganz entschieden Arbeit oder Übung. Es verlangt Eifer, Präzision, Ehrlichkeit, Leidenschaft und Interesse. Aber worin diese Arbeit eigentlich besteht, läßt sich immer schwerer definieren. Es ist ein fortschreitendes Transparentwerden, eine Verschiebung der Perspektive wie bei diesen magischen 3-D-Bildern, wenn man die Räumlichkeit plötzlich »hat«. Es läßt sich nicht erzwingen, und was sich dann zeigt, war immer schon da.

Nach wie vor sitze ich morgens eine Stunde und meist auch noch am Abend einige Stunden, aber das ist für mich nicht mehr die »eigentliche« Meditation – nicht mehr als jeder andere Augenblick des Tages. Alle Fragen, die »sich stellen«, entspringen, wenn ich sie zurückverfolge, dem Denken. Das Denken beschwört imaginäre Probleme herauf und versucht sie dann zu lösen. Es ist alles ein Aufschieben. Die Wahrheit ist eben jetzt. Unmittelbar. Einfach.

»Da ist nichts, dem auf den Grund zu gehen wäre«, sagt Toni. »Nur grund-loser Augenblick.«

81

Es wird immer einfacher.
Du fängst an zu begreifen, daß dein
bloßes Lebendigsein-Gebet ist.
Maggie Ross

Ich hatte vor, an der Juni-Meditationsklausur in Springwater teilzunehmen. Vor der Abreise erweiterte ich den Plan zu einem sechsmonatigen Besuch. Als ich da war, ließ ich mich wieder in die Belegschaft aufnehmen. Felix war nicht mehr da, und es gab neue Leute. Toni zeigte keine Krishnamurti-Videos mehr in ihrer Wohnung, und es gab jetzt offene Diskussionen. Das Ganze wirkte heller und gesünder. Ich war jetzt für den Empfang zuständig. Der Sommer verging, der Herbst.

Wie immer sah ich mich anderswo, im Berkeley Zen Center als Priesterin, bei Joko in San Diego, draußen in den Berkshire Hills bei den Pioneer Valley Zen-Mönchen, in Indien bei Papaji oder Ramesh, in Hawaii bei Gangaji, in Berkeley mit einer Karriere. Mitten im tiefsten Winter kündigte ich schließlich meine endgültige Abreise an. Ich wollte wieder in Kalifornien leben und Zen-Priesterin werden. Kaum zu glauben, wie oft wir einen Film manchmal abspielen müssen, bevor er nicht mehr zieht. Und vielleicht gibt es Filme, bei denen wir das nie erreichen. Vielleicht wird er dann nur immer durchsichtiger.

Die Leute hier waren offensichtlich traurig. Mir wurde plötzlich klar, daß ich ihnen etwas bedeute. Das macht mir angst. Verantwortung macht mir angst. Ich bekam das mulmige Gefühl, daß ich dabei war, einen Fehler zu machen. Aber das Bild, das mich als Zen-Priesterin zeigte, gefiel mir immer noch.

Sharon hatte Tränen in den Augen, als ich ihr sagte, ich werde gehen. Damit hatte ich nicht gerechnet. Mein Augenmerk hatte immer nur auf meinem Anderssein gelegen, und jetzt mußte ich plötzlich sehen, wie viel wir eigentlich miteinander gemein haben – etwas, das vielleicht wichtiger ist als übereinstimmende politische Anschauungen, gleiche sexuelle Ausrichtung, gemeinsame Kulturgeschichte oder dieselbe Art von Humor. Mir geht auf, wie gern ich mit den Menschen zusammen bin, die hierher kommen oder hier leben, auch mit denen, die ganz anders zu sein scheinen als ich. Mir kommt der Gedanke, daß es vielleicht doch nicht mehr gar so wichtig ist, unter Lesben und makrobiotischen Linken zu leben. Vielleicht ist da noch etwas ganz anderes, nicht so leicht zu sehen, was hier in Springwater erschlossen wird. Vielleicht ist es das überhaupt, was mich hergeführt hat. Vielleicht möchte ich eigentlich doch nicht hier weg.

Toni sagt: »Die meisten von uns kommen hierher, weil wir zwischen Widerständen und Ängsten eingeklemmt sind und einen Ausweg finden möchten, wobei wir uns den Weg meist viel komplizierter vorstellen, als einfach bei dem zu bleiben, was da ist. Das scheint zu wenig erhaben, zu unspektakulär. Einfach still, feinfühlig, empfänglich zu entdecken, was gerade los ist.«

Einfach hier sein, lebendig. Gänzlich lebendig. Dazu brauche ich nichts zu *tun*. Es ist so erschütternd einfach. Alles geschieht einfach nur. Fertig. Und dann rebelliert das Denken gegen dieses Einfache. Denn wenn das schon alles ist, dann ist das Drama ja aus. Und wenn es aus ist, was dann?

Bei der Arbeit an diesem Buch, während ich meine alten Tagebuchaufzeichnungen las, lag die Wahrheit völlig offen vor mir, mit Händen zu greifen. Sogar Mel sagte mir, ich solle bleiben. »Woher weiß ich, welchen Weg ich einschlagen soll?« hatte ich ihn einmal gefragt. Seine Antwort: »Es ist meistens der, den Sie direkt vor sich haben, der ins Auge springt.« Er sagt auch: »Unser Leiden liegt in dem Glauben, daß es einen Ausweg gibt.« Und genau das suche ich ja immer, einen Ausweg. Mel weiter: »Überlassen Sie die nicht gegangenen Wege sich selbst. Lassen Sie sich ganz auf den ein, für den Sie sich nun mal entschieden haben.«

Wenn ich einer Gruppe von Menschen, die nichts über Meditation wissen, erklären sollte, was das ist, dann würde ich ihnen dieses offene, uneingeschränkte Lauschen ans Herz legen wollen und nicht die formelle Zen-Praxis. Ich erkenne den Wert der traditionellen Zen-Schulung durchaus, aber sie ist nicht das, was mich am meisten interessiert oder wirklich packt. *Das hier,* das interessiert mich wirklich. Da ist mein Herz. Und da bin ich ja auch tatsächlich. Was wärme ich also diese Zen-Priesterin-Phantasie wieder auf?

Die Februar-Meditationsklausur begann, und der ganze Traum von der Rückkehr zum Zen löste sich ziemlich rasch auf. Am dritten Tag wurde alles ganz klar, und ich wußte, daß ich Springwater nicht verlassen würde. Es war wie das Aufwachen aus einem Traum. Ich bleibe hier, weil ich hier bin. Ich möchte nicht weg von diesem Ort, von dieser offenen Art zu arbeiten, von Toni, von dieser Gemeinschaft. Ich empfand ein somatisches Umschlagen. Mein Körper kam nach Hause zurück, zum Lauschen.

Toni hat mich kürzlich einmal gefragt, ob ich ganz sicher sei, daß da nichts mehr ist, wohin ich noch gehen könne. Nein, ganz sicher bin ich da offenbar nicht. Also bleibe ich am besten hier und versuche herauszufinden, was das ist, wovor ich weglaufe oder wonach ich suche.

Ich neige dazu, mein Leben in der Phase der »ersten Liebe« zu halten. Es geschieht natürlich nicht bewußt oder absichtlich, aber ich sehe immer deutlicher, daß es so ist. Ich breche immer gerade auf oder komme an. So werde ich nie selbstverständlich, lasse es nie so weit kommen, daß man sich auf mich verläßt, muß nie wirklich aushalten, daß die Realität nicht so ist, wie ich sie haben möchte. Denn innerlich weiß ich immer, daß ich bald wieder gehe, also macht es nichts. Ich halte mir alle Türen offen. Ich plane immer schon das Nächste. So komme ich auch nie über eine gewisse Tiefe hinaus. Im Grunde verrate ich mein eigenes Leben – oder das Leben überhaupt.

Nixon starb, der Mann, der mehr Bomben abwerfen ließ als jedes andere Staatsoberhaupt der Weltgeschichte. Wenn es eine Gestalt gibt, die für all das steht, wogegen ich in meiner Jugend gekämpft habe, dann ist es Richard Nixon. Interessanterweise bin ich traurig. Wie wir doch an unseren sogenannten Feinden hängen.

Onkel Harold wurde ein Bein amputiert. Dann stürzte er und verlor ein Auge und brach sich das Schlüsselbein. »Ich bin aus der Welt herausgefallen«, sagte er am Telefon, unverständlich nuschelnd aufgrund der Medikamente und einiger Gehirnschläge. »Ich weiß nicht, wer ich bin oder wo ich bin oder was ich tun soll.« Sein Bewußtsein entgleitet.

In Tränen während einer Belegschaftsversammlung, weil ich mein Leben lang auf das Ganz Große gewartet habe, das gleich hinter der nächsten Ecke passieren wird, und jetzt sehen muß, daß nichts je passieren wird außer diesem Augenblick. Was, wenn ich *wirklich* niemand bin?

Später sitze ich im schwindenden Licht oben am Teich. Irgendein Tier stirbt im Wald, wird gefressen. Eine Zeitlang das Schreien, Reißen und Scharren, dann Stille. Leuchtkäfer und der Mond am Himmel. Ein unermeßlicher Kummer. All meine Illusionen rinnen aus.

Ich hörte mir weitere Bänder von Gangaji an. Sie ist ungefähr so alt wie ich, hatte in Kalifornien Akupunktur praktiziert und war dann nach Indien zu Papaji, einem Guru der Advaita-Tradition, gegangen. Dort hatte sie ein Erweckungserlebnis. Sie ist eine hochbegabte Frau, sexy und charismatisch, Liebe ausstrahlend und von atemberaubendem Scharfblick. Sie ist von unglaublichem Selbstvertrauen und intuitiver Spontaneität. Irgend etwas an ihr hat mich früher immer ein wenig mißtrauisch gemacht, ein Zug, den ich als umgarnend, großspurig, hypnotisch, als irgendwie gefährlich empfand. Manche Leute in ihrer Umgebung, finde ich manchmal, lassen ihre ekstatische Glückseligkeit ein bißchen zu weit heraushängen. Dem traue ich nicht.

Trotzdem hörte ich mir die Bänder wieder an, und diesmal erschütterten sie mich sehr. Gangaji schneidet den Leuten augenblicklich ihre Geschichten ab, meist bevor sie auch nur einen Satz fertig haben. »Fassen Sie die Geschichte gar nicht erst an«, sagt sie mit großem Nachdruck. Beenden Sie Ihre Süchte, einfach Schluß damit. Sie spricht von der Bereitschaft, alles, was sich gerade zeigt, direkt zu erfahren – ohne es zu unterdrücken oder zu entladen, ohne es zu leugnen oder auszuleben, ohne es zu analysieren, zu sentimentalisieren oder eine Geschichte darüber zu erzählen. Unerbittlich weist sie alle Aufschub-Strategien zurück und deutet unmittelbar auf den Ursprung. Hören Sie auf mit der Suche. Die Wahrheit ist kein imaginärer Zustand, der sich noch nicht eingestellt hat.

Ich war wie verliebt. Ich ging singend im Haus herum. Ich stellte in meinem Zimmer ein Bild von ihr auf. Die Züge an Gangaji, die ich früher als beängstigend empfunden hatte, zogen mich jetzt geradezu an – ihre unverhohlene Freude an devotionaler Liebe, ihr überschäumendes Vergnügen am Komischen, ihre Leichtigkeit, ihre Unerschrockenheit. Wenn das ein »Umgarnen« ist, weshalb wehre ich mich dann? Habe ich Angst, die Kontrolle zu verlieren oder mein Gesicht, meinen Verstand, meine Freunde? Ich habe die vornehme Zurückhaltung so satt. Gangaji nennt sie die »Krankheit des Intellektualismus« – dieses Bemühen um überlegenes Ruhigbleiben, diese Angst vor offener Verehrung und Liebesbekundung oder vor dem allzu direkten Aussprechen der Wahrheit. Halten Sie nicht an sich, drängt sie, seien Sie nicht so beherrscht. Und lassen Sie das ganze halbherzige »Ja, aber« weg. Ihr Aufruf zu devotionaler Ekstase und dem Aussprechen der ungeschminkten Wahrheit berührt eine tiefe Sehnsucht in mir.

»*I'm in love* (Ich bin verliebt)«, sagt eine Frau auf einem der Bänder zu Gangaji, und sie meint: verliebt in Gangaji.

Ich zuckte zusammen. O Gott. Ich konnte mir ausmalen, was Toni *damit* anfangen würde. Ich war sehr peinlich berührt. Natürlich war ich auch verliebt in Gangaji, aber das würde ich ihr niemals sagen und ganz bestimmt nicht öffentlich! Ich hielt meine Liebe zu ihr unter Verschluß. Es war etwas, dessen ich mich ein wenig schämte. Und ich »wußte«, daß es ein gefährlicher Wahn ist.

Noch mehr überraschte mich Gangajis Antwort. Sie sagte ungefähr: »Was für eine wunderbare Erklärung!« Als hätte sie gerade etwas wirklich Schönes gehört. Dann sagte sie: »Und jetzt lassen Sie einfach das *›in‹* weg.«

Ich bin Liebe. Gangaji nahm die Liebe dieser Frau an, begeistert, um sie dann auf ihren Ursprung zurückzuverweisen. Für mich liegt darin etwas sehr Heilsames, es wirkt meinem protestantisch-puritanischen Hang entgegen, immer so ernsthaft, so überaus beflissen zu sein. Gangaji hat diese Herzenswärme, dic Bereitschaft, Ekstase, Liebe und göttliches Verliebtsein zuzulassen, sie nicht nur zuzulassen, sondern sie wirklich aus ihren Verstecken zu holen und zu feiern, zu genießen, sich in sie hineinfallen zu lassen. Sei ruhig verliebt. Unverhohlen, kopflos, haltlos. Das mag gefährlich sein, aber es belebt auch. Beim Abhören dieser Bänder mit Gangajis Satsangs wurde vieles in mir angerührt, und es begann sich etwas zu entfalten.

Ich hörte auf mit dem Fingerkauen. Gangaji sagt, hör einfach auf mit diesen alten Gewohnheiten, knüpf nicht wieder an, laß einfach alles – und das tat ich. Ich *wußte,* daß ich nie wieder damit anfangen würde, genauso, wie ich auch weiß, daß ich nie wieder trinken oder rauchen werde. Beim Fingerkauen war das eine völlig neue Empfindung für mich: ganz und gar sicher, daß es hinter mir lag. Die ganze Sache wurde einfach kraftlos und fiel von mir ab. Als wäre in meinem Kopf ein Schalter betätigt worden. Ich *sah,* daß ich es nicht weiterhin tun muß. Ich mußte dazu nicht meine Willenskraft aufbieten, sondern eher loslassen, mich der Mühe des Nagens nicht mehr unterziehen, die fixe Idee aufgeben, daß ich süchtig bin. Früher war immer der Gedanke da: »Diese Gewohnheit ist wirklich stark und alt und nicht zu beherrschen und unüberwindlich – damit aufzuhören, das schaffe ich nicht.« Dieser Gedanke war jetzt plötzlich durchsichtig und kraftlos. Die ganze Sache fiel auseinander und war weg.

Ich sah mich schon in Hawaii bei Gangaji. Ich würde Springwater verlassen und nach Maui ziehen. Oder vielleicht gleich nach Indien zu Papaji, ihrem Guru, von dem alles ausging. Schließlich buchte ich für den Juli einen Flug nach Kalifornien, um Gangaji dort zu sehen.

Dann fiel meine Mutter im Bus hin und brach sich den Hüftknochen, und so saß ich denn plötzlich im Flugzeug nach Chicago und hatte den Flug nach Kalifornien storniert. Den Sommer verbrachte ich in Krankenhäusern und Rehabilitationszentren. Das war eine kostbare Zeit der Nähe zu meiner Mutter, aber die Schmerzen, die ich miterlebte, das mühevolle Laufenlernen stießen mich auch wieder auf die Frage des Todes, der Vergänglichkeit, der Zerbrechlichkeit. Alte Ängste tauchen auf – ich besaß kein Geld und war ein Niemand –, und mich bedrängte der Gedanke, daß ich einen Beruf brauchte. Kurz vor meiner Abreise aus Chicago fing ich wieder mit dem Fingerkauen an.

Es war Spätsommer, Vollmond, als ich wieder nach Springwater kam. So viele Träume waren welk geworden. Mein großer Durchbruch mit dem Fingerkauen war offenbar in Rauch aufgegangen, meine Entscheidung, in Springwater zu bleiben, wackelte schon wieder, ich war durcheinander, und es fühlte sich alles so alt und wohlbekannt an: in der Klemme.

Ich hörte förmlich wie Toni und Joko und Gangaji mir – jede auf ihre eigene Art – zuriefen: Erlebe das Durcheinandersein unmittelbar, genauso wie den Drang zu kauen und die Wut und die Angst, die dahinterstehen – nur reine Sinneswahrnehmung, ohne die Geschichte. Lausch den Gedanken und sieh sie als Gedanken. Und wenn es zum Kauen kommt und der Drang dir unwiderstehlich *erscheint,* dann erlebe das Kauen. Ganz und gar. Fühl die Empfindungen. Hör die Gedanken.

Tatsächlich falle ich aber in einen dumpfen, verschwommenen Zustand und denke an andere Dinge oder denke *über* das Geschehen nach – als »meine« Verwirrung und »meine« Sucht. Zu Toni sagte ich, ich sei verzweifelt, weil ich diese Gewohnheiten zwar *sah,* die Zukunftsgrübeleien und das Fingerkauen, aber nicht verhindern konnte, daß sie immer wieder kamen, Jahr für Jahr für Jahr für Jahr.

»Hier müssen Sie die Dinge wirklich präzis auseinanderhalten«, erwiderte Toni. »Wenn Sie sagen, daß Sie die Dinge *sehen,* ist es dann wirklich Sehen oder ist es *Denken?* Wie lang sie schon bestehen und daß das wohl nie aufhören wird und wie hoffnungslos das ist und was man denn wohl tun könne, um das in den Griff zu kriegen. Das ist eben nicht Sehen, sondern Denken.«

Dieses Vorgehen (und das Leben überhaupt) ist eigentlich so einfach! Und wir wehren und wehren uns dagegen. Wir suchen immer weiter nach imaginären Lösungen.

Ich rief Joko an und sagte ihr, ich spiele mit dem Gedanken, nach San Diego umzuziehen. Ich bildete mir ein, daß der direkte Umgang mit ihr, wie er am Telefon nicht möglich ist, mir weiterhelfen würde.

»Ich glaube, Sie sollten genau da bleiben, wo Sie sind«, sagte Joko.

Joko hat in letzter Zeit einen Ansatz entwickelt, den sie »System-Arbeit« nennt. Soweit ich es verstehe, ist ein System eine zum feststehenden Muster gewordene Verhaltensweise, die wir benutzen, um vom Hiersein wegzukommen. Der richtige Umgang mit solchen Systemen besteht nach Jokos Worten nur darin, daß man sie beobachtet und identifiziert und dann bewußt gegen sie handelt. Nicht um dadurch ein besserer Mensch zu werden, sondern weil man sich damit der Angst, dem Grauen, der Panik aussetzt, die solch einem System als Motor dienen. Diesen Schrecken körperlich zu erleben, gänzlich außerhalb der Sprache, das ist die Pforte zum Aufwachen. Es ist im Grunde das, was Gangaji und Toni auch sagen: Sich auf das unmittelbare Erleben des jeweils Vorliegenden *als Empfindung* einlassen, ohne es zu benennen, ohne uns eine Geschichte darüber zu erzählen – was es ist und wie es dazu kam und wie lange es wohl noch dauern wird und wie hoffnungslos es ist. Einfach still sein und es bis zum Grund erfühlen, wo es sich als nichts, überhaupt nichts, erweisen wird.

Deshalb sagte ich Joko jetzt, eines meiner Hauptsysteme bestehe offenbar in diesen ewigen Zukunftsgedanken; daß ich mich immer anderswo sehe und ja auch tatsächlich ständig von hier nach da und von da nach hier unterwegs bin.

Joko fragt mich, wie ich denn bewußt gegen dieses System verstoßen könne.

»Na ja, wenn ich mich zum Beispiel verpflichte, für eine gewisse Zeit hier in Springwater zu bleiben.«

Joko stimmt mir zu. Machen Sie es nicht zu großartig, rät sie mir. Verpflichten Sie sich nicht auf zwanzig Jahre. Es muß zu schaffen sein, aber es muß auch lange genug sein, um die Panik auszulösen.

Sofort kam mir: zwei Jahre.

Die nächsten Wochen versuchte ich mich auf ein Jahr herunterzuhandeln, aber der Gedanke an ein Jahr brachte mich offenbar nicht in Bedrängnis. Zwei Jahre genügten dazu ganz eindeutig. Schließlich wagte ich den Sprung ins eiskalte Wasser und erzählte allen, ich werde mich für weitere zwei Jahre binden.

Es folgten Wochen der schieren Hölle. Jede Stunde, die ich nicht schlief, war vollgestopft mit Fluchtgedanken: wo ich lieber wäre als hier und wie um Himmels willen ich aus meiner Verpflichtung wieder herauskäme, ohne das Gesicht zu verlieren. Es war grauenhaft.

Doch dann verschob sich wieder etwas. Ich wachte auf. Ich sah mich um und stellte fest, daß ich hier eigentlich ein recht nettes Leben habe. Da hörte ich auf, über die Zukunft nachzudenken.

82

»Joan«, sagte Roger, »du solltest aufhören, diese ganzen spirituellen Bücher zu lesen. Als ich herkam, habe ich dauernd gesessen, Stunde um Stunde jeden Tag. Bis mir klar wurde, daß ich nur irgendeine große Erfahrung haben wollte. Da habe ich aufgehört. Ich glaube, du mühst dich zu sehr ab.« Seine Augen strahlten. Dann rülpste er.

Erleuchtung, sagte Joko, ist die endgültige Niederlage, nicht der endgültige Sieg.

Hierbleiben heißt das Hoffen aufgeben; heißt einsehen, daß es das hier ist. Ich fühle mich zur Ruhe kommen wie niemals zuvor, und ich fange an, mein tatsächliches Leben wirklich zu schätzen. Die Männer, die hier leben und arbeiten, sind mir wie Brüder geworden. So verschieden sind wir und doch einander so nah. Die feinfühlige Aufmerksamkeit, in der wir hier miteinander leben und arbeiten, geht mir jetzt anders unter die Haut als früher, und all die Identitäten, an die ich mich geklammert habe, scheinen sich auflösen zu wollen.

Toni erzählte während der Meditationsklausur einen Witz über einen Mann, der sich für ein Weizenkorn hielt. Er kam in die Psychiatrie, wo man ihn nach einer Weile für wiederhergestellt hielt und entließ. Auf dem Heimweg sah der Mann ein Huhn über die Straße gehen und rannte entsetzt in die Klinik zurück. Der Psychiater sagte zu ihm: »Ich dachte, Sie wüßten jetzt, daß Sie kein Weizenkorn sind.« – »Ich schon«, erwidert der Mann, »aber weiß das Huhn das denn auch?«

Am Thanksgiving-Morgen gehe ich zum Garten hinüber, schiebe den Riegel des Gartentors auf, wische den Schnee vom Grünkohl und breche grüne Wedel ab. Eine einzelne Meise ist zu hören. Wir bestehen hauptsächlich aus Wasser und Raum, sagt Toni. Wasser und Raum.

Wie aus Papier ist der Vollmond, der über der Winterlandschaft aufsteigt, eine rote Scheibe, die dann kleiner und heller wird und schließlich auch Körper bekommt. Im Mondlicht unter dem Sternenhimmel äsen die Hirsche, und ich betrachte staunend, wie das alles zusammenhält. Am Morgen ist der Himmel rot. Es geht ein scharfer, böiger Wind und weht die Krähen schräg über den Himmel.

Wie voller Möglichkeit das alles ist. Grenzen bestehen nur in der Vorstellung. Freiheit ist sehen, ohne Anstrengung sehen, daß man den Gedanken nicht nachgehen muß. Alles geschieht. Wir sind nicht die Macher. Wir sind auch nicht machtlos, denn es gibt kein vom Ganzen getrenntes Ich, das dieses Ganze zu steuern hätte oder unter die Räder kommen könnte. Wenn wir nichts wissen, ist alles möglich. Unauslöschlich aufgeprägt scheinende Muster können abfallen, weil sie ohnehin reine Einbildung sind. Dieses Aussteigen aus meiner Geschichte ist die Alternative, die meine Therapeutin Sophie mir damals offerierte, als ich Drogen und Alkohol aufgab. Es ist die Freiheit, die alle echten spirituellen Lehrer meinen.

Ich muß nicht immer wieder anknüpfen an die alten Bilder, die Gewohnheiten, die Überzeugung, daß etwas fehlt. Ich kann auch still sein und lauschen und das entdecken, was ist. Gewohnheiten verlieren dadurch ihre Macht. Und wo sie doch wieder hochkommen, kann ich sie ohne Urteil betrachten, interessiert und mit einer Art liebevoller Neugier.

Ich quäle mich mit der Frage herum, ob ich versuchen soll, dieses Buch zu veröffentlichen oder lieber nicht. Weshalb möchte ich es veröffentlichen? Welches Image möchte ich da polieren? Schließlich schicke ich das Manuskript ein. Wochen vergehen. Dann bekomme ich eine Absage und gleich am nächsten Tag einen Brief, der Interesse bekundet. Der eine läßt mich in Verzweiflung und dem Gefühl meiner Wertlosigkeit versinken, der andere jagt mich wie eine Feuerwerksrakete hinauf in die Wonne des Lebens. Mein ganzer Lebensplan ändert sich mit jedem der beiden Briefe. Faszinierend, wie heftig der ganze Organismus auf beschriebenes Papier reagiert, das mit der Post kommt. Ich fühle mich wie auf der Achterbahn. Toni, weißhaarig und ohne alles Drum und Dran, sitzt in ihrem winzigen Raum und empfängt uns einen nach dem anderen mitfühlend und kompromißlos direkt, um stets auf das zu deuten, was vom Annehmen und Zurückweisen nicht berührt wird.

Wieder kommt der Frühling. Die Hirschkuh mit dem gebrochenen Bein hat den Winter überlebt, ich sah sie gestern Abend unten auf der Wiese. Ein vom Winterschlaf erwachtes Backenhörnchen steht aufrecht auf einem Steinsims zwischen den ersten Krokussen und singt seine Seele hinaus in den Morgen. Ein Insekt kriecht mir ins Ohr.

Die Zweifel, ob ich das Buch veröffentlichen soll oder nicht, haben sich aufgelöst. Jetzt glaube ich felsenfest an das Projekt. Etwas zündete in mir auf das Interesse und das Möglichwerden hin, irgendeine Energie oder Überzeugung – wie eine sich öffnende Blüte. Ich weiß jetzt, daß dieses Buch mir wirklich etwas bedeutet, aber es geht dabei um das, was es mitteilen will. Die andere Seite ist auch da, die Selbstdarstellung oder vielleicht Selbstbespiegelung, aber das ist nicht alles. Die Wahrheit über das Leben ist wohl die, daß es endlos ein Mosaik sehr gemischter Motive entrollt und nichts vollkommen oder makellos ist, wenn wir es an unseren Idealvorstellungen messen. Im Grunde haben wir keine Ahnung, weshalb wir ein Buch schreiben und seine Veröffentlichung betreiben oder weshalb wir in einem Meditationszentrum leben. Es geschieht.

Wieder vergehen Wochen, und ich warte auf die Bescheide mehrerer interessierter Verlage und lasse nichts unversucht, was der Förderung des Projekts dienen könnte. Ich bete, zünde Kerzen an, schicke Faxe. Ich halte den Atem an. Und dann, eines Tages, geschieht das Wunder, und meine Gebete werden erhört.

Alles verändert sich von einem Augenblick zum nächsten. Eine Niemand von nirgendwo wird jemand. Ich bin völlig aus dem Häuschen, meine Mutter überglücklich. Onkel Harold sagt, jetzt habe ich endlich doch das Recht zu reden. Wie verführerisch, was für ein Kick, wie herrlich und wie launisch und zerbrechlich. Aus einem bestimmten Blickwinkel ist es alles ohne Bedeutung, lauter substanzlose Bilderblasen. Aber andererseits ist wirklich etwas verändert. Wie das Tanzen ohne oder mit Partner zwei gänzlich verschiedene Dinge sind, so ändert auch die Publikation eines Buchs alles. Es entstehen völlig neue Möglichkeiten der Interaktion und des Austauschs. Für mich ein Zugang zur Welt, den ich noch nicht kenne.

Ich stelle mir den Buchumschlag mit meinem Namen

darauf vor – wie aufregend, was für ein Schauer. Dann stelle ich ihn mir ohne den Namen vor, anonym, und stelle fest, daß mich das weitaus weniger begeistern würde. Kann ich mir das alles interessiert ansehen, ohne den Drang, mich zurechtzuweisen, der ja auch nur wieder eine Regung der gleichen Ichverhaftung wäre?

Ich spüre den »Erfolgs«-Druck: genügend Bücher zu verkaufen, weitere zu schreiben, ein neues und besseres Bild aufzurichten, die Joan Tollifson zu sein, die meine Leser erwarten werden – und die ist sicher erleuchteter, als ich jetzt bin. Ich gebe mir Mühe, erleuchteter zu sein. Aber ich werde nur reizbarer und aufbrausender, blaffe jemanden an, lege mich sogar beinahe mit Toni an. Es geht eher stündlich bergab mit mir. Mein nächstes Buch, sage ich zu Toni, wird wohl »Das dumme Ding, das ich noch bin« heißen müssen.

Roger kommt in mein Zimmer und bringt mir einen Pfirsich aus dem Garten.

Plötzlich packt mich der Schrecken über diese Entblößung meines Lebens, die Möglichkeit, mißverstanden zu werden – das Schlimmste, was mir passieren kann. Ich rufe Joko an.

»Sie verlangen von den Leuten, verstanden zu werden«, sagt sie. »Aber die Wirklichkeit sieht wie aus?«

»Manchmal tun sie's und manchmal nicht.«

»Richtig. Und Ihre Aufgabe ist, sich anzusehen, wie das ist, wenn sie's nicht tun.«

Mit dem Scheitern kannte ich mich aus, aber Erfolg ist neu und fremd. Ganz neue Bänder laufen jetzt ab, ganz neue Herausforderungen kommen auf mich zu und auch die Möglichkeit noch tieferer Demütigung. Mir fällt die Schlußbetrachtung Hubert Benoits in seinem Buch *Die Hohe Lehre* ein, die mich beim ersten Lesen sehr beeindruckte. Benoit sagt hier, daß alle negativen Zustände im Grunde Demütigungen sind und Demütigung das Tor zum Erwachen ist.

Demütigung, sagt er, erwächst aus dem Nichtsehenwollen unserer Machtlosigkeit, aus dem Festhalten am Bild eines Ich, das vom Ganzen getrennt ist und irgendwie die Oberhand zu gewinnen versucht. Das zwangsläufige Scheitern dieses Bestrebens führt zur Konfrontation mit der Angst und diese wiederum zur Suche nach Heilslehren und Gurus. »Aber der wahre Guru«, so Benoit, »ist nicht fern, er steht vor uns und bietet uns unablässig seine Lehre an: es ist die Wirklichkeit als solche, ist unser tägliches Leben.« Es gebietet unserem Ehrgeiz unweigerlich Halt und offenbart unsere Ohnmacht. Auch das erfolgreichste Buch zerfällt irgendwann zu Staub, samt seinem Autor; und unweigerlich wird der Autor Menschen begegnen, die sein Buch für Papierverschwendung und ihn selbst für einen Esel halten. Benoit zeigt auf, daß unser bewußtes und geplantes spirituelles »Tun« das Erwachen eher verhindert, weil es direkt oder indirekt nach »oben« zielt, während das Erwachen uns »unten« erwartet, im durch nichts mehr gedämpften Erlebnis jener endgültigen Niederlage, vor der wir immer so panisch geflohen sind. Diese absolute Niederlage ist das Ende aller eingebildeten Beschränkungen und Fesseln, aller eingebildeten Erlösung und des Wahns, daß da überhaupt jemand zu erlösen ist.

Es ist äußerst wichtig sich klarzumachen, daß Demut keine Haltung sein kann, die man einnimmt, und keine Methode, nach der man vorgeht. »Das«, sagt Benoit,

»hieße die Demütigung zu meiden, anstatt sie sich zunutze zu machen«, denn »so beraube ich mich selbst der unerläßlichen Belehrung, die mir aus meinen Niederlagen entstehen kann.« Sich nur von allem fernzuhalten, was auf Selbstüberhebung hinauslaufen könnte, damit züchtet man nur eine Schein-Demut heran, bei der es in Wahrheit um Sicherheit und um den Fortbestand der alten Ich-Vorstellung geht – und das hat mit wahrem Leersein nicht das geringste zu tun. Wahre Demut entsteht dadurch, daß man den Sprung ins Feuer macht und sich wirklich auf die Erfahrung der vom Leben gebotenen Feuersbrunst einläßt. Aufwachen ist: alle Hoffnung auf Verbesserung und alles Verlangen nach Besserem aufgeben. Es ist vollkommen gegenwärtiges, unmittelbares Dasein ohne das geringste Abwenden von dem, was ist. Nicht als Methode mit vorgestellten Resultaten, sondern als Augenblick für Augenblick gegebene Möglichkeit.

Wir suchen Gurus, Idealzustände, Erleuchtung, ein besseres Leben, ein vollkommeneres Ich. Wir analysieren, wir denken, wir wollen »es« endgültig und wirklich ganz »haben«, die Antwort wissen, das Richtige tun. Und am Ende – im Schlaf, im Tod, im Traum – löst sich alles in Stille auf.

Ich erinnere mich an einen Nachmittag in der Rehabilitationsklinik, in der meine Mutter nach ihrem Hüftknochenbruch im vergangenen Sommer war. Ich trat für einen Augenblick in die Kapelle. Dort saß ganz allein eine weißhaarige Frau in ihrem Rollstuhl und sang. Ich blieb unsichtbar im Eingang stehen und hörte ihr zu. Die alte Frau sang hingebungsvoll, nichts in ihrer Stimme verriet etwas von den Ereignissen ihres Lebens, und ihr Lied geht auf dieser Seite weiter. Wer schreibt diese Worte – oder irgendwelche Worte?

Im Wald finde ich einen Haufen Federn im Laub von etwas, das in der Nacht gerissen und verschlungen wurde. In Chicago stirbt Onkel Harold, eine Woche vor seinem neunzigsten Geburtstag.

Eine Gottesanbeterin sucht sich mit zarten Bewegungen den Weg an der Hauswand hinauf. Im Wald lassen sich die Spannerlarven an unsichtbaren Fäden herab. Ein Grashüpfer liegt tot auf den Blüten einer wilden Möhre. Ein stetes Rascheln kündet vom nahen Winter.

Das Leben wird einfacher und einfacher, das Gewöhnliche immer kostbarer. Kleiner Plausch in der Küche, das Ticken der Uhr, am Morgen eine Umarmung von Roger, der feuerrote Kardinal, der für einen Augenblick im grünen Gras landet, eine Tasse Tee mit Sharon. Die Ärgernisse werden interessanter und weniger ärgerlich. Manchmal heiße ich sie sogar willkommen.

Dank

Zuerst und vor allem danke ich meinen Eltern für all den Rückhalt und Zuspruch, die ich über die Jahre hin von ihnen erfahren habe. Zutiefst dankbar bin ich meinen Lehrerinnen Toni Packer und Charlotte Joko Beck und meinem Zen-Lehrer Sojun Mel Weitsman – Toni für ihre wunderbare Schlichtheit und dieses allem Raum bietende Herz; Joko für ihren geschickten Umgang mit Emotionen und Gedanken und für ihre unstillbare Lust an der Auseinandersetzung mit Enttäuschung und Hoffnungslosigkeit; Mel für seine Weisheit und Liebe; allen drei für ihre Integrität und Freundlichkeit und das standhafte Verweilen im Gewöhnlichen. Aus tiefstem Herzen Dank sage ich Tanis Walters, Susan Moon und Lenore Friedman, weil sie an dieses Buch glaubten, meine Arbeit großzügig mit Rat und Tat unterstützten, weil ich ihrer klugen Kritik und unschätzbar wertvollen Freundschaft sicher sein durfte. Für immer dankbar bin ich auch Toinette Lippe, meiner Lektorin, die nicht nur an dieses Buch glaubte, sondern es auch mit außerordentlicher Sorgfalt, Mühe und Geschicklichkeit betreute – sie zu kennen und mit ihr zusammenarbeiten zu können ist für mich etwas Herrliches. Ich danke all den Leuten vom Springwater Center und denen, die in Kalifornien mit Toni zusammenarbeiten. Insbesondere danke ich der Belegschaft von Springwater für all das, was wir gemeinsam durchlebt und erarbeitet haben. Viele Menschen haben das Manuskript oder Teile davon gelesen und mich ermuntert oder nützliche Anregungen gegeben. Zu danken habe ich dafür insbesondere Michael Rubin, Thaisa Frank, Forest, Maylie Scott, Barbara Gates, Judith Less, Loie Rosenkrantz, Randolph Pope, Chude Allen, Kevin Frank, Nomi und John Stadler, Susan McCallum, Arida Emrys, Judy Smith, Charlotte Painter, Barbara Selfridge, Freida Gordon Dilloo, Melody Ermachild Chavis, Cate Gable, Pat Wells, Blanche Hartman, Connie Batten und Bernis Berens. Für Freundschaft, Humor und Gastfreundschaft herzlichen Dank an Paula Kimbro. Danke an Marcia Kelly, Jean Scannell, Josette Mondanaro, Elizabeth Katz, Lin Davis, Deborah Beadle, Joe Rosenstiel, Evelyn J. Kitson, Isha Mayim, Ellen Mack, Mickey Duxbury, Carole Sierpien, Margie Hughes und Keith Barton; an die Zen-Zentren in Kalifornien, wo ich gesessen habe; an die Vedānta Society of Northern California für ihr Retreat in Olema; an Reb Anderson, Maurine Stuart, Jean Klein, Gangaji; und an so viele ungenannte Freunde und Lehrer, die mir immer wieder Mut machten und auf so vielerlei Weise halfen. Und schließlich muß ich noch Shunryū Suzuki Rōshi und Sri Nisargadatta Maharaj erwähnen, deren Werk ich unendlich viel verdanke.

Bitte beachten Sie die folgenden Seiten …

Das wahre Wesen der Welt

David Loy
Nondualität
Über die Natur der Wirklichkeit
Aus dem Englischen von Clemens Wilhelm
528 Seiten. Gebunden.
ISBN 3-8105-1136-6

Die Entwicklung eines nichtdualistischen Weltbildes ist die große Herausforderung für das Denken zu Beginn des dritten Jahrtausends. Der in westlicher Philosophie wie in der nondualen Praxis des Zen-Buddhismus geschulte Autor entwickelt hier aus östlichen und westlichen Denkansätzen eine Kerntheorie der Nichtdualität, die als einheitlicher Rahmen für das Denken von Naturwissenschaft, Philosophie und Religion dienen kann.

Die Sehnsucht nach Ganzheit

Sharon Salzberg
Geborgen im Sein
Die Kraft der Mettā-Meditation
Aus dem Amerikanischen von Ebba Drolshagen
200 Seiten. Gebunden.
ISBN 3-8105-1874-3

Mettā, »Liebende Güte«, bezeichnet ein von Sentimentalität und persönlicher Zuneigung freies Wohlwollen allen Wesen gegenüber. Sharon Salzberg beschreibt die Entwicklung und Entfaltung von Liebender Güte als Schlüssel zum Glück. Wir lernen durch diese Meditation, uns selbst zu lieben und entwickeln damit die Fähigkeit, alle anderen Wesen und alle Aspekte unserer selbst und der Welt zu akzeptieren. So erfahren wir uns schließlich als Teil eines größeren, sinnvollen Ganzen: Wir sind unter allen Umständen, seien sie freudiger oder widriger Natur, geborgen im Sein.

Wolfgang Krüger Verlag